EIN GESCHENK FÜR

VON

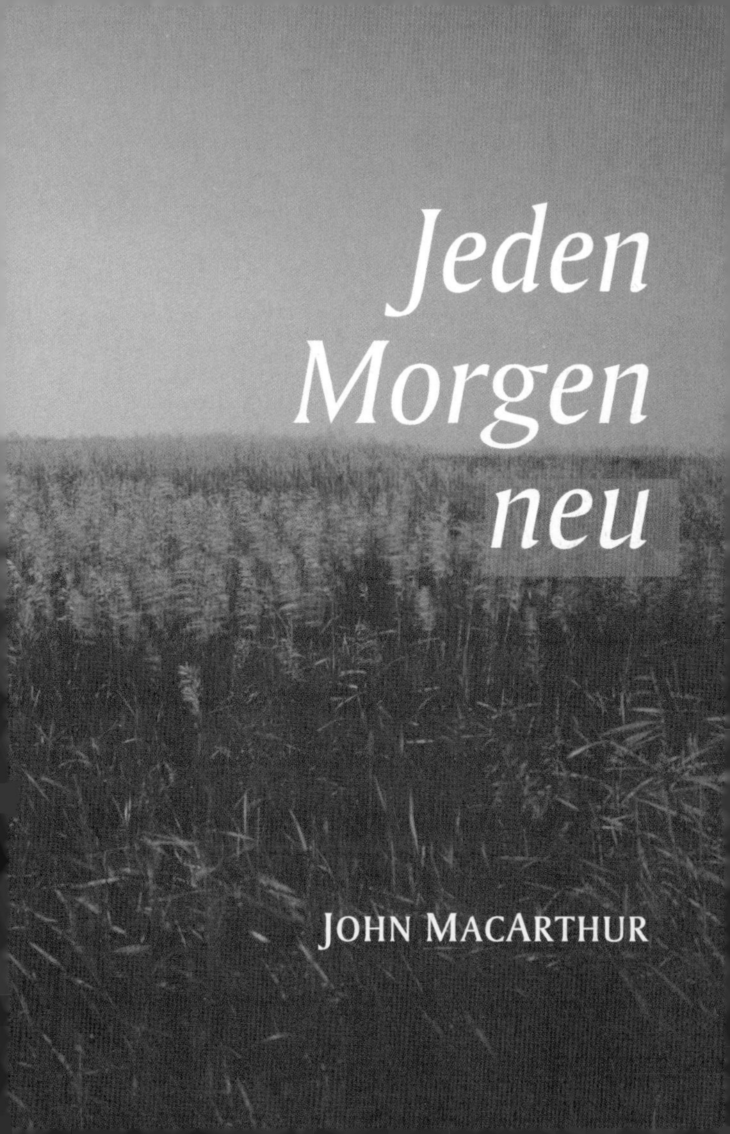
Jeden
Morgen
neu
JOHN MACARTHUR

1. Auflage 2004

Originaltitel: Truth for Today
Nelson / Word Publishing Group, Nashville

by CLV · Christliche Literatur-Verbreitung
Postfach 11 01 35 · 33661 Bielefeld
Internet: www.clv.de

Übersetzung: Martin Manten, Berlin
Satz, Layout: Oleksandr Hudym, Berlin
Umschlag: Oleksandr Hudym / Nelson (Bild)
Druck und Bindung: Matthiesen Druck, Bielefeld

ISBN: 3-89397-652-3

Dieses kleine Buch ist all jenen gewidmet,
die sich täglich nach Gottes Wahrheit ausstrecken
mit dem starken Verlangen, immer wieder neu von
seiner Gnade angerührt zu werden.

VORWORT

Nie werde ich den Mann vergessen, dem ich beim Wandern in den Bergen Nord-Kaliforniens begegnet bin. Er hatte einen Abschluss der Boston University und hauste jetzt in einem leeren Packkarton eines Kühlschranks am Ufer eines Flusses. Nachdem ich mich ihm vorgestellt hatte, erzählte er mir seine Lebensgeschichte – und wie er verzweifelt und frustriert nach dem Sinn des Lebens gesucht hätte.

„Und? Haben Sie den Sinn des Lebens gefunden?" fragte ich ihn. „Nein", gab er mir zur Antwort, „aber ich habe mir das Leben so eingerichtet, dass ich diese Frage nicht mehr zu stellen brauche." Unglücklicherweise hat die menschliche Weisheit keine bessere Antwort auf diese Frage zu bieten.

Das vergangene Jahrhundert produzierte eine nie da gewesene Informationsflut. Dennoch vermochten all diese modernen Erkenntnisse nicht, neues Licht auf die fundamentalsten geistlichen Fragen der Menschheit zu werfen. Genauso beschreibt die Bibel die Menschen in der Endzeit: „Die immerzu lernen und doch nie zur Erkenntnis der Wahrheit kommen können" (2. Tim 3,7).

Der Mensch hat es geschafft, auf den Gebieten der Mathematik, Astronomie, Mikrobiologie und Raumfahrt gewaltige Probleme zu lösen, und ist mit großen Schritten vorwärts gegangen. Wer jedoch meint, den Sinn des Lebens mit wissenschaftlichen Methoden allein durch den Verstand zu finden, dem wird er mit garantierter Sicherheit verborgen bleiben. Im Hinblick auf das

Leben, den Tod, Gott, den Menschen, Sünde, Himmel, Hölle, Liebe, Freude und Frieden werden solche Menschen letztendlich ohne echte Antworten dastehen.

Tatsache ist, dass der menschliche Verstand unfähig ist, geistliche Wahrheit zu erfassen (2. Kor 2,14). Nicht dass geistliche Wahrheit an sich irrational oder unlogisch wäre; aber der menschliche Verstand ist mangelhaft, da er durch den Einfluss der Sünde verdorben wurde und demzufolge die Dinge Gottes von sich aus nicht erfassen und begreifen kann.

Deshalb nimmt die Bibel einen so wichtigen Platz ein. Sie liefert uns Antworten, die sonst nirgendwo gefunden werden können. Sie ist Gottes Wort an die Menschen. In der Schrift finden wir von Gott offenbarte Wahrheit, die das Vakuum geistlicher Ignoranz – wir alle leiden daran – auszufüllen vermag.

Ich hoffe, dass du im vor dir liegenden Jahr täglich eine Ration göttlicher Wahrheit zu dir nimmst und dass du, wann immer du das tust, von Gottes Gnade berührt wirst.

Errettung

Januar

DIE KRAFT DES EVANGELIUMS

„Denn ich schäme mich des Evangeliums nicht, ist es doch Gottes Kraft zum Heil.“
Römer 1,16

Die Menschen suchen dauernd nach Veränderungen. Voraussetzung für die ganze Werbeflut der heutigen Zeit ist, dass die Menschen immer alles anders haben wollen, als es gerade ist. Sie wollen besser aussehen, sich besser fühlen, besser denken und besser leben. Sie möchten ihr eigenes Leben umgestalten. Dazu sind sie jedoch unfähig, abgesehen von äußerlichen Veränderungen.

Nur das Evangelium Jesu Christi hat die Kraft, Menschen wirklich umzugestalten, sie von Sünde, Satan, Gericht, Tod und Hölle zu befreien. In Apg. 4,12 heißt es: „Und es ist in keinem andern das Heil; denn es ist auch kein anderer Name unter dem Himmel den Menschen gegeben, in welchem wir sollen gerettet werden!“ Dieser Name ist Jesus Christus.

Was wir selbst nicht tun können, das kann Gottes Wort, das uns v.a. über Jesus Christus berichtet, bewirken. Wir sind Sünder und haben kein Heilmittel, das uns kurieren könnte. Die unbegreifliche und unbegrenzte Kraft, die es vermag, uns umzugestalten, hat ihren Ursprung in Gott.

EIN SKLAVE CHRISTI

„So soll man uns betrachten: als Christi Diener und Verwalter göttlicher Geheimnisse."
1. Korinther 4,1

Der Apostel Paulus war ein „Sklave" Christi. Aus Liebe hat er diese Rolle gewählt – nicht aus Furcht. Zur Zeit des Römischen Reiches gab es wahrscheinlich Millionen von Sklaven. In den meisten Fällen behandelte man sie nicht wie Menschen, sondern wie Gegenstände. Wenn es einem Herrn gefiel, seinen Sklaven zu töten, konnte er das tun, ohne mit einer Strafe rechnen zu müssen. Bei den Römern hatte der Begriff „Sklave" eine negative Bedeutung. Ganz im Gegensatz dazu verbanden die Hebräer Würde, Ehre und Respekt mit diesem Wort, und für die Griechen verkörperte es Demut. So paradox es klingen mag, beides – erhöht und erniedrigt zu sein – traf auf Paulus, einen Sklaven Christi, zu. In diesem ambivalenten Spannungsfeld befindet sich jeder Nachfolger Jesu Christi.

Wenn ich an die Ehre denke, das Evangelium Jesu Christi predigen zu dürfen, bin ich überwältigt. Es gibt keine höhere Berufung im Leben, als Gottes Wort von der Kanzel, unter dem Einfluss des Heiligen Geistes, verkünden zu können. Zur selben Zeit müssen wir aber festhalten, dass kein Knecht Christi es wert ist, ihm dienen zu dürfen. Er muss sich dessen bewusst sein, dass er ein unwürdiger Sklave ist, dem das außergewöhnliche Privileg zuteil wurde, das Evangelium verkünden zu dürfen.

KEINE SCHLECHTEN NACHRICHTEN MEHR

„Ausgesondert zum Evangelium Gottes."
Römer 1,1

Jeden Tag erblicken Tausende von Babys das Licht der Welt – einer Welt voll von schlechten Nachrichten. Der Ausdruck „schlechte Nachrichten" ist schon zu einem stehenden Begriff geworden, der unsere Zeit beschreibt. Warum gibt es so viele schlechte Nachrichten? Das ist schnell erklärt. All das Schlechte, das wir um uns herum sehen, ist eigentlich nur das Resultat der in uns wohnenden und wirksamen Schlechtigkeit. Die Kraft, die hinter alldem steht, ist die Sünde.

Gibt es bei all den schlechten Nachrichten überhaupt noch gute Nachrichten? Ja! Die gute Nachricht lautet: „Es gibt ein Mittel gegen die Sünde." Wir müssen nicht zwangsläufig selbstsüchtig sein. Es gibt Linderung für Schuld und Angst. Es gibt einen Sinn im Leben und Hoffnung auf ein Leben nach dem Tod. In Römer 1,1 sagt der Apostel Paulus, dass er im Auftrag Jesu „Gottes frohe Botschaft" (Hoffnung für alle) verkündigt. Diese „frohe Botschaft" oder „gute Nachricht" besteht darin, dass die Sünde des Menschen vergeben, die Schuld beseitigt, das Leben sinnvoll und eine hoffnungserfüllte Zukunft Wirklichkeit werden kann.

ABSONDERUNG

„Denn es steht geschrieben: Ihr sollt heilig sein! Denn ich bin heilig.“
1. Petrus 1,16

Bist du dir bewusst, dass du Gott nicht dienen kannst, wenn du nicht „abgesondert“ lebst? In der Schrift bedeutet dieses Wort, „für eine bestimmte Aufgabe oder einen bestimmten Zweck beiseite gestellt zu sein.“

Gott sprach zu Mose: „Vom Erstling eures Schrotmehls sollt ihr einen Kuchen als Hebopfer erheben; wie die Abgabe von der Tenne sollt ihr sie erheben“ (4.Mose 15,20). Gott wollte, dass die Erstlingsfrüchte des Landes beiseite getan werden, um ihn zu ehren.

Außerdem hat Gott gesagt: „...sondern ihr sollt mir heilig sein, denn ich, der HERR, bin heilig, der ich euch von den Völkern abgesondert habe, dass ihr mir angehöret!“ (3Mo 20,26). Gott sonderte Israel von allen übrigen Nationen ab, damit er dadurch geehrt würde.

Jede dieser Stellen in der Septuaginta (der griechischen Version des AT) drückt eine vollkommene Absonderung aus. Der Apostel Paulus war sich darüber im Klaren, dass von dem Moment an, als er zum Apostel berufen wurde, sein altes Leben der Vergangenheit angehörte. Paulus, einst der eifrigste unter den Pharisäern, war damals ausgesondert für die Traditionen des jüdischen Volkes (Phil. 3,5). Aber jetzt konnte er von sich behaupten, ein abgesonderter Pharisäer für das Evangelium Gottes zu sein. Hast du dich von deinem früheren Leben abgesondert?

DER MENSCH IN SEINER KISTE

„Denn in ihm wohnt die ganze Fülle der Gottheit leibhaftig."
Kolosser 2,9

Bestünde diese Welt nur aus Raum und Zeit, so könnten wir sie uns als Kiste vorstellen, und Gott wäre außerhalb dieser Kiste. Dem Menschen ist es unmöglich, seine Kiste zu verlassen, denn: „Das Natürliche kann nicht in die übernatürliche Dimension vordringen." Was an Zeit und Raum gebunden ist, kann unmöglich in den Bereich des Ewigen und Unendlichen eingehen.

Weil sich im Inneren des Menschen etwas regt, das gerne über den Kistenrand schauen möchte, erfindet er Götter. Aufgrund dieser Tatsache stoßen verschiedene Religionen auf Akzeptanz und breiten sich aus. Die diversen Religionen zeugen von der Sehnsucht, die Kiste verlassen zu wollen, obwohl dies für den Menschen, aufgrund seiner Natur, ein utopisches Unterfangen darstellt.

Gibt es einen Ausweg aus der Kiste? Ja, es gibt Hoffnung. Sie heißt Jesus Christus. Die Botschaft der Bibel lautet: „Du kannst zwar nicht aus deiner Kiste entfliehen, aber Gott ist stattdessen zu dir in die Kiste gekommen." Jesus Christus ist dir nahe gekommen, um dir zu zeigen, wie du für immer und ewig in Gemeinschaft mit Gott leben kannst. Willst du seine Einladung nicht annehmen?

CHRISTUS IST UNVERGLEICHLICH

„Und er ist vor allem, und alles besteht in ihm.“
Kolosser 1,17

Jesus Christus ist die einzigartigste Persönlichkeit in der ganzen Geschichte.

Sokrates lehrte 40 Jahre, Plato 50 und Aristoteles 40. Jesus Christus lehrte nur drei Jahre in der Öffentlichkeit, doch der Einfluss seines Dienstes übersteigt denjenigen der drei größten Philosophen der Antike bei weitem.

Jesus hat nie ein Bild gemalt. Trotzdem fanden einige der größten Maler wie Raphael, Michelangelo, da Vinci und viele mehr ihre Inspiration in ihm.

Jesus Christus hat nie ein Gedicht verfasst. Trotzdem fanden Dichter wie Dante, Milton und unzählige andere ihre Inspiration in ihm. Ralph Waldo Emerson meinte dazu: „Der Name Christi hat in der Geschichte dieser Welt so tiefe Furchen hinterlassen, dass Worte es nicht beschreiben können.“

Jesus hat nie ein Lied komponiert. Trotzdem waren es Menschen wie Haydn, Händel, Beethoven, Bach, Mendelssohn und viele andere, die mit ihren Kompositionen über ihn ihre brillantesten Meisterstücke schrieben.

Niemand hat unsere Gesellschaft so aufgewühlt und betroffen gemacht wie Jesus Christus. Dieser Christus – er ist die gute Nachricht. Das wirklich Gute an dieser Nachricht ist, dass der Mensch zwar völlig unwürdig, Gott aber so unsagbar gnädig ist.

NUR EINIGE WORTE

„Von Gott her redeten Menschen, getrieben vom Heiligen Geist."
2. Petrus 1,21

297 Wörter reichen, um das gesamte Moralgesetz Gottes, wie wir es in den Zehn Geboten finden, wiederzugeben. Gott fasste sich sogar noch kürzer, als er sprach: „Du sollst den Herrn, deinen Gott, lieben mit deinem ganzen Herzen und mit deiner ganzen Seele und mit deinem ganzen Verstand. Dies ist das größte und erste Gebot. Das zweite aber ist ihm gleich: ‚Du sollst deinen Nächsten lieben wie dich selbst'" (Mt 22,37-39). Das Vaterunser umfasst sogar nur 65 Wörter (Mt 6,9-13) und enthält die wichtigsten Lehren Jesu hinsichtlich des Gebets.

Dem Menschen fehlt die Fähigkeit, das Wesentliche in Kürze auszudrücken. Es gab z.B. einmal ein Regierungsdokument zur Regelung des Kohlpreises – es umfasste nur 26.000 Wörter!

Gott sei Dank für sein sinnvolles und aussagekräftiges Wort – die Bibel.

DAS GESETZ ERFÜLLEN

„Ihr nun sollt vollkommen sein, wie euer himmlischer Vater vollkommen ist."
Matthäus 5,48

Während seines Dienstes schlug Jesus immer wieder, wenn er mit der zeitgenössischen jüdischen Theologie nicht übereinstimmte, heftiger Widerstand ins Gesicht (Mt 15,1-3). Auch für die heuchlerische Hingabe der Pharisäer hatte er keine lobenden Worte übrig.

Zur Zeit Jesu stellten sich etliche Menschen folgende Fragen: „Bringt Jesus eine neue Wahrheit? Spricht er wirklich die Dinge Gottes? Seine Worte stimmen nicht mit denen der Pharisäer überein. Tatsache ist, dass er genau das Gegenteil von dem verkündigt, was wir gelehrt wurden."

Er sprach: „Meint nicht, dass ich gekommen sei, das Gesetz oder die Propheten aufzulösen; ich bin nicht gekommen, aufzulösen, sondern zu erfüllen" (Mt 5,17). Jesus verurteilte nicht das alttestamentliche Gesetz, sondern die Traditionen, die im Laufe der Zeit dem Gesetz gleichgestellt wurden. Die religiösen Führer hatten das Gesetz derart verdreht, dass Jesus erklärte: „Denn ich sage euch: Wenn nicht eure Gerechtigkeit die der Schriftgelehrten und Pharisäer weit übertrifft, so werdet ihr keinesfalls in das Reich der Himmel hineinkommen" (Mt 5,20).

Auf wessen Gerechtigkeit verlässt du dich? Auf deine eigene – oder auf Christi Gerechtigkeit?

DAS BESTÄNDIGE EVANGELIUM

„Das (Evangelium, das) er durch seine Propheten in heiligen Schriften vorher verheißen hat.“
Römer 1,2

Wusstest du, dass die gute Botschaft des AT völlig mit derjenigen des NT übereinstimmt? Das ist so, weil die gute Botschaft alt ist – und nicht neu. Von 1. Mose bis Maleachi dreht sich eigentlich alles nur um die Offenbarung Jesu Christi.

Jesus sagte, dass die Schriften von ihm zeugen (Joh 5,39). Den Jüngern auf dem Weg nach Emmaus erklärte er: „O ihr Unverständigen und im Herzen zu träge, an alles zu glauben, was die Propheten geredet haben! Musste nicht der Christus dies leiden und in seine Herrlichkeit hineingehen? Und von Mose und von allen Propheten anfangend, erklärte er ihnen in allen Schriften das, was ihn betraf“ (Lk 24, 25-27).

Warum ist das gerade auch für dich heute so wichtig? Weil du völlig darauf vertrauen kannst, dass du in der Schrift die von Gott verheißene gute Botschaft, nämlich Christus, findest.

10. Januar

DER HISTORISCHE JESUS

„Gott hat seinen eingeborenen Sohn in die Welt gesandt, damit wir durch ihn leben möchten."
1. Johannes 4,9

Viele Menschen bezweifeln, dass Jesus tatsächlich gelebt hat; es gibt jedoch zahlreiche Berichte von Historikern über den Herrn Jesus Christus.

Um 114 n.Chr. schrieb der römische Historiker Tacitus, dass der Gründer der christlichen Religion, Jesus Christus, von Pontius Pilatus zur Regierungszeit des römischen Kaisers Tiberius zum Tode verurteilt wurde (Annalen 15,44).

Plinius der Jüngere schrieb einen Brief an den Kaiser Trajan und erklärte ihm, was es mit Christus und den Christen auf sich habe (Briefe 10,96-91).

Aus dem Jahre 90 n.Chr. stammt diese kurze Notiz zur Person Jesu Christi des jüdischen Geschichtsschreibers Josephus: „Zu jener Zeit lebte ein weiser Mensch, wenn es denn erlaubt ist, ihn einen Menschen zu nennen, denn er vollbrachte viele wunderbare Werke, der ein Lehrer derer war, die die Wahrheit mit Freude aufnahmen. Viele Juden und Heiden fühlten sich zu ihm hingezogen. Er war der Christus" (Antiques 18,63).

Auch der Talmud berichtet von Jesus von Nazareth (Sanhedrin 43a, Abodah Zerah 16b-17a).

Jesus war eine historische Gestalt. Seine Ansprüche und Forderungen entsprachen der Wahrheit. Zweifelst du immer noch an seiner Fähigkeit, dich zu retten?

DIE BESTÄTIGUNG ALS SOHN GOTTES

„Und als Sohn Gottes in Kraft eingesetzt dem Geiste der Heiligkeit nach auf Grund der Toten-Auferstehung: Jesus Christus, unseren Herrn."
Römer 1,4

Jesus Christus musste mehr sein als nur ein Mensch; er musste auch Gott sein. Wäre Jesus nur ein Mensch gewesen – selbst wenn er der beste Mensch gewesen wäre –, so hätte er trotzdem die Gläubigen nicht aus ihrer Sünde retten können. Auch wenn er der Abstammung nach der Richtige gewesen wäre (da er aus dem Samen Davids kam), aber nicht Gott, so hätte er die von Gott dem Vater verhängte Strafe am Kreuz niemals erdulden können und wäre nie aus den Toten auferstanden. Er hätte den Satan nicht überwinden können, und die Welt wäre unterjocht worden, genauso wie auch alle Menschen unter dem Joch Satans wären.

Wenn jemals auch nur die Spur eines Zweifels hinsichtlich der Gottheit Jesu bestanden hätte, so müsste diese spätestens seit der Auferstehung verschwunden sein. Er musste Mensch sein, damit er uns erreichen konnte. Er musste Gott sein, damit er uns zum Vater bringen konnte. Als Gott Christus auferweckte, bestätigte er damit die Worte, die er zuvor gesprochen hatte.

So gewiss, wie der Horizont die Erde vom Himmel trennt, so gewiss trennt die Auferstehung Christus vom Rest der Menschheit. Jesus Christus ist Gott, im Fleisch gekommen.

EINE SCHATZKISTE

„Gepriesen sei der Gott und Vater unseres Herrn Jesus Christus! Er hat uns gesegnet mit jeder geistlichen Segnung in der Himmelswelt in Christus."
Epheser 1,3

Die Reichtümer, die Gott für diejenigen bereithält, die seinen Sohn lieben, übersteigen unser Fassungsvermögen bei weitem. Die Reichtümer sind unerschöpflich und ewig. Jesus sagte: „Das Reich der Himmel gleicht einem im Acker verborgenen Schatz, den ein Mensch fand und verbarg; und vor Freude darüber geht er hin und verkauft alles, was er hat, und kauft jenen Acker" (Mt 13,44). Der Apostel Paulus zitiert den Propheten Jesaja: „Was kein Auge gesehen und kein Ohr gehört hat und in keines Menschen Herz gekommen ist, was Gott denen bereitet hat, die ihn lieben" (1Kor 2,9).

Die gute Botschaft für uns lautet: Wenn wir den Sohn Gottes lieben, werden wir Erben der Reichtümer des Vaters sein. Wer an Jesus Christus glaubt, hat Zugang zu unermesslichen Schätzen.

AUFERWECKT DURCH DEN GEIST

„Denn der, den Gott gesandt hat, redet die Worte Gottes; denn er gibt den Geist nicht nach Maß. Der Vater liebt den Sohn und hat alles in seine Hand gegeben.“
Johannes 3,34-35

Jesus nahm eine Rolle an, die freiwillige Unterordnung erforderte, und vollbrachte den Willen des Vaters durch die Kraft des Heiligen Geistes. Das ist ein wirklich erstaunlicher Akt der Liebe und Demut; vor allem, wenn man bedenkt, dass Jesus der ewige Gott ist.

Es ist wichtig, dass wir das Wirken und Werk des Heiligen Geistes im Dienst und bei der Auferstehung Jesu erkennen, denn es weist darauf hin, dass die gesamte Dreieinigkeit an der Erlösung der Menschheit beteiligt war. Die größte Bestätigung der Ansprüche, die Jesus erhob, ist, dass Gott der Vater ihn durch das Wirken des Heiligen Geistes von den Toten auferweckte.

EINE GEHEIMNISVOLLE VERBINDUNG

„Aber er machte sich selbst zu nichts und nahm Knechtsgestalt an, indem er den Menschen gleich geworden ist, und der Gestalt nach wie ein Mensch befunden.“
Philipper 2,7

Das Mensch- und Gottsein Christi stellt für uns eine unerforschliche Verbindung dar, die wir nie in vollem Umfang erfassen werden können.

Lukas 23,39-43 ist ein gutes Beispiel dafür. Auf Golgatha lästerte einer der Verbrecher, die mit Jesus gekreuzigt wurden: „Bist du nicht der Christus? Rette dich selbst und uns!“ Der andere aber antwortete und wies ihn zurecht, indem er sprach: „Auch du fürchtest Gott nicht, da du in demselben Gericht bist? Und wir zwar mit Recht, denn wir empfangen, was unsere Taten wert sind; dieser aber hat nichts Ungeziemendes getan.“ Und er sprach: „Jesus, gedenke meiner, wenn du in dein Reich kommst!“ Und er sprach zu ihm: „Wahrlich, ich sage dir: Heute wirst du mit mir im Paradies sein.“

Als Mensch war Jesus ein Opfer, das gnadenlos ans Kreuz genagelt wurde, nachdem man ihn angespuckt, verspottet und gedemütigt hatte. Aber in seinem Gottsein versprach er dem Verbrecher am Kreuz ewiges Leben – etwas, was nur Gott tun kann.

GNADE VOM KÖNIG

„… und werden umsonst gerechtfertigt durch seine Gnade, durch die Erlösung, die in Christus Jesus ist.“ Römer 3,24

Jeder Gläubige wird Teilhaber der Gnade Gottes, indem er auf die gute Botschaft reagiert – und sie lautet: „Errettet aus Gnade“.

Der Apostel Paulus schrieb: „Denn aus Gnade seid ihr errettet durch Glauben, und das nicht aus euch, Gottes Gabe ist es; nicht aus Werken, damit niemand sich rühme“ (Eph 2,8-9). Die rettende Gnade Gottes ist allen Menschen erschienen. Sie wird uns umsonst angeboten und steht in keiner Verbindung mit unseren eigenen Werken oder unserem Verdienst. Wir können Gott nichts geben. Es ist Gottes unverdiente Gunst, wodurch wir gerettet werden. Seine Gnade und Barmherzigkeit gewähren uns die Errettung als ein Geschenk. Alles, was wir zu tun haben, ist, seinen Sohn im Glauben aufzunehmen.

Einzig und allein Gottes Gnade gewährt Zutritt zum Reich Gottes. Da gibt es keinen Platz für Eigenlob und menschliche Errungenschaften. Vergiss nicht, Gott für deine gnädige Errettung zu danken.

UNVERDIENTE GNADE

„Wo aber die Sünde zugenommen hat,
ist die Gnade überreich geworden."
Römer 5,20

Errettung geschieht nicht durch Konfirmation, Kommunion, Taufe, Gemeindemitgliedschaft, Gemeindebesuch, das Halten der Zehn Gebote oder den Versuch, sein Leben nach der Bergpredigt auszurichten. Auch wohltätige Spenden oder der Glaube an die Existenz Gottes vermögen uns nicht zu retten. Ein hoher moralischer Standard oder ein ehrbares Leben helfen da auch nicht weiter. Es nützt nicht einmal etwas, wenn wir meinen, wir seien Christen. Errettung gibt es nur für diejenigen, die Gottes großzügiges Gnadengeschenk im Glauben annehmen. Die Hölle wird voll sein mit Menschen, die es auf einem anderen Weg versucht haben.

Der Apostel Paulus sagte: „Das Gesetz aber kam daneben hinzu, damit die Übertretung zunehme. Wo aber die Sünde zugenommen hat, ist die Gnade überreich geworden, damit, wie die Sünde geherrscht hat im Tod, so auch die Gnade herrscht durch Gerechtigkeit zu ewigem Leben durch Jesus Christus, unseren Herrn" (Römer 5,20-21). Das Erste, was das Evangelium bereitstellt, ist die Gnade; sie kann weder erworben werden noch haben wir sie verdient.

Dr. Donald Grey Barnhouse sagte: „Liebe, die nach oben gerichtet ist, ist Anbetung; Liebe, die sich nach außen richtet, ist Zuneigung; Liebe, die sich erniedrigt und beugt – das ist Gnade." Gott hat sich erniedrigt, um uns Gnade schenken zu können. Nimmst du sie an?

LAUF MIT IN DER RENNBAHN!

„Wisst ihr nicht, dass die, welche in der Rennbahn laufen, zwar alle laufen, aber einer den Preis empfängt? Lauft so, dass ihr ihn erlangt!“
1. Korinther 9,24

Da ich in meiner Jugend sehr sportlich war, spielte ich in verschiedenen Mannschaften mit und übte mehrere Sportarten aus. Ich kann mich noch gut an einige Jungs erinnern, die wirklich keine Sportskanonen waren und trotzdem versuchten, einen Platz in der Mannschaft zu bekommen. Es kam immer wieder mal vor, dass der Trainer Mitleid empfand für einen dieser armen Kerle und ihn trotz seiner mangelhaften Leistung in die Mannschaft aufnahm. Er erhielt ein Mannschaftstrikot und hatte das Gefühl, zum Team zu gehören – obwohl er nie ein Spiel bestreiten würde.

Glücklicherweise verhält es sich im Christenleben nicht so. Der Herr holt uns nicht in sein Team, damit wir nur die Bank warm halten. Seine Absicht ist es, uns spielen zu lassen. Durch seine Gnade sind wir errettet; sein Wille sendet uns in die Welt, um ein Zeuge für ihn zu sein.

Tatsächlich sind wir alle wie diese untalentierten „Sportskanonen“. Aber Gott ruft uns in seiner großen Barmherzigkeit in sein Team – nicht wegen unserer Begabung oder Tüchtigkeit, sondern aufgrund seiner souveränen Gnade. Und er befähigt uns, das Spiel zu spielen. Worauf wartest du also noch? Spiel mit und danke Gott für das Vorrecht, Jesus Christus dienen zu dürfen!

ZUM DIENST GEDRÄNGT

„Wandelt würdig der Berufung,
mit der ihr berufen worden seid."
Epheser 4,1

Ist dir die Erhabenheit und Bedeutung deiner Berufung, Christus zu dienen, eigentlich bewusst?

Paulus sagte: „Denn wir sind sein Gebilde, in Christus Jesus geschaffen zu guten Werken, die Gott vorher bereitet hat, damit wir in ihnen wandeln sollen" (Eph 2,10) und: „Ich ermahne euch nun, ich der Gefangene im Herrn: Wandelt würdig der Berufung, mit der ihr berufen worden seid" (Eph 4,10).

In der Antike wurde einem Sieger der Olympischen Spiele einmal folgende Frage gestellt: „Spartakus, was gewinnst du durch diesen Sieg?" Er antwortete: „Mein Herr, ich werde die große Ehre haben, an vorderster Front für meinen König zu kämpfen." Mögest auch du die Berufung durch deinen König mit demselben Eifer und Feuer beantworten.

GEHORSAM IST DAS ERKENNUNGSMERKMAL

„…jetzt aber offenbart und durch prophetische Schriften nach Befehl des ewigen Gottes zum Glaubensgehorsam an alle Nationen bekannt gemacht worden“
Römer 16,26

Wusstest du schon, dass Errettung nicht Glaube plus Gehorsam ist, sondern gehorsamer Glaube? Echter Glaube wird durch deinen Gehorsam gegenüber Gott bestätigt.

Jesus ist Herr, deshalb verlangt er Gehorsam. Glaube ohne Gehorsam gibt es schlicht und einfach nicht. Paulus sagte den römischen Christen: „Aufs Erste danke ich meinem Gott durch Jesus Christus euer aller wegen, dass euer Glaube verkündet wird in der ganzen Welt“ (Röm 1,8). Und warum war ihr Glaube in der ganzen Welt bekannt? Römer 16,19 liefert die Antwort: „Denn die Kunde von eurem Gehorsam ist zu allen gekommen“. Am Anfang ist dein Glaube das Gesprächsthema, doch letztendlich wird es dein Gehorsam sein.

Glaube ohne Gehorsam wird niemanden erretten. Die Illusion, dass dem doch so sei, verführt viele Leute und lässt sie auf dem breiten Weg direkt in ihr Verderben gehen (Mt 7,13-14). Es ist so, als ob man einen religiösen Wolkenkratzer auf Sand gebaut hat (Mt 7,21-29).

Baue dein Leben im Gehorsam gegenüber Christus. Dann wirst du Gewissheit haben, dass du zu ihm gehörst.

WARUM GOTT RETTET

„...denn alles geschieht um euretwillen, damit die Gnade zunehme und durch eine immer größere Zahl die Danksagung zur Ehre Gottes überreich mache."
2. Korinther 4,15

Viele Menschen meinen, Gott rette Menschen, um sie vor der Hölle zu bewahren oder damit sie seine Liebe erfahren und ein glückliches Leben führen können. All diese Dinge sind jedoch zweitrangig.

Gott rettet Menschen, weil es eine provokative Beleidigung seines heiligen Namens ist, wenn jemand in Auflehnung gegen ihn lebt. Bei der Errettung geht es Gott nicht in erster Linie um die Menschen, nein, sondern seine Herrlichkeit und Ehre stehen im Mittelpunkt.

Der Apostel Paulus sagte im Hinblick auf Jesus: „Darum hat Gott ihn auch hoch erhoben und ihm den Namen verliehen, der über jeden Namen ist, damit in dem Namen Jesu jedes Knie sich beuge, der Himmlischen und Irdischen und Unterirdischen, und jede Zunge bekenne, dass Jesus Christus Herr ist, zur Ehre Gottes, des Vaters" (Phil 2,9-11). Errettung geschieht zur Verherrlichung Gottes.

Wenn Menschen der guten Botschaft glauben, seinen Sohn lieben, seine Diagnose ihres Zustands – hoffnungslos verloren in Sünde – akzeptieren und ihre Bedürftigkeit eingestehen, dann wird Gott verherrlicht. Gewiss profitierst du von der Errettung, die Gott für dich bereithält. Aber letztendlich existierst du zur Verherrlichung Gottes.

HINGABE VON GANZEM HERZEN

„Denn Gott ist mein Zeuge, dem ich in meinem Geist an dem Evangelium seines Sohnes diene.“
Römer 1,9

Heutzutage versteht man unter dem Begriff *Geist* genau dasselbe, wie zu Paulus’ Zeiten (s. Röm 1,9). Stell dir einen Sportler vor, der sich völlig verausgabt; es heißt dann, er habe wirklich Sportsgeist bewiesen, d.h. er hat sich voll eingesetzt und sein Letztes gegeben. Als ich an der Uni war, wurde demjenigen Footballspieler, der den größten Einsatz leistete, jeweils der Preis „Esprit de Corps“ (esprit = franz.: „Geist“) verliehen. Diese Grundeinstellung charakterisiert auch den Dienst des Apostels Paulus.

Paulus diente dem Herrn immer von ganzem Herzen und mit ungeteilter Hingabe. In diesem Sinne unterschied er sich auch ganz klar von den Mietlingen, deren Dienst äußerlich und halbherzig war (Joh 10,11-13). Folge dem Vorbild von Paulus und diene Christus von ganzem Herzen.

DIENST ALS ANBETUNG

„Ich ermahne euch nun, Brüder, durch die Erbarmungen Gottes, eure Leiber darzustellen als ein lebendiges, heiliges, Gott wohlgefälliges Opfer, was euer vernünftiger Gottesdienst ist."
Römer 12,1

Das Wort „Anbetung" ruft bei den meisten Menschen Erinnerungen an reich verzierte Kirchenfenster und Orgelpfeifen wach. In der Bibel finden wir jedoch denselben Begriff im Zusammenhang mit Dienst.

Die höchste Form der Anbetung Christi besteht darin, dass du ihm dienst. Für Paulus bedeutet Dienst voller Einsatz und ungeteilte Hingabe.

Paulus schrieb an Timotheus: „Ich danke Gott, dem ich von meinen Voreltern her mit reinem Gewissen diene" (2Tim 1,3). Paulus wollte dadurch zum Ausdruck bringen, dass er jedem Einblick in sein Innerstes gewähren könne, weil er Gott mit seinem ganzen Wesen und seiner ganzen Person diente. Paulus' Dienst war ein Akt der Anbetung. Er war tief schürfend, aufrichtig und echt. Das ist der Maßstab echter Geistlichkeit. Es gibt nur eine Art, Gott zu dienen – mit einer ungeteilten Hingabe.

ECHTE DANKBARKEIT

„Aufs Erste danke ich meinem Gott durch Jesus Christus euer aller wegen, dass euer Glaube verkündet wird in der ganzen Welt.“
Römer 1,8

Eines ist gewiss: Der Apostel Paulus hatte wirklich ein dankbares Herz. Fast in jedem Brief dankt er für die Menschen, die seine Botschaft bereitwillig aufnahmen. Ihm war sehr wohl bewusst, dass jede Gemeinde Zurechtweisung brauchte, doch das war nicht alles: Er hatte immer auch ein Wort des Dankes für sie. Egal wie die Umstände auch waren, er erkannte in allem das Wirken Gottes. Paulus veranschaulicht, was das Herz aller wahren Diener charakterisiert – eine dankbare Haltung.

Unglücklicherweise gehen einige Menschen durchs Leben, indem sie sich immer nur an alles Negative klammern. Sie weigern sich hartnäckig, Dankbarkeit zu zeigen für die guten Dinge, die Gott im Leben anderer wirkt. Wenn sie selbst nicht die Nutznießer sind, dann ist es immer schlecht. Paulus' Dankbarkeit äußerte sich jedoch nicht, indem er sagte: „Ich bin so dankbar für die Dinge, die Gott für *mich* getan hat“, sondern indem er sagte: „Ich danke Gott für *euch.*“ Er konnte sich genauso über den Erfolg eines anderen freuen wie über seinen eigenen. Ich hoffe, das trifft auch auf dich zu.

24. Januar

EIN DANKBARES HERZ

„Ich danke meinem Gott bei jeder Erinnerung an euch.“
Philipper 1,3

Ein dankbares Herz ist von enormer Wichtigkeit für den geistlichen Dienst. Wenn du Gott dienen willst ohne Dankbarkeit in deinem Herzen für die guten Dinge, die er für dich getan hat, dann ist dein Dienst fleischlich, und deine Motive sind unaufrichtig. Dankbare Menschen erkennen hinter allem die gute Hand Gottes. Jemand, dessen Dienst äußerlich, gesetzlich und rituell ist, wird in seinem Leben nicht viele Dinge finden, für die er dankbar sein kann, denn er hat vergessen, Gott für die vielen Dinge, die er bereits für ihn getan hat, zu danken.

Hast du ein dankbares Herz? Bist du überwältigt von Dankbarkeit, weil Gott schon so viel Gutes in deinem Leben gewirkt hat? Wenn dem so ist, dann wirst du frei sein von Bitterkeit und Ärger gegenüber Gott und den Menschen.

Es gibt sehr viel, wofür du dankbar sein kannst. Der Teufel will uns oft versuchen, indem er uns einflüstert: „Du hast etwas Besseres verdient. Du hast keinen Grund, dankbar zu sein.“ Wenn er das macht, dann erinnere dich an die vielen Dinge, für die du dankbar sein kannst.

IRGENDWIE IST ES UNGERECHT

„Denn wenn ich das Evangelium verkündige, so habe ich keinen Ruhm, denn ein Zwang liegt auf mir. Denn wehe mir, wenn ich das Evangelium nicht verkündigte! Wenn ich dies nämlich freiwillig tue, so habe ich Lohn".
1. Korinther 9,16-17

Da gibt es eine Geschichte von einem alten Missionar, der von Afrika zurückkehrte. Er reiste mit demselben Schiff wie Präsident Theodore Roosevelt, der in Afrika auf Großwildjagd war. In New York angekommen, wurde der Präsident von Menschenmassen jubelnd begrüßt, während dem Missionar keinerlei Aufmerksamkeit geschenkt wurde.

„Irgendwie ist es ungerecht", sagte der Missionar mit bitterer Stimme zu seiner Frau. „Wir geben unser Leben hin, um Menschen für den Herrn zu gewinnen, und wenn wir dann in der Heimat ankommen, erwartet uns kein Lohn, und niemand begrüßt uns. Der Präsident erschießt ein paar Tiere - und wird wie ein König empfangen." Als sie vor dem Schlafengehen beteten, spürte der Missionar, wie der Herr zu ihm sagte: „Weißt du, warum du noch keinen Lohn empfangen hast? Du bist noch nicht zu Hause."

Paulus verfolgte in seinem Dienst dasselbe Ziel. Er hatte keine oberflächliche oder zeitlich begrenzte Belohnung im Sinn. Er war bereit zu warten, bis er zu Hause angekommen war - in seinem endgültigen Zuhause - um zu empfangen, was Gott ihm verheißen hatte. Bist du bereit zu warten?

HÖRT ÜBERHAUPT JEMAND ZU?

„Ich will aber sehr gern alles aufwenden und mich aufopfern für eure Seelen. Wenn ich euch also noch mehr liebe, werde ich dann weniger wiedergeliebt?
2. Korinther 12,15

Es gab Zeiten in meinem Dienst als Hirte, in denen ich mich fragte, ob überhaupt jemand hinhört, wenn ich predige. „Schätzen die Leute mich und das Lehren des Wortes eigentlich?“ fragte ich mich. Man fällt sehr leicht in diese „Ach-ich-Armer!“-Stimmung.

Vielleicht erging es dir in deinem Dienst genauso. Wenn dem so ist, dann erinnere dich daran, dass dein Dienst in erster Linie ein Geben ist. Dann wirst du nicht mit diesen Problemen zu kämpfen haben. Wenn du ihn aber unter dem Aspekt des Empfangens betrachtest, dann wirst du mit einer verdrehten Vorstellung von wahrem Dienst enden.

Solltest du je versucht sein, dich von selbstsüchtigen Motiven gefangen nehmen zu lassen, so halte dir die Einstellung Paulus’ vor Augen. Selbst wenn die Leute ihn hassten: Er liebte sie. Das Hauptmerkmal der Liebe ist selbstloses Geben.

ETWAS VON EWIGEM WERT

„Denn mich verlangt sehr, euch zu sehen, damit ich euch etwas geistliche Gnadengabe mitteile, um euch zu stärken."
Römer 1,11

Vor einigen Jahren kam eine junge Frau aus unserer Gemeinde, die in der Nähe eine Universität besuchte, zu mir und sagte: „Ich habe anhand Ihrer Predigt etwas sehr Wichtiges in Bezug auf die Liebe gelernt. Ich habe mir immer eingeredet, dass ich die kleinen Mädchen meiner Sonntagsschulklasse liebe. Sie sind immer so nett angezogen und lächeln so süß."

Sie fuhr fort: „An einem Samstag war ich bei einem Footballspiel – ich gehe da jeden Samstag hin –, als der Herr mich überführte und mir aufzeigte, dass ich mich nicht ausreichend für die Sonntagsschule vorbereitet hätte. Weil ich samstags zu den Spielen zu gehen pflegte, war mein Unterricht am Sonntag jeweils sehr oberflächlich und simpel. Gott machte mir klar, dass ich diese Mädchen nicht wirklich liebte, weil ich nicht bereit war, in meinem eigenen Leben ein Opfer zu bringen, um ihnen etwas von ewigem Wert zu vermitteln."

Zum Schluss sagte sie mir: „Ich werde in Zukunft zu keinem Spiel mehr gehen, es sei denn, ich habe meinen Unterricht so gut vorbereitet, dass ich den Mädchen tatsächlich etwas von ewigem Wert weitergeben kann."

28. Januar

GIB DICH SELBST

„So, in Liebe zu euch hingezogen, waren wir willig, euch nicht allein das Evangelium Gottes, sondern auch unser eigenes Leben mitzuteilen, weil ihr uns lieb geworden wart.“
1. Thessalonicher 2,8

Ich genoss das Vorrecht, eine Bibelschule besuchen zu dürfen, um mich auf den Dienst vorzubereiten. Durch die Bücher, die ich las, die Notizen, die ich machte, und die Aufgaben, die ich erledigen musste, lernte ich eine ganze Menge. Weit mehr profitierte ich jedoch vom Leben der Männer, die mich unterrichteten. Ich konzentrierte mich viel mehr darauf, warum sie etwas sagten, als darauf, was sie eigentlich sagten.

Genau das tat Paulus auch mit den Römern. Tatsächlich sah das in etwa so aus: „Bevor ich euch meine Theologie gebe, möchte ich euch mein Leben geben.“ Paulus ist das große Vorbild für alle Diener Gottes. Folge seinem Vorbild und beginne damit, dass du dich selbst hingibst.

DER DRUCK IM DIENST

„Der Ackerbauer, der sich müht, muss als Erster an den Früchten Anteil haben."
2. Timotheus 2,6

Wer von ganzem Herzen dient, kennt keine größere Freude, als die geistliche Frucht zu sehen. Andere wiederum freuen sich mehr über Ansehen, Anerkennung oder Geld.

In der Vergangenheit versuchte der Satan, solche Gedanken auch in meinen Kopf zu setzen. Manchmal brachte er mich dazu, mich zu hinterfragen, warum ich mich eigentlich um die Menschen, denen ich diente, kümmere. Seine Taktik sieht wie folgt aus: Er bestärkt mich in der Gewissheit, dass ich gerettet bin und in den Himmel komme, dass ich ein gutes Gehalt bekomme und eine Arbeitsstelle habe, die mir viele Sicherheiten bietet. Aber das sind alles Verführungen Satans.

Es ist sehr leicht, durch Satans List in die Irre geführt zu werden und sich mit weniger als Gottes Bestem zufrieden zu geben. Wenn er versucht, solche Gedanken in meinen Kopf zu setzen, verhalte ich mich folgendermaßen: Ich gebe mich nicht damit zufrieden, einfach nur versorgt und geschätzt zu werden. Worum es wirklich geht, ist, Frucht zu bringen. Mach geistliche Frucht zum Mittelpunkt deines Dienstes.

30. Januar

EINE VERPFLICHTUNG GEGENÜBER GOTT

„Sowohl Griechen als auch Nichtgriechen, sowohl Weisen als auch Unverständigen bin ich ein Schuldner."
Römer 1,14

Ein junger Mann fragte mich einmal, was meine Motivation sei, Woche für Woche zu studieren. Ich erklärte ihm, dass ich von gewissen Abschnitten der Schrift manchmal so ergriffen bin, dass ich es kaum erwarten kann, am Sonntag darüber zu predigen. Es kommt aber auch vor, dass ich mir meine Studienzeit richtig erkämpfen muss, weil da so viele andere Dinge zu erledigen sind, und mein Dienst erscheint in solchen Momenten nicht so aufregend. Ich muss dann wirklich kämpfen, weil ich mir meiner Verpflichtung gegenüber Gott bewusst bin.

Stell dir vor, ich würde sehen, wie ein Haus in Flammen steht, und die Familie, die dort wohnt, hat es noch nicht bemerkt. Ich kann dann nicht einfach herumstehen und mir überlegen, ob sie es wert sind, gerettet zu werden. Weil sie in Not sind und ich die für sie rettende Information habe, bin ich verpflichtet, ihnen zu helfen.

Wenn du nur dienst, wenn du dich danach fühlst, dann hast du noch nicht begriffen, worum es im Dienst Christi tatsächlich geht. Paulus macht das in Römer 1,14 ganz deutlich. In schwierigen Zeiten gibt es für dich manchmal nur eine Wahrheit, an die du dich klammern kannst und musst: deine Verpflichtung gegenüber Gott.

BEGIERIG ZU DIENEN

„Dementsprechend bin ich, soviel an mir ist, willig, auch euch, die ihr in Rom seid, das Evangelium zu verkündigen."
Römer 1,15

Freust du dich über die dir anvertraute Verantwortung von Gott, und bist du begierig darauf, sie wahrzunehmen? Unser heutiger Vers veranschaulicht, dass genau das Paulus' Einstellung war. Das Werk des Dienstes zu tun, vereinnahmte ihn voll und ganz. Sein persönliches Leben war nie ein Thema. Mit seinem Leben verfolgte er nur ein einziges Ziel – den Willen Gottes zu tun. Er war immer darauf erpicht zu predigen.

Paulus war wie ein Pferd in der Startbox oder wie ein Läufer in den Startpflöcken – bereit, den Sieg zu erringen. Manchmal musste Gott ihn auch bremsen, weil er zu eifrig war. Bist du auch so? Beschreibt das deinen Dienst, oder muss man dich quasi mit dem Stock prügeln, ehe du dich bewegst? Wenn du Christus von ganzem Herzen dienst, wirst du auch eifrig und begierig sein.

Grundlagen

Februar

DER SCHLÜSSEL ZU GEISTLICHEM WACHSTUM

„Wachset aber in der Gnade und Erkenntnis unseres Herrn und Heilandes Jesus Christus! Ihm sei die Herrlichkeit, sowohl jetzt als auch bis zum Tag der Ewigkeit! Amen."
2. Petrus 3,18

Geistliches Wachstum hat nichts mit Mystizismus, Schwärmerei, Andächtigkeit oder Psychologie zu tun. Es ist nicht das Resultat einer ausgeklügelten Methode oder von etwas Geheimnisumwobenen. Schlicht ausgedrückt, bedeutet geistliches Wachstum, deinen Wandel mit deiner Stellung in Einklang zu bringen.

Als Gläubige sind wir der Stellung nach in Christus vollkommen (Kol 2,10); wir haben alles, was zum Leben und zur Gottseligkeit nötig ist (2Petr 1,3), und wir haben alle geistlichen Segnungen empfangen (Eph 1,3). Jetzt geht es darum, dass wir im täglichen Leben das Empfangene in richtiger Weise umsetzen.

Unser heutiger Vers liefert uns das wichtigste Prinzip im Hinblick auf das Verstehen und Erfahren geistlichen Wachstums. Gott zu verherrlichen, hängt direkt mit geistlichem Wachstum zusammen. Deshalb ist es auch von entscheidender Bedeutung, dass wir erkennen, was es heißt, ihn zu verherrlichen.

2. Februar

GOTTES HERRLICHKEIT STEHT IM MITTELPUNKT

„Ich habe den Herrn stets vor Augen."
Psalm 16,8

Alles existiert zur Verherrlichung Gottes. Der gekürzte Westminster-Katechismus des 17. Jahrhunderts beginnt mit der Erklärung, dass die Hauptaufgabe des Menschen darin bestehe, Gott zu verherrlichen und sich seiner für immer zu erfreuen.

In Psalm 19,2 lesen wir: „Die Himmel erzählen die Herrlichkeit Gottes." Die Weite des Himmels und alles im Universum verherrlicht Gott.

In Jesaja 43,20 spricht Gott: „Die Tiere des Feldes werden mich ehren."

Die Engel, die bei der Geburt Jesu erschienen, sprachen: „Herrlichkeit Gott in der Höhe" (Lk 2,14).

Die Schrift erläutert, dass wir leben, um Gott zu verherrlichen. Mögest auch du den Fußstapfen Davids folgen und den Herrn stets vor Augen haben.

AUSWIRKUNGEN DER HERRLICHKEIT GOTTES

„Wir alle aber schauen mit aufgedecktem Angesicht die Herrlichkeit des Herrn an und werden so verwandelt in dasselbe Bild von Herrlichkeit zu Herrlichkeit, wie es vom Herrn, dem Geist, geschieht."
2. Korinther 3,18

Indem wir Gott verherrlichen, beginnen wir zu wachsen. Angesichts der großartigen Wahrheiten, die im Neuen Testament offenbart sind, können die Gläubigen Gottes Herrlichkeit heute deutlicher erkennen, als das zur Zeit des Gesetzes möglich war. Indem wir das tun, wachsen wir geistlich und werden verwandelt von Herrlichkeit zu Herrlichkeit.

Paulus erklärt, dass diese Veränderung durch den Heiligen Geist bewirkt wird. Er durchdringt uns und verleiht unserem Leben Kraft, so dass wir Christus immer ähnlicher werden.

Verstricke dich nicht darin, die Feinheiten des Wirkens des Heiligen Geistes oder deines eigenen Handelns ergründen zu wollen. Wichtig ist, dass du dich in erster Linie auf die Herrlichkeit des Herrn konzentrierst.

GEISTLICHER FORTSCHRITT

„Ich schreibe euch, Väter, weil ihr den erkannt habt, der von Anfang an ist. Ich schreibe euch, ihr jungen Männer, weil ihr den Bösen überwunden habt. Ich habe euch geschrieben, Kinder, weil ihr den Vater erkannt habt."
1. Johannes 2,13-14

Aus meiner eigenen Erfahrung weiß ich einiges über die unterschiedlichen Wachstumsstufen, wie sie uns hier vom Apostel Johannes beschrieben werden. Als ich ein geistliches Baby war, drehte sich alles um die Liebe zum Herrn; von Theologie hatte ich wenig Ahnung damals, und folglich war ich auch sehr leicht beeinflussbar durch die Lehren anderer. Als ich mich dann im Wort Gottes besser auskannte, wurde ich nicht mehr so schnell durch falsche Lehren verführt, sondern sie erregten nun meinen Zorn. Da ich nun in der Erkenntnis des Wortes gewachsen bin, ist es mein Herzenswunsch, Gott näher kennen zu lernen und innige Gemeinschaft mit ihm zu pflegen; das ist die höchste Stufe des Wachstums. Geistliche Väter sind nicht nur mit der Bibel vertraut, sondern auch mit Gott, der ihr Autor ist.

Geistliches Wachstum sieht folgendermaßen aus:

1) Gewissheit, dass ich Christ bin; 2) Erkenntnis des Wortes Gottes; 3) Gott selbst kennen. Du lernst Gott kennen, indem du dich auf seine Herrlichkeit konzentrierst und infolgedessen die Fülle seiner Person erfasst. Diese Einstellung wird dein Leben verändern und dich von Herrlichkeit zu Herrlichkeit verwandeln.

WARUM WIR ZEUGNIS GEBEN

„Hierin wird mein Vater verherrlicht, dass ihr viel Frucht bringt und meine Jünger werdet."
Johannes 15,7

Die meisten Leute erkennen nicht, dass der Hauptzweck unserer Errettung darin liegt, Gott zu verherrlichen. Oft geben Christen folgende Antworten, wenn man sie fragt, warum sie Zeugnis geben:

- Um Menschen vor der Hölle zu retten.
  Sie möchten sie vor der ewigen Strafe bewahren.
- Um Gottes Liebe zu offenbaren.
- Sie gehorchen Christi Gebot.
  In Mt 28,18-20 und Apg 1,8 fordert uns Christus auf zu evangelisieren.

Das sind zwar alles gute und biblische Gründe, um zu evangelisieren; unsere Hauptmotivation, das Evangelium zu verkünden, sollte jedoch die Verherrlichung Gottes sein.

JESUS ALS HERRN BEZEUGEN

„… dass, wenn du mit deinem Mund Jesus als Herrn bekennen und in deinem Herzen glauben wirst, dass Gott ihn aus den Toten auferweckt hat, du errettet werden wirst.“
Römer 10,9

Wenn du Christus verherrlichen möchtest, dann musst du ihn als Herrn bekennen. Das ist ein Bestandteil der Errettung und nicht etwas, was später einmal folgt. Bei der Errettung geht es darum, Christus als Gott zu bekennen, d.h. dass er souverän ist und die Herrschaft über dein Leben erhält.

Wenn du Christus nie als Herrn bekannt hast, bist du nicht in der Lage, zu seiner Verherrlichung zu leben. Du kannst nicht sagen: „Ich leugne Christus. Er ist nicht mein Retter und Herr“ und dann erwarten, dass Gott durch dich verherrlicht wird. Wer den Sohn nicht ehrt, ehrt auch den Vater nicht (Joh 5,23). Nur wer wirklich errettet ist, kann Gott verherrlichen und geistliches Wachstum erfahren. Wachstum setzt immer voraus, dass vorher eine Geburt stattgefunden hat.

DER ZWECK DEINES LEBENS

„Ob ihr nun esst oder trinkt oder sonst etwas tut, tut alles zur Ehre Gottes!“
1. Korinther 10,31

Als du Jesus als Herrn bekannt hast, hast du das zur Ehre Gottes getan. Was immer du von diesem Zeitpunkt an getan hast oder tun wirst – seien es auch die alltäglichsten Dinge wie z.B. das Essen und Trinken – alles sollte zur Ehre Gottes sein. Das sollte die Grundeinstellung deines Lebens sein.

Jesus beschrieb den Zweck seines Lebens wie folgt: „Ich ehre meinen Vater . . . . Ich aber suche nicht meine Ehre“ (Joh 8,49-50). Du wirst geistliches Wachstum erfahren, wenn du Christi Vorbild folgst und dich unter seine Herrschaft beugst. Dein Leben wird dann durch ein demütiges Verlangen, den Vater zu ehren und ihn zu verherrlichen, gekennzeichnet sein.

VERZEHRT VON GOTTES HERRLICHKEIT

„… und dass du Böse nicht ertragen kannst.“
Offenbarung 2,2

Gottes Herrlichkeit sollte unser Herzensanliegen sein, so dass wir Schmerz empfinden, wann immer er entehrt wird. Diese Einstellung spiegelt sich in Davids Leben wider: „Denn der Eifer um dein Haus hat mich verzehrt, und die Schmähungen derer, die dich schmähen, sind auf mich gefallen“ (Ps 69,10). David empfand tiefen Schmerz, wenn die Menschen Gott entehrten.

Als Vater kann ich Davids Aussage nachvollziehen. Wenn du ein Mitglied meiner Familie verletzt, dann verletzt du mich. Ich habe oft Tränen vergossen für jemanden, den ich liebte und dessen Herz zerbrochen war. Wenn du dich in dieser Weise mit Gott identifizierst, wird dir seine Ehre ein viel größeres Anliegen sein als dein persönliches Wohlergehen.

FÜHLEN, WIE GOTT FÜHLT

„Ob wir nun leben oder sterben,
wir gehören dem Herrn.“
Römer 14,8

Ich erinnere mich an eine junge Frau, die es gelernt hatte, mitzuleiden, wenn Gott entehrt wurde. Sie verließ ihr kleines Dorf in West Virginia, um mit einem jungen Mann, der an der Universität von Los Angeles studierte, zu leben. Nach einer Weile hatte er sie einfach auf die Straße gesetzt. Sie irrte umher und versuchte wiederholte Male sich das Leben zu nehmen – ohne Erfolg. Meine Schwester und ich lernten sie kennen und hatten die Möglichkeit, sie zu Christus zu führen. Kurze Zeit später entschied sie sich dann, in ihr Heimatdorf zurückzukehren, um ihrer Mutter und ihren Freunden von Jesus zu erzählen. Einige Monate später schrieb sie mir einen Brief. Hier einige Auszüge daraus:

„Ich kann die unerträgliche Traurigkeit Gottes, die er fühlt, wenn jemand ihn ablehnt und nicht ehrt, in gewissem Sinne nachempfinden. Er ist Gott! Er hat uns gemacht. Er hat uns alles gegeben, und wir zweifeln an ihm und lehnen ihn ab. Es ist schrecklich! Wenn ich an den Schmerz denke, den ich ihm zufüge, bleibt nur noch die Hoffnung, dass ich eines Tages etwas davon wieder gutmachen kann.

Es ist mir absolut klar, dass Gott verherrlicht werden muss. Ich kann es kaum erwarten, Jesus, und dadurch indirekt auch Gott, zu erzählen, wie sehr ich ihn liebe. Ich will, dass Gott seinen rechtmäßigen Platz bekommt, und werde alles daransetzen, dass dieses Ziel erreicht wird. Ich bin es leid zu sehen, wie die Menschen ihn behandeln und ihm keinerlei Beachtung schenken.“

10. Februar

STELL DICH DER BÖSEN WELT

„Wenn ihr im Namen Christi geschmäht werdet, glückselig seid ihr! Denn der Geist der Herrlichkeit und Gottes ruht auf euch.“
1. Petrus 4,14

Niemand kann zur Ehre Gottes leben und sich gleichzeitig in dieser Welt pudelwohl fühlen. Das heißt nicht, dass du dich völlig daneben benehmen sollst, sondern wenn dein Leben Christusähnlichkeit aufweist, dann wirst du automatisch etwas von der Ablehnung zu spüren bekommen, die auch ihm ins Gesicht schlug.

Wir leben in einer Zeit, in der das Leben als Christ allgemein als ziemlich locker dargestellt wird. Das entspricht aber nicht der Schrift. Da heißt es: „Das ist eine harte Rede“ (Joh 6,60). Viele machen Christen in ihrer Vorstellung zu netten Zeitgenossen, aber Gott sagt, dass sie ein Anstoß sein werden. Das Christentum muss sich dem Zeitlauf stellen und soll sich deutlich davon unterscheiden. Sünde muss bloßgestellt werden, bevor das Gegenmittel angeboten werden kann.

Versichere dich, dass dein Leben deine Hingabe an Christus erkennen lässt. Dann wirst du dich von der Welt unterscheiden.

DAS ERFOLGSSYNDROM

„Wenn ich aber auch als Trankopfer über das Opfer und den Dienst eures Glaubens gesprengt werde, so freue ich mich und freue mich mit euch allen.“
Philipper 2,17

Die amerikanische Gesellschaft züchtet eine Generation von Christen heran, die mehrheitlich ein Ziel anstrebt: Erfolg. Eine demütige Einstellung zum Dienst hat mittlerweile Seltenheitswert. Sie wollen für die Sache Christi keine Opfer bringen, weil man ihnen direkt oder indirekt vermittelt hat, dass Christen reich, berühmt, erfolgreich und bedeutend sein sollten.

Eine solche Einstellung gegenüber dem Erfolg ehrt Christus in keinerlei Weise. Er wünscht sich vielmehr demütige Diener. Zur Ehre Gottes leben, bedeutet, dass du dir bewusst bist, dass du entbehrlich bist. Du musst bereit sein zu sterben, wenn es der Sache Gottes dient. Eine solch demütige Haltung verherrlicht Gott.

Um geistlich wachsen zu können, müssen wir uns der Herrschaft Christi zum Zeitpunkt unserer Errettung völlig ausliefern und ihm erlauben, unser gesamtes Leben zu bestimmen. Indem wir das tun, suchen wir seine Ehre – und nicht unser Wohl und unseren Erfolg. Wenn wir eigene Wege gehen wollen oder Gott aus einer falschen Motivation heraus dienen, dann werden wir nicht wachsen.

BALLAST ABWERFEN

„Deshalb lasst nun auch uns, da wir eine so große Wolke von Zeugen um uns haben, jede Bürde und die uns so leicht umstrickende Sünde ablegen und mit Ausdauer laufen den vor uns liegenden Wettlauf."
Hebräer 12,1

Wenn wir Entschuldigungen für die Sünde suchen, schieben wir unsere Schuld Gott in die Schuhe. Adam tat das, als Gott ihn hinsichtlich des Vorfalls mit der verbotenen Frucht befragte. Seine Antwort lautete: „Die Frau, die du mir zur Seite gegeben hast, sie gab mir von dem Baum, und ich aß" (1Mo 3,12). Adam lehnte die Verantwortung für seine eigene Sünde ab und beschuldigte Gott, der ihm Eva gegeben hatte.

Beachte: Sünde ist niemals Gottes Schuld! Man kann auch niemals andere Menschen oder Umstände, die Gott in unser Leben bringt, dafür verantwortlich machen. Wer Sünde entschuldigt, will seine eigene Schuld Gott zuschieben. Falls Gott es für nötig hält, uns zu züchtigen, dann haben wir es auch verdient.

Darum ist das Bekennen von Sünde von derart entscheidender Bedeutung für geistliches Wachstum. Wenn du offen zu deiner Sünde stehst und sie bekennst, dann wirst du weniger Ballast zu tragen haben, der dein Wachstum hemmt. Unser heutiger Vers macht deutlich, dass dein geistliches Wachstum zunimmt, wenn du die Sündenlast abwirfst, indem du sie bekennst.

ÜBERNIMM VERANTWORTUNG

„Gegen dich, gegen dich allein habe ich gesündigt und getan, was böse ist in deinen Augen."
Psalm 51,6

Wenn du möchtest, dass die Häufigkeit der Sünden in deinem Leben abnimmt und geistliches Wachstum zunimmt, dann musst du deine Verantwortung wahrnehmen. Schiebe die Schuld nicht auf die Umstände, deinen Ehemann, deine Ehefrau, deinen Freund, deine Freundin, deinen Chef, deine Angestellten oder deinen Pastor ab. Versuche auch nicht, den Teufel als Sündenbock hinzustellen. Du bist schuld an deiner Sünde, sonst niemand. Gewiss tragen die Umstände ihren Teil dazu bei, letztendlich ist Sünde aber immer ein Akt des Willens – und du trägst die Verantwortung dafür.

Der verlorene Sohn ist wahrscheinlich eines der besten Beispiele für jemanden, der es gelernt hat, Verantwortung zu übernehmen. Als er zu seinem liebenden Vater zurückkehrte, sagte er: „Vater, ich habe gesündigt gegen den Himmel und vor dir, ich bin nicht mehr würdig, dein Sohn zu heißen" (Lk 15,21). Er war sogar bereit, wie ein Knecht behandelt zu werden, weil er wusste, dass er nichts Besseres verdient hatte (V.19). Das ist die richtige Haltung für jemanden, der Sünde bekennt.

14. Februar

KENNZEICHEN EINES CHRISTEN

„Wenn wir unsere Sünden bekennen, ist er treu und gerecht, dass er uns die Sünden vergibt und uns reinigt von jeder Ungerechtigkeit.“
1. Johannes 1,9

Der Apostel Johannes verfasste seinen ersten Brief, um deutlich zu machen, wer ein Christ ist und wer nicht. Unser heutiger Vers illustriert, dass Sündenbekenntnis einen wahren Christen kennzeichnet. Im darauf folgenden Vers lesen wir: „Wenn wir sagen, dass wir nicht gesündigt haben, machen wir ihn zum Lügner, und sein Wort ist nicht in uns“ (1Jo 1,10). Nicht wiedergeborene Menschen leugnen ihre Sünde; Christen hingegen stehen zu ihr und bekennen sie.

Seine Sünden bekennt man nicht nur zum Zeitpunkt seiner Errettung. Es ist kein einmaliges Ereignis, sondern genauso wie der Glaube gehört es zum Leben des Gläubigen. Die Bereitschaft, Sünde immer wieder zu bekennen, zählt zu den Erkennungsmerkmalen echter Christen. Weitere Erkennungsmerkmale sind die Liebe (1Jo 3,14), Absonderung von der Welt (2,15) und Unterweisung durch den Heiligen Geist (2,27). Natürlich gibt es da unterschiedliche Grade von Sündenbekenntnissen – manchmal ist unser Sündenbekenntnis nicht so ausführlich, wie es sein sollte – aber ein wahrer Gläubiger wird seine Sünden früher oder später bekennen.

DIE NOTWENDIGKEIT DER BUSSE

„Erschaffe mir, Gott, ein reines Herz,
und erneuere in mir einen festen Geist!“
Psalm 51,12

Zu einem echten Sündenbekenntnis gehört Buße. Oft unterlassen wir es, unsere Sünde zu bekennen, weil wir nicht wirklich bereit sind, sie auch zu lassen. Ich erinnere mich daran, wie ich als junger Christ Gott gewisse Sünden bekannte und ihm anschließend dafür dankte, dass er mir vergeben habe. Das war aber auch alles, was ich tat.

Es war ein Meilenstein in meinem Leben als Christ, als ich zu beten begann: „Herr ich danke dir, dass du diese Sünden vergeben hast. Ich weiß, dass du keinen Gefallen daran hast, und ich will diese Sünden auch nie wieder tun.“ Es mag manchmal schwer sein, so zu beten, weil wir gewisse Sünden immer wieder tun möchten. Wer die Sünde genießen und nur von der Strafe befreit werden möchte, verrät dadurch nur seine persönliche Unreife. Wenn dein Sündenbekenntnis echt sein soll, musst du dich von der Sünde bewusst abwenden.

16. Februar

UNSER SCHUTZMECHANISMUS

„Wenn ich es in meinem Herzen auf Frevel abgesehen hätte, so würde der Herr nicht hören.“
Psalm 66,18

Gemäß unserem heutigen Vers ist es unmöglich, mit Gott Gemeinschaft zu pflegen – von geistlichem Wachstum ganz zu schweigen –, solange du in deinem Herzen Sünde verbirgst. Darum ist das Bekennen von Sünde von großer Bedeutung.

Zuallererst musst du bereit sein, Gottes Züchtigung für deine Sünde anzunehmen. Wenn du meinst, er sei zu streng mit dir, dann prüfe dein Leben und finde heraus, ob du sie verdienst. Eltern müssen ihre Kinder züchtigen, wenn sie nicht gehorchen, und bei Gott ist es genauso: Er züchtigt uns, damit wir nicht dieselben Fehler wiederholen.

Gott hat uns auch Schuldgefühle gegeben, die uns zum Schutz dienen sollen. Geistliches Leben ohne Schuld wäre wie physisches Leben ohne Schmerzen. Schuldgefühle sind ein Schutzmechanismus – ein Warnzeichen, das uns dazu bewegen soll, Sünde zu bekennen. Du musst dich dann mit der Sünde auseinander setzen und Gott bekennen, dass Sünde eine Entehrung Gottes, ja sogar ein Angriff auf seine Person ist. Dieses Eingestehen ist enorm wichtig, wenn du geistlich wachsen willst, und muss verinnerlicht werden. Nur so kannst du die Sünde, die dein Wachstum hemmt, ausmerzen.

GLAUBST DU GOTT WIRKLICH?

„[Abraham] zweifelte nicht durch Unglauben an der Verheißung Gottes, sondern wurde gestärkt im Glauben, weil er Gott die Ehre gab."
Römer 4,20

So zu tun, als glaube man Gott, ist viel einfacher, als ihm tatsächlich zu vertrauen. Viele Menschen stimmen beispielsweise darin überein, dass „Gott aber alles, wessen ihr bedürft, erfüllen wird nach seinem Reichtum in Herrlichkeit in Christus Jesus" (Phil 4,19). Sobald sie aber in finanzielle Engpässe kommen, sind sie voller Angst und Unruhe.

Die Bibel lehrt uns außerdem: Wer bereitwillig und von Herzen gibt, wird von Gott dafür belohnt werden (Mt 6,3-4). Viele behaupten, an dieses Prinzip zu glauben und tun sich dann doch unheimlich schwer, wenn sie es in die Praxis umsetzen sollen. Viele Christen fürchten auch den Tod – und das, obwohl Gott uns in der Stunde des Todes die nötige Gnade verheißen hat und uns anschließend in den Himmel aufnehmen wird.

Gott zu glauben, bedeutet, seine Herrlichkeit anzuerkennen, die die Summe all seiner Vollkommenheiten und der Fülle seiner Majestät ist. Wenn er wirklich der ist, der er behauptet zu sein, dann muss ihm Glauben geschenkt werden. Du wirst geistlich wachen, wenn du dich Gott mit folgender Haltung näherst: „Wenn dein Wort es sagt, will ich es glauben; wenn dein Wort es verheißt, will ich es beanspruchen, und wenn dein Wort es gebietet, will ich gehorchen."

WACHSTUM DURCH GLAUBEN

„Denn wir wandeln durch Glauben,
nicht durch Schauen.“
2. Korinther 5,7

Dieser Vers handelt davon, wie unser Wandel christusähnlicher werden kann. Es geschieht durch Glauben. Beurteilen wir jedoch alles anhand des Sichtbaren, dann werden wir sehr schnell Schwierigkeiten bekommen.

Erinnerst du dich an die zwölf Kundschafter, die nach Kanaan gesandt wurden (4Mo)? Zehn von ihnen berichteten bei ihrer Rückkehr, dass sie sich wie Zwerge in einem Land voller Riesen vorgekommen sind. Josua und Kaleb wandelten jedoch im Glauben, und sie wussten, dass Gott auf ihrer Seite war. Zehn meinten, dass Gott nicht Herr der Lage sei, während zwei absolut davon überzeugt waren, dass er mit jeder Situation fertig wird.

Lebst du durch den Glauben? Wenn du geistlich wachsen möchtest, dann glaube Gottes Wort und vertraue ihm in jeder Situation.

FRUCHT BRINGEN

„Wer in mir bleibt und ich in ihm,
der bringt viel Frucht."
Johannes 15,5

In unserem Garten wuchs ein Pfirsichbaum, und eines Tages war er mit Früchten nur so übersät. Wir ernteten so viele Pfirsiche, dass wir die ganze Nachbarschaft versorgen konnten. Es gab aber auch Zeiten, da hing an demselben Baum gerade mal ein einziger mickriger Pfirsich. Das Leben gewisser Christen gleicht diesem Baum; da ist nur wenig Frucht, die auf ein Leben mit Gott hinweist – aber Gott will, dass wir wachsen und viel Frucht produzieren zu seiner Ehre.

Die Frucht in unserem Leben ist die Art und Weise, wie wir leben, unser Charakter. Einzig und allein daran können die Menschen um uns herum erkennen, dass wir ein Kind Gottes sind. Gott offenbart sich der Welt, indem er in deinem Leben sichtbar wird. Er wirkt in dir. Es geht hier also darum, sein Wesen widerzuspiegeln – das ist eine verantwortungsvolle Aufgabe. Er möchte in dir viel Frucht wirken, so dass jeder erkennen muss, dass diese Frucht kein Resultat weltlicher oder eigener Anstrengung ist.

20. Februar

ARTEN GEISTLICHER FRUCHT

„ ... um des Herrn würdig zu wandeln zu allem Wohlgefallen, fruchtbringend in jedem guten Werk und wachsend durch die Erkenntnis Gottes.“
Kolosser 1,10

Welche Art von Frucht verherrlicht Gott? „Erfüllt mit der Frucht der Gerechtigkeit, die durch Jesus Christus gewirkt wird, zur Herrlichkeit und zum Lobpreis Gottes“ (Phil 1,11).

Gerechtigkeit, d.h. gerecht zu leben, ist die Frucht, die Gott sich in deinem Leben wünscht. Wenn wir das Richtige tun, verherrlichen wir Gott; wenn wir das Falsche tun, verunehren wir ihn. Frucht ist gleichbedeutend mit Gerechtigkeit.

Geistliche Frucht kann in zwei Kategorien unterteilt werden: 1) Tatfrüchte, die da sind – geben, andere zu Christus führen und Gott danken; und 2) Früchte, die mit unserer Einstellung zu tun haben. In Galater 5,22-23 werden sie beschrieben als: „Liebe, Freude, Friede, Langmut, Freundlichkeit, Güte, Treue, Sanftmut, Enthaltsamkeit.“

Wie gewinnst du die richtige Einstellung? In Vers 25 lesen wir: „Wenn wir durch den Geist leben, so lasst uns durch den Geist wandeln!“ In dem Maße, wie du dem Heiligen Geist erlaubst, dein Leben zu kontrollieren, wird er es auch durchdringen und echte Früchte hervorbringen.

ASPEKTE DES LOBES

„Wer Dank opfert, der preist mich.“
Psalm 50,23

Was bedeutet es eigentlich, Gott zu loben und zu preisen? Gemäß der Schrift umfasst es drei Aspekte:

1) *Gottes Wesen studieren:* Einer der Hauptgründe, warum wir das AT studieren sollten, ist, dass Gottes Wesen dort auf wunderbare Art und Weise offenbart wird, was uns hilft, ihn besser loben zu können.

2) *Gottes Werke studieren:* Die Psalmen fließen förmlich über von Berichten über die großen Taten Gottes. Er teilte das Rote Meer, befreite sein Volk aus Ägypten, ließ Wasser aus dem Felsen quellen, ernährte Israel in der Wüste mit Manna vom Himmel und tat viele andere mächtige Dinge. Wenn du Gott für die wundervollen Dinge, die er getan hat, lobst, dann verblassen deine Probleme im Gegensatz dazu sehr schnell. Indem wir uns daran erinnern, was Gott bereits getan hat, verherrlichen wir ihn, und unser Glaube wird gestärkt.

3) *Gott für sein Wesen und seine Werke danken:* Das Herzstück des Lobes ist Danksagung. Preise Gott und verherrliche ihn. Egal was in unserem Leben auch kommen mag: Wir sind aufgefordert, ihm für sein Wesen und seine großen und gnädigen Taten zu danken.

22. Februar

GEHORSAM AUS LIEBE

„Wer meine Gebote hat und hält sie,
der ist es, der mich liebt."
Johannes 14,21

Die Kurzzusammenfassung des Christenlebens lautet: Gehorsam. Damit meine ich nicht bloßen äußerlichen Gehorsam, sondern einen Geist des Gehorsams. Da war zum Beispiel ein kleines, eigensinniges Mädchen, das trotz mehrmaliger Aufforderung seines Vaters, nicht aufzustehen, sich weigerte, sitzen zu bleiben. Schließlich sagte ihr Vater: „Setz dich hin, oder es gibt was auf den Hintern!" Sie setzte sich widerwillig hin und sprach: „Ich setze mich jetzt zwar hin, aber in meinem Herzen stehe ich." Das ist äußerer Gehorsam, aber Ungehorsam im Herzen. Ein Christ sollte willentlich gehorchen.

Ein Kennzeichen geistlicher Reife ist, Gott so sehr zu lieben, dass wir ihm auch Gehorsam leisten, wenn es schwierig ist. Er wird durch unseren bewussten Gehorsam, dem kein Preis zu hoch ist, verherrlicht. Immer wenn wir gehorchen, erfahren wir geistliches Wachstum, Ungehorsam hingegen führt immer zu Wachstumsstillstand.

WARUM GOTT GEBETE BEANTWORTET

„Und was ihr bitten werdet in meinem Namen, das werde ich tun, damit der Vater verherrlicht werde im Sohn.“
Johannes 14,13

Warum erhört Gott Gebete? Der letzte Teil unseres heutigen Verses liefert uns die Antwort: Er erhört Gebete um seiner selbst und unserer willen. Er tut es, so dass wir seine Größe erkennen. Wer dieses Prinzip verstanden hat, wird mit frischem und gestärktem Vertrauen ins Gebet gehen: Gott wird antworten, weil dies ihm eine Möglichkeit bietet, verherrlicht zu werden. Wenn wir beten, führt das zu einer Wechselwirkung: Wir wachsen geistlich, und Gottes Macht wird offenkundig.

Der Zusammenhang in Johannes 14,13 verdeutlicht, dass die Jünger mit Sorge erfüllt waren, weil Jesus ihnen erklärte, dass er sie bald verlassen würde. Die Jünger hatten sich so lange auf ihn verlassen, dass der Gedanke seiner Abwesenheit sie mit Angst erfüllte. Er hatte immer für sie gesorgt. Er war ihr geliebter Freund und ihre geistliche, theologische und wirtschaftliche Quelle. Er war ihre Gegenwart und ihre Zukunft. Der Gedanke seines Weggehens versetzte sie in Panik. Aber er hinterließ ihnen und uns die Verheißung von Johannes 14,13: Was immer wir brauchen und in seinem Namen erbitten, das wird er uns geben.

GRUNDVORAUSSETZUNG ZUM GEBET

„Und dies ist die Zuversicht, die wir zu ihm haben, dass er uns hört, wenn wir etwas nach seinem Willen bitten.“
1. Johannes 5,14

Im Namen Jesu zu beten, ist mehr als nur eine Formel. Einige Menschen meinen, sie müssten jedes Gebet mit den Worten „im Namen Jesu, Amen“ beenden. Wahres Gebet beinhaltet jedoch weit mehr als das Aufsagen einer Formel.

Was bedeutet es denn eigentlich, „im Namen Jesu“ zu beten? In der Bibel steht der Name Gottes für alles, was er ist, für sein ganzes Wesen. Als Gott Mose seinen Namen offenbarte, sprach er: „Ich bin, der ich bin“ (2Mo 3,14). In gleicher Weise steht der Name Jesus für seine ganze Person und sein Wesen. Wenn du in seinem Namen betest, sollte dein Gebet in Übereinstimmung mit seiner Person sein. In Jesu Namen zu beten, bedeutet, im Einklang mit dem Willen Gottes zu beten.

Stimmen deine Bitten mit dem souveränen Plan Gottes überein, wird er sie erhören, und dein Glaube wird gestärkt. Anstatt ans Ende deiner Gebete einfach eine Formel anzuhängen, könntest du sie vielleicht einfach wie folgt beenden: „Ich bitte dies, weil ich denke, dass es dem Willen Christi entspricht.“

LOB FÜR GEBETSERHÖRUNG

„Betet unablässig! Sagt in allem Dank!"
1. Thessalonicher 5,17-18

Wenn Gott ein bestimmtes Gebetsanliegen erhört, haben wir das Vorrecht, in sein Wirken miteinbezogen zu sein, und dürfen ihn dafür loben und preisen. Wenn wir nicht beten, verpassen wir dagegen viele Gelegenheiten, ihn zu verherrlichen.

Stell dir vor, jemand würde zur Gebetsstunde kommen und berichten: „Etwas wirklich Wunderbares ist geschehen. Die Frau, der ich Zeugnis gegeben habe, hat ihr Herz Christus geöffnet. Sie ist jetzt ein Kind Gottes, und sie ist heute Abend hier mit uns. Danke, dass ihr in den vergangenen Monaten für sie gebetet habt." Die Anwesenden hätten allen Grund, Gott zu preisen, besonders diejenigen, die für ihre Bekehrung gebetet haben.

Da wären aber auch einige, die diese Freude nicht wirklich teilen könnten, weil sie nie für sie gebetet haben. Du musst dich aktiv am Werk Gottes beteiligen, so dass du ihn aus der Tiefe deines Herzens loben und preisen kannst.

VOM UMGANG MIT GOTTES WORT

„Und diese Worte, die ich dir heute gebiete, sollen in deinem Herzen sein. Und du sollst sie deinen Kindern einschärfen, und du sollst davon reden, wenn du in deinem Hause sitzt und wenn du auf dem Weg gehst, wenn du dich hinlegst und wenn du aufstehst.“
5. Mose 6,6-7

Geistliches Wachstum wird sich nicht ohne den regelmäßigen Umgang mit dem Wort Gottes einstellen; physisches Wachstum ist in derselben Weise an regelmäßige Nahrungsaufnahme gebunden – darum gehört Essen auch zu den alltäglichen Notwendigkeiten! Wenn du sonntags zur Gemeinde gehst, um dir eine Predigt anzuhören, und meinst, das würde für die ganze Woche ausreichen, hast du dich getäuscht! Du isst ja auch nicht ein Steak am Sonntag und erwartest, dass es bis zum nächsten Sonntag ausreicht. Du musst jeden Tag Nahrung zu dir nehmen. Dasselbe trifft im geistlichen Bereich zu: Um für optimales Wachstum zu sorgen, musst du dich täglich vom Wort Gottes ernähren.

Reife Christen haben die Erfahrung gemacht, dass das Weitergeben des Wortes Gottes noch weit herrlicher ist, als sich nur selbst davon zu ernähren. In diesem Sinne trifft das Sprichwort zu: „Je mehr du gibst, desto mehr wirst du behalten.” Ich habe bei mir folgende Tendenz festgestellt: Dinge, die ich anderen lehre, bleiben in meinem Gedächtnis; Dinge die ich nur lese und nicht weitergebe, vergesse ich wieder. Richte dein Augenmerk also darauf, die Dinge, die du selbst aus dem Wort Gottes gelernt hast, auch weiterzugeben.

DIE PRINZIPIEN ANWENDEN

„sondern die Wahrheit festhaltend in Liebe, lasst uns in allem heranwachsen zu ihm hin, der das Haupt ist, der Christus."
Epheser 4,15

Wer geistlich wachsen will, muss einfach die geistlichen Prinzipien anwenden. Es gibt jedoch eine große Anzahl von Gläubigen, die meinen, dass Wachstum im Glauben einigen geistlichen Riesen vorbehalten sei.

Ich habe von Mystikern gelesen, die acht bis zehn Stunden beteten, ja, sie beteten so lange, bis ihre Knie Löcher in den Holzboden gescheuert hatten. Ich habe von Leuten wie Robert Murray McCheyne gelesen, die ihre Bibel und die Kanzel mit Tränen tränkten. Ich habe auch das Buch von E. M. Bounds, „Kraft durchs Gebet", gelesen, wo berichtet wird, wie er Stunden im Gebet verbrachte. Als ich mich mit diesen Menschen befasste, jagte mich ein einziger Gedanke: „Ich werde diese Stufe nie erreichen." Aber Gott hat für jeden von uns einen ganz persönlichen Weg bereitet.

Geistliches Wachstum ist nicht das Vorrecht einiger Auserwählter, die einer höheren geistlichen „Kaste" angehören. Genauso wenig ist es das Ergebnis mystischer Übungen und Anstrengungen. Es geht vielmehr darum, Gott zu verherrlichen, indem wir unsere Sünden bekennen, ihm vertrauen, Frucht bringen, ihn loben, ihm gehorchen und sein Wort verkünden, beten und andere zu Christus führen. Diese Charaktereigenschaften sind ein Muss für jeden reifen Christen. Wenn du dich auf diese Dinge konzentrierst, wird der Geist Gottes dich in sein Bild verwandeln, von Herrlichkeit zu Herrlichkeit.

28. Februar

DER FAKTOR VERBINDLICHKEIT

„Und lasst uns aufeinander Acht haben zur Anreizung zur Liebe und zu guten Werken.“
Hebräer 10,24

Ich habe festgestellt, dass häufiger Umgang mit gottesfürchtigen Menschen es mir einfacher macht, ein frommes Leben zu führen. Warum? Weil sie mich zur Rechenschaft ziehen. Wenn in meinem Leben etwas nicht in Ordnung ist, dann sprechen sie mich darauf an. Gott hat mir eine Frau und vier Kinder geschenkt, und sie erwarten von mir, dass ich auf dem Weg der Gerechten gehe. Sobald ich von diesem Weg abkomme, ist einer, manchmal auch gleich alle fünf, sofort zur Stelle, um mich darauf hinzuweisen.

Allzu leicht verfallen wir dem Gedanken, dass unser eigenes Bemühen ausreicht, um ein geistliches Leben zu führen. Wir meinen, ohne Gemeinde und treue, gottesfürchtige Freunde auszukommen. Das mag funktionieren, aber du wirst Schwierigkeiten haben, geistlich zu wachsen. Verbindlichkeit und Rechenschaft sind deine Freunde auf dem Weg zu einem Gott wohlgefälligen Wandel. Möge unser heutiger Vers dir ein Ansporn sein, dich in deinem Leben stärker an geistlichen Prinzipien zu orientieren.

Jüngerschaft

März

WER IST EIN JÜNGER?

„Und wer nicht sein Kreuz aufnimmt und mir nachfolgt, ist meiner nicht würdig.“
Matthäus 10,38

Ein Jünger ist jemand, der Jesus Christus als Herrn und Heiland angenommen hat, der glaubt, dass Gott ihn aus den Toten auferweckt hat, und seinen Glauben öffentlich bekennt, indem er sich taufen lässt. Jünger sind keine besonderen Gläubigen, die irgendwie eine „höhere Stufe“ des Christseins erreicht haben.

Als Christ musst du nicht darauf warten, irgendwann einmal ein Jünger zu werden; es hat nichts mit einer gewissen Reifestufe zu tun. Gemäß Mt 28,19-20 ist jemand vom Zeitpunkt seiner Errettung an ein Jünger.

Einige behaupten, es gäbe viele Christen, die keine Jünger seien. Sie beziehen sich dabei auf unseren heutigen Vers und erklären, dass man sich verleugnen, sein Kreuz aufnehmen und Christus nachfolgen müsse, um ein Jünger zu sein. Ist jemand zu dieser Hingabe nicht bereit, dann kann er gemäß ihrer Auffassung kein Jünger sein, wohl aber ein Christ. Bekehrung und Jüngerschaft voneinander zu trennen, ist jedoch ein Ding der Unmöglichkeit.

Sobald jemand gerettet ist, erhält er einen Geist der Unterordnung, der ihn dazu bringt, ein öffentliches Bekenntnis abzulegen. Er bewirkt in ihm auch die Bereitschaft, den Geboten Christi zu gehorchen. Wie sieht es bei dir aus? Bist du ein Jünger?

2. März

DEN GEHORSAM IM AUGE BEHALTEN

„Und lehrt sie alles zu bewahren,
was ich euch geboten habe!“
Matthäus 28,20

Du kannst kein Jünger sein, ohne ein Leben im Gehorsam zu führen. Ein starkes Verlangen, dem Herrn Jesus Christus zu folgen, ist eines der Erkennungsmerkmale echter Jünger. Dein Gehorsam gegenüber Gott wird vor allem auch dadurch erkennbar, dass du andere in den Geboten Gottes unterweist und sie anhältst, ihnen zu gehorchen.

Über den Heiligen Geist sagte Jesus: „Der Beistand aber, der Heilige Geist, den der Vater senden wird in meinem Namen, der wird euch alles lehren und euch an alles erinnern, was ich euch gesagt habe“ (Joh 14,26). Durch das Wort Gottes hat der Heilige Geist diese Lehren jedem Gläubigen zugänglich gemacht, und jeder Christ ist aufgefordert, sich den Weisungen Gottes im Gehorsam unterzuordnen.

Nur ein echter Bekehrter wird Gott gehorchen. Wenn du dich so verhältst, wie es in Röm 6,13 geschrieben steht – „Stellt auch nicht eure Glieder der Sünde zur Verfügung als Werkzeuge der Ungerechtigkeit, sondern stellt euch selbst Gott zur Verfügung als Lebende aus den Toten und eure Glieder Gott zu Werkzeugen der Gerechtigkeit“ –, dann stellst du dadurch deinen echten Gehorsam aus Glauben unter Beweis.

ZIEL DES WACHSTUMS

„Und jeder, der diese Hoffnung auf ihn hat, reinigt sich selbst, wie er rein ist.“
1. Johannes 3,3

2. Petrus 3,18 weist die Gläubigen an: „Wachset aber in der Gnade und Erkenntnis unseres Herrn und Heilandes Jesus Christus!“ Deine Reaktion auf diese Aufforderung ist, es entweder zu tun oder bleiben zu lassen. Wenn es dein Verlangen ist, in Christus zu wachsen, dann wirst du Segen, Dienliches und Sieg erfahren, indem du dich an die biblische Vorgabe, Gott zu verherrlichen, hältst. Und es wird dir auch wie David ergehen, der viel Freude erleben durfte: „Ich habe den HERRN stets vor Augen... Darum freut sich mein Herz und frohlockt meine Seele“ (Ps 16,8-9).

Der Apostel Johannes fasste das Ziel geistlichen Wachstums wie folgt zusammen: „Geliebte, jetzt sind wir Kinder Gottes, und es ist noch nicht offenbar geworden, was wir sein werden; wir wissen, dass wir, wenn es offenbar werden wird, ihm gleich sein werden, denn wir werden ihn sehen, wie er ist“ (1Jo 3,2). Der Wachstumsprozess wird an dem Tag abgeschlossen sein, an dem wir Jesus Christus sehen und ihm gleich sein werden.

REIFE UND LEIDEN

„Der Gott aller Gnade aber, der euch berufen hat zu seiner ewigen Herrlichkeit in Christus, er selbst wird euch, die ihr eine kurze Zeit gelitten habt, vollkommen machen, stärken, kräftigen, gründen."
1. Petrus 5,10

Der Weg des Leidens ist für den Christen auf seiner Reise zur Herrlichkeit unumgänglich. Unser heutiger Vers erklärt, warum. Gott benutzt Leid, um seine Kinder zu geistlicher Reife zu führen. Es erfüllt ihn mit Zufriedenheit, wenn wir Leid bereitwillig erdulden. Leid gehört zum Plan Gottes, um seine Kinder auf die Herrlichkeit vorzubereiten.

Der Apostel Petrus äußerte sich wie folgt hinsichtlich des Wertes des Leidens: „Darin jubelt ihr, die ihr jetzt eine kleine Zeit, wenn es nötig ist, in mancherlei Versuchungen betrübt worden seid, damit die Bewährung eures Glaubens viel kostbarer befunden wird als die des vergänglichen Goldes, das durch Feuer erprobt wird, zu Lob und Herrlichkeit und Ehre in der Offenbarung Jesu Christi" (1Petr 1,6-7). Gott lässt Leid zu, um die Echtheit unseres Glaubens zu erproben. Es bewirkt auch Geduld, obwohl wir diese Tugend in der Ewigkeit nicht mehr benötigen werden – dort wird es keinen Grund mehr geben, ungeduldig zu sein. Neben all diesen Vorteilen steigert Leid auch unsere Kapazität, Gott zu preisen, ihn zu ehren und zu verherrlichen – das werden wir auch in der Ewigkeit noch tun.

LEIDENSBEREITSCHAFT

„Da nun Christus im Fleisch gelitten hat, so wappnet auch ihr euch mit derselben Gesinnung."
1. Petrus 4,1

Eine der Segnungen, die wir als Christen genießen, ist die Identifikation mit Christus und die daraus resultierenden Vorrechte. Damit wir diese Segnungen aber nicht einfach als selbstverständlich hinnehmen und womöglich noch mit der Liebe und dem Respekt dieser Welt rechnen, lässt Gott Leid in unserem Leben zu. Tatsache ist, dass Petrus in seinem ersten Brief klar aufzeigt, dass gerade diejenigen, die in ihrem Glauben am meisten gesegnet wurden, auch am meisten gelitten haben.

Das Christenleben führt über die Brücke des Leidens hin zur Herrlichkeit. Das ist unsere Berufung. Als Christen stellen wir für unsere Kultur und unsere Gesellschaft unweigerlich einen Gegensatz dar. Der Apostel Johannes schrieb, dass es unmöglich sei, Gott und der Welt zu gefallen (1Jo 2,15). Jakobus sagte: „Ihr Ehebrecherinnen, wisst ihr nicht, dass die Freundschaft der Welt Feindschaft gegen Gott ist? Wer nun ein Freund der Welt sein will, erweist sich als Feind Gottes" (Jak 4,4).

ZUM LEIDEN BERUFEN

„Denn hierzu [d.h. zum Leid] seid ihr berufen worden."
1. Petrus 2,21

Unser heutiger Vers scheint darauf hinzuweisen, dass wir berufen sind zu leiden, doch eigentlich bezieht er sich auf den letzten Teil von Vers 20, der erklärt: „Wenn ihr aber ausharrt, indem ihr Gutes tut und leidet, das ist Gnade bei Gott." Wenn Christen Leid geduldig ertragen, hat Gott Gefallen daran.

Das sollte uns nicht erstaunen. Petrus schreibt im selben Kapitel: „Ihr aber seid ein auserwähltes Geschlecht, ein königliches Priestertum, eine heilige Nation, ein Volk zum Besitztum, damit ihr die Tugenden dessen verkündigt, der euch aus der Finsternis zu seinem wunderbaren Licht berufen hat" (1Petr 2,9). Unsere böse Welt ärgert sich oft über die Nachfolger Jesu und ist ihnen gegenüber feindlich gesinnt. Diese Wut und Feindschaft kann zu gewissen Zeiten an verschiedenen Orten unterschiedlich stark empfunden werden. Sie ist jedoch immer da und bildet einen festen Bestandteil des Vorrechts, zu Christus zu gehören.

WAS LIEBST DU WIRKLICH?

„Wenn jemand zu mir kommt und hasst nicht seinen Vater und die Mutter und die Frau und die Kinder und die Brüder und die Schwestern, dazu aber auch sein eigenes Leben, so kann er nicht mein Jünger sein; und wer nicht sein Kreuz trägt und mir nachkommt, kann nicht mein Jünger sein."
Lukas 14,26-27

Abgesehen von Gott, war Abrahams Sohn Isaak ihm das Wichtigste. Und genau darin bestand seine Prüfung: Liebte er Isaak mehr als Gott? Wenn wir Gott mehr lieben als alles andere, dann werden wir ihm für das, was er durch Prüfungen und Leid in unserem Leben wirkt, danken. Lieben wir uns selbst hingegen mehr als Gott, dann werden wir seine Weisheit hinterfragen und gekränkt und bitter sein. Sobald es etwas gibt, was wir mehr lieben als Gott, muss er es beseitigen, damit wir geistlich wachsen können.

Jesus wollte mit dem oben genannten Vers nicht sagen, dass wir alle Leute hassen sollten. Es geht vielmehr darum, Folgendes deutlich zu machen: Wir lieben Gott nicht wirklich von ganzem Herzen, wenn wir nicht bereit sind – falls nötig –, Vater, Mutter, Ehepartner, Kinder, Bruder, Schwester oder gar unserem eigenen Leben zu entsagen. Bei all deinen Entscheidungen muss Gottes Wille im Zentrum stehen und ausschlaggebend sein, egal was für Einwände andere anbringen.

EINE LEBENDIGE HOFFNUNG

„Nach seiner großen Barmherzigkeit hat er uns wiedergeboren zu einer lebendigen Hoffnung.“
1. Petrus 1,3

Als Gott dich wieder geboren und umgestaltet hat, schenkte er dir auch „ein unvergängliches und unbeflecktes und unverwelkliches Erbteil, das in den Himmeln aufbewahrt ist“ (1. Petrus 1,4). Folglich können Christen in der Hoffnung und freudigen Erwartung dieses ewigen Erbes leben.

Warum ist diese Hoffnung von einer solch großen Bedeutung? Die Ungläubigen vertrauen Gott nicht, und demzufolge können sie ihre Hoffnung auch nicht in ihn setzen. Als Gläubiger hast du hingegen Gottes Treue in der Vergangenheit erfahren, lebst in der Gegenwart in ihr und rechnest folglich auch in der Zukunft damit. Dadurch wird er verherrlicht.

Einfach ausgedrückt: Gott wird verherrlicht, wenn du ihm vertraust. Er wird verherrlicht, wenn du ihm glaubst und deine Hoffnung in seine zukünftigen Verheißungen setzt. Der Gott, der dir eine solch große Errettung zukommen ließ, hat es verdient, dass du deine Hoffnung in ihn setzt.

DIE FASZINATION DER GNADE

„Denn aus seiner Fülle haben wir alle empfangen, und zwar Gnade um Gnade.“
Johannes 1,16

Erfährst du Gottes Gnade in deinem Leben als etwas Faszinierendes? In meinem Leben trifft es auf jeden Fall zu! Allein schon der Gedanke, dass Gott in seiner Souveränität geplant hat, mir seine Gnade zu erweisen, ist absolut überwältigend.

Er hat seine Gnade über mir ausgegossen. Er hat alle meine Sünden vergeben. Er schenkte mir seinen Geist, der jetzt in mir wohnt, und Erkenntnis seines Wortes. Er berief mich in den geistlichen Dienst. Jeden Tag bereichert er mich durch die Gemeinschaft mit den Heiligen, und ich genieße es, zu seinem erlösten Volk zu gehören. Er befähigt mich, die Welt als ein Werk seiner Hände zu sehen. Ich bin sein Kind, und er liebt mich auf eine persönliche Weise.

Es gibt nichts Gewaltigeres, als Gnade um Gnade zu empfangen. Ich bete, dass das auch deine Erfahrung ist.

10. März

DIE RICHTIGEN PRIORITÄTEN

„Sinnt auf das, was droben ist, nicht auf das, was auf der Erde ist!“
Kolosser 3,2

Wo liegen deine Prioritäten? Konzentrierst du dich auf die Dinge dieser Welt, oder auf diejenigen geistlicher Natur? Würde es deine Pläne durcheinander bringen, wenn Jesus morgen zurückkommen würde? Unglücklicherweise hoffen einige Christen, dass er seine Wiederkunft noch etwas hinauszögert.

Das ist traurig, aber wahr! Wenn du es vorziehst, auf dieser Erde zu bleiben und nicht viel lieber jetzt schon bei Christus in den himmlischen Örtern wärst, dann liebst du seine Erscheinung nicht wirklich. Es betrübt den Herrn, wenn wir nicht in der freudigen Erwartung seiner Wiederkunft leben und stattdessen in den alltäglichen Dingen des Lebens und dieser Welt gefangen sind.

Wo ist dein Herz? Es ist an der Zeit, dass du deine Prioritäten richtig ordnest. Wenn Dankbarkeit für die von Gott geschenkte Errettung dein Herz erfüllt, dann lebst du in der Fülle und Erwartung der zukünftigen und vollkommenen Errettung. Lass Johannes’ Wunsch auch dein eigener sein: „Amen, komm, Herr Jesus!“ (Offb 22,20).

DER HAUPTAUFTRAG DER GEMEINDE

„Ihm sei die Herrlichkeit in der Gemeinde."
Epheser 3,21

Wenn du eine Meinungsumfrage zum Thema „Was ist die Hauptaufgabe der Gemeinde?" durchführen würdest, bekämst du wahrscheinlich eine Vielzahl von unterschiedlichen Antworten.

Einige wären vielleicht der Ansicht, dass man da ganz gut Freundschaften zu anderen Christen knüpfen kann. Gläubige stärken und ermutigen einander dort in ihrem Glauben, und Nächstenliebe wird praktisch ausgelebt.

Andere wiederum sehen die Aufgabe der Gemeinde im Lehren des Wortes, in der Zurüstung der Gläubigen und der Unterweisung der Kinder und jungen Menschen, so dass sie reife Christen werden.

Dann sind da auch welche, die die Anbetung und das Preisen Gottes in den Vordergrund rücken. In der Gemeinde wird Gott dafür gelobt, wer er ist und was er getan hat. Da Anbetung zu unseren Hauptaufgaben im Himmel zählen wird, meinen sie, dass es jetzt auch schon so sein müsse.

Gemeinschaft, Lehre und Anbetung sind zweifelsohne wichtige Aufgaben der Gemeinde, doch an erster Stelle steht die Verherrlichung Gottes. Der Apostel Paulus beschreibt die Errettung als „zum Preise der Herrlichkeit seiner Gnade" (Eph 1,6).

12. März

UNSER AUFTRAG

„Dass Gott in Christus war und die Welt mit sich selbst versöhnte.“
2. Korinther 5,19

Gott liebt die verlorene Welt, sucht die Sünder und will sie für sich gewinnen zu seiner Verherrlichung. Christus kam, angetrieben von Liebe, in diese Welt, um Sünder zu retten und dadurch den Vater zu verherrlichen. Auch wir Gläubigen sind angehalten, die Sünder zu lieben und sie zur Versöhnung mit Gott zu rufen, so dass er verherrlicht wird. Folglich sind unser und Gottes Auftrag identisch.

Wir sind der verlängerte Arm Gottes, des Vaters und des Sohnes, und Gott wird verherrlicht, wenn Sünder errettet werden. Jesus sagte: „Wie du mich in die Welt gesandt hast, habe auch ich sie in die Welt gesandt“ (Joh 17,18). Das Wort „Wie“ betont die Absicht. So wie der Vater den Sohn in eine unerlöste Welt gesandt hat, so sendet der Sohn auch die Gläubigen. Es ist wirklich ein unfassbares Wunder, dass wir das Vorrecht haben, Mitarbeiter Jesu Christi zu sein, wenn es darum geht, den großen Auftrag – das Erreichen einer verlorenen Welt mit dem Evangelium – zu erfüllen.

DIE GRUNDVORAUSSETZUNG FÜR ERFOLG

„Denn der Sohn des Menschen ist gekommen, zu suchen und zu retten, was verloren ist."
Lukas 19,10

S.D. Gordon schrieb ein Buch mit dem Titel: *Quiet Talks with World Winners.* Dort schildert er, wie eine Gruppe sich darauf vorbereitet, den Montblanc in den Schweizer Alpen zu besteigen. Aufgrund des sehr anspruchsvollen Aufstiegs wiesen die Bergführer die Alpinisten an, nur gerade die erforderliche Kletterausrüstung mitzunehmen und alle persönlichen Dinge zurückzulassen.

Ein junger Engländer ignorierte die Weisung und nahm trotzdem einige zusätzliche Dinge mit. Auf dem Weg zum Gipfel entledigte er sich jedoch all dieser Dinge. Als er schließlich oben ankam, hatte er alles weggeworfen – mit Ausnahme der unerlässlichen Kletterausrüstung.

S.D. Gordon wandte diese Geschichte auf das Leben als Christ an: „Viele von uns verzichten auf die Besteigung des Gipfels, wenn sie feststellen, dass ihr Gepäck zu schwer ist, und begnügen sich damit, ihre Zelte in der Ebene aufzuschlagen. Das ist der richtige Ort für unsere zaghaften Pläne und Absichten; – leider ist die Ebene überfüllt mit Zelten" (S. 55). Die Frage, die wir uns alle stellen müssen, lautet: *„Halten mich all die kleinen persönlichen Dinge des Lebens davon ab, den mir von Gott verliehenen Auftrag zu erfüllen?"*

14. März

STEHST DU ZUR VERFÜGUNG?

„Hier bin ich, sende mich!“
Jesaja 6,8

Gott wünscht sich Herzen, die zu dem von ihm verordneten Zeitpunkt und Ort zur Verfügung stehen, um seine Anweisungen zu hören. Er wünscht sich auch Herzen voller Anbetung. Das ganze Verlangen und Wesen des Gläubigen muss auf Christus zentriert sein. All seine Ziele sind auf ihn ausgerichtet. Er ist sein Ein und Alles.

Und du? Stehst du zur Verfügung? Bist du ein Anbeter? Dreht sich dein ganzes Leben um die Person Christi? Diese Haltung einzunehmen, bedeutet, vom Heiligen Geist kontrolliert zu werden. Er ist auch der Einzige, der dich dazu bringen kann, Jesus „Herr“ zu nennen (1Kor 12,3). Dein gesamter Besitz, deine Zeit und Kraft, deine Talente und Gaben müssen unter seiner Herrschaft stehen.

Das beinhaltet auch, dass das Wort im Zentrum steht, denn in ihm erkennen wir Christus. Im Wort schaust du seine Herrlichkeit. Christus kam in die Welt und gab sein Leben, um Menschen zu sich zu ziehen – und du musst dasselbe tun.

ALLE MACHT

„Mir ist alle Macht gegeben im Himmel und auf Erden."
Matthäus 28,18

Bevor Jesus den großen Missionsbefehl erteilen konnte, „Jünger zu machen in allen Nationen", musste er klarmachen, dass ihm tatsächlich alle Macht von Gott gegeben war. Sonst wäre dieses Gebot scheinbar unerfüllbar gewesen.

Während der dreieinhalb Jahre, in denen die Jünger Jesus nachfolgten, lernten sie viel hinsichtlich seiner Autorität und Macht. Er zeigte ihnen, dass er Macht über Krankheiten (Mt 4,23) und den Tod hatte (Joh 11,43-44). Er verlieh auch seinen Jüngern dieselbe Autorität, um Krankheiten und Dämonen auszutreiben (Mt 10,1). Desgleichen verdeutlichte Jesus, dass er die Autorität besaß, Sünde zu vergeben (Mt 9,6) und die Menschheit zu richten (Joh 5,25-29). Er bewies auch, dass er die Autorität hatte, sein Leben niederzulegen und es wieder zu nehmen (Joh 10,18).

Sich der absoluten Autorität Jesu unterzuordnen, ist keine Option – es ist deine höchste Verpflichtung.

DEN WECHSEL GEWÄHLT

„Denn ich schäme mich des Evangeliums nicht, ist es doch Gottes Kraft zum Heil jedem Glaubenden, sowohl dem Juden zuerst als auch dem Griechen.“
Römer 1,16

Bevor Jesus seinen Sohn auf die Erde sandte, beabsichtigte er, die Welt durch Israel, das leider ungläubig war, zu erreichen. Ihr Unglaube wird anhand eines Gleichnisses geschildert: Ein König bereitete ein Hochzeitsmahl für seinen Sohn vor und lud Gäste (Israel) ein. Als sie die Einladung ausschlugen – einige waren gleichgültig, andere feindselig –, sprach der König zu seinen Knechten: „So geht nun hin auf die Kreuzwege der Landstraßen, und so viele immer ihr finden werdet, ladet zur Hochzeit ein“ (Mt 22,9). Jesus benutzte dieses Gleichnis als Beschreibung für das abgefallene Israel, das seinen Messias ablehnte und dadurch die Teilnahme am geplanten Fest verspielte.

Infolgedessen richtet Gott seine Einladung an eine andere Gruppe: die Heiden. Gott erwählte sich eine kleine Gruppe von Männern aus den Bergen Galiläas und einige aus Jerusalem, um die verlorene Welt zu erreichen. Sie gebrauchte er, um das Werk zu vollbringen, das die Nation Israel nicht tun wollte. Wir nun sind dazu berufen, diese Arbeit weiterzuführen.

DER ERSTE SCHRITT

„Tauft sie auf den Namen des Vaters und des Sohnes und des Heiligen Geistes.“
Matthäus 28,19

Die Taufe ist ein äußeres Zeichen für den inneren Glauben an Christus. Sie ist ein Akt des Gehorsams, durch den ein Mensch die Realität seiner Errettung bekundet. Die Errettung ist nicht sichtbar, sondern ein übernatürlicher und geistlicher Vorgang. Die daraus resultierenden Früchte sollten jedoch für jeden klar erkennbar sein.

In der frühen Gemeinde zählte die Taufe zu diesen Erstlingsfrüchten, und heute sollten wir eigentlich dasselbe erwarten dürfen. Mittels der Taufe bezeugt der Gläubige sein Einssein mit Christus in seinem Tod, seinem Begräbnis und seiner Auferstehung (Röm 6,3-4). In Galater 3,27 heißt es: „Denn ihr alle, die ihr auf Christus getauft worden seid, ihr habt Christus angezogen.“

Der große Missionsbefehl in Matthäus 28 fordert uns auf, das Evangelium zu predigen und zu taufen. D.h. wir weisen die Menschen darauf hin, dass sie dem Evangelium nicht nur Glauben schenken, sondern sich auch öffentlich dazu bekennen sollen, nämlich mittels der Taufe. Wenn sich jemand weigert, Christus öffentlich auf diese Weise zu bekennen, besteht Anlass, die Echtheit seines Glaubens anzuzweifeln. Jesus sagte: „Jeder nun, der sich vor den Menschen zu mir bekennen wird, zu dem werde auch ich mich bekennen vor meinem Vater, der in den Himmeln ist“ (Mt 10,32). Dieses öffentliche Bekenntnis sollten wir alle ablegen.

DIE VERLORENEN SCHAFE

„Ich sage euch: So wird Freude im Himmel sein über einen Sünder, der Buße tut, mehr als über neunundneunzig Gerechte, die die Buße nicht nötig haben."
Lukas 15,7

Am Anfang des Gleichnisses über das verlorene Schaf stellt Jesus folgende Frage: „Welcher Mensch unter euch, der hundert Schafe hat und eins von ihnen verloren hat, lässt nicht die neunundneunzig in der Wüste und geht dem verlorenen nach, bis er es findet?" (Lk 15,4). Jesus will damit deutlich machen, dass es dem Hirten nicht bloß darum geht, seine Pflicht zu erfüllen, sondern er seine Schafe liebt.

Nachdem der Hirte in diesem Gleichnis das Schaf gefunden hat, kehrt er nach Hause zurück und lädt Menschen ein, damit sie dieses freudige Ereignis mit ihm feiern. Seine Freude war so groß, dass er einfach nicht anders konnte, als sie mit anderen zu teilen.

Unser heutiger Vers beschreibt die Schlussfolgerung des Gleichnisses und gibt uns Christen Grund zur Hoffnung. So wie sich der Hirte über das wiedergefundene Schaf freut, so freut sich auch unser Vater im Himmel über einen bußfertigen Sünder. Die sündigen Menschen dieser Welt sind die verlorenen Schafe des Vaters.

DAS FEUER NEU ENTFACHEN

„Und Jesus zog umher durch alle Städte und Dörfer und lehrte in ihren Synagogen und predigte das Evangelium des Reiches.“
Matthäus 9,35

Alles in dieser Welt, was wirklich von lohnendem Wert ist, ist das Ergebnis von Hingabe und Leidenschaft. Bedeutende Ereignisse in der Geschichte des Menschen sind das Resultat eines verzehrenden Verlangens, gesteckte Ziele erfüllt zu sehen. Wir leben heute jedoch eher in einer abgestumpften Zeit, was Einsatzfreudigkeit und Opferbereitschaft betrifft. Unsere Kultur verschleiert legitime Ziele und würde uns, wenn möglich, sogar unseren feurigen Glauben rauben.

Tatsächlich zählen auch Christen zu den kalten Duschen für feurige Gläubige. Sie können Menschen, die geistliche Dinge mit Leidenschaft verfolgen, einfach nicht verstehen. Warum? Weil das heute einfach etwas sehr Seltenes geworden ist. Normalerweise darf das Christsein unseren Lebensstil nicht in Gefahr bringen. Wenn du dich auch zu dieser Gruppe zählst, wird deine geistliche Temperatur bald den Nullpunkt erreicht haben, und du wirst völlig gleichgültig.

Wir müssen uns alle die folgende Frage stellen: *Wo ist unser Anliegen für Evangelisation geblieben? Warum steht die Evangelisation nicht im Zentrum der Gemeindeaktivitäten? Drehen sich in der Gemeinde alle um sich selbst und sind zufrieden, wenn alles nett und angenehm ist und es ihnen einfach gut geht?*

VORBILDER FÜR LEIDENSCHAFTLICHE HINGABE

„Und er hat die einen als Apostel gegeben und andere als Propheten, andere als Evangelisten, andere als Hirten und Lehrer.“
Epheser 4,11

Es heißt, dass John Wesley mehr für England getan habe als die Armee und die Marine zusammen. Er lebte bescheiden und gab in seinem Leben Tausende von Dollars den Bedürftigen. Beschimpft und verleumdet befahl er seinen Ruf und seine Seele Gott an. Man schätzt, dass er 255.000 Meilen zu Fuß und zu Pferde reiste und 2.400 Predigten hielt. Der größte Teil der etablierten Kirche verachtete ihn, aber er entfachte in den kalten Herzen ihrer Angehörigen ein Feuer. Man sagt, dass er sich als Seelengewinner völlig verausgabt habe.

John Whitefield wurde mit 22 Jahren ordiniert und begann von da an mit gewaltiger Redegewandtheit und großem Einfluss zu predigen. Seine Durchschlagskraft war das Ergebnis seiner Leidenschaft, Seelen zu gewinnen, und er setzte jede seiner von Gott verliehenen Gaben ein, um Menschen zu Christus zu führen. Er überquerte den Atlantik 13-mal und predigte Tausende von Malen. Auf seinem Grabstein heißt es, dass er ein Soldat des Kreuzes war, demütig, hingegeben und glühend, der die Ehre Christi vor seine eigenen Interessen, seinen Ruf und sein Leben stellte. Diese Männer sind hervorragende Vorbilder, doch Christus ist unser unübertroffenes Vorbild für jemanden, der die Verlorenen mit leidenschaftlicher Hingabe liebte.

TRAUER ÜBER DIE VERLORENEN SEELEN

„Wie oft habe ich deine Kinder versammeln wollen, wie eine Henne ihre Küken versammelt unter ihre Flügel, und ihr habt nicht gewollt!"
Matthäus 23,37

Jesus hatte wirklich ein Anliegen für den Einzelnen. Er berief Philippus (Joh 1,43), Matthäus (Mt 9,9) sowie Petrus und Andreas (Mt 4,18-19) mit den Worten „Folge mir" zum Glauben. In Johannes 4 trifft er eine Frau am Brunnen und führt sie zur Errettung. In Lukas 19 begegnet er dem Zöllner Zachäus und führt ihn zur Buße und zum Glauben. In Johannes 3 unterrichtet er Nikodemus über die Dinge der Wiedergeburt. In Markus 10 findet der Blinde Bartimäus zum Glauben an Jesus. In Markus 5 heilt Jesus den von Dämonen besessenen Gerasener. Und in Lukas 23 wird uns von der kurzen, aber sehr entscheidenden Begegnung mit dem Übeltäter am Kreuz berichtet. Kurz bevor Jesus seinen Geist Gott übergab, rettete er diesen Übeltäter noch aus den ewigen Flammen der Hölle (V. 40-43).

Jesu Herz war sehr betrübt über die verlorenen Menschen dieser Welt. Johannes 5,40 gewährt uns einen Blick in sein Herz: „Und ihr wollt nicht zu mir kommen, damit ihr Leben habt!" Diese Worte sollten nachdenklich stimmen. Ist dein Herz ergriffen von diesen Worten der Liebe und des Mitgefühls?

EIN VORBILD IM ZEUGNISGEBEN

„Seid meine Nachahmer, wie auch ich Christi Nachahmer bin."
1. Korinther 11,1

Christus ist das perfekte Vorbild, wenn es darum geht, anderen Zeugnis zu geben.

Erstens: Er war zur Stelle. Obwohl er sich manchmal vor den Menschenmassen zurückzog und sehr beschäftigt war, war er doch immer wieder mitten im Geschehen.

Zweitens: Er war nicht voreingenommen. Man fand Jesus oft beim gewöhnlichen Volk, bei den Leprakranken, Prostituierten und Zöllnern – sie alle gehörten zur unteren Klasse des Volkes, sozial und auch moralisch. Er half aber auch einem römischen Hauptmann, einem Mann von Ansehen und Würde (Mt 8,5-13), und diente dem reichen Jairus, dessen Tochter nur durch ein Wunder geholfen werden konnte (Mk 5,22-24, 35-43). Jesus spiegelte das Wesen Gottes wider, bei dem es kein Ansehen der Person gibt (Apg 10,34).

Drittens: Er nahm Anteil an den Nöten und Leiden anderer. Markus 5 berichtet davon, wie eine seit zwölf Jahren blutflüssige Frau Jesu Gewand berührte. Jesus wandte sich um und fragte: „Wer hat mein Gewand berührt?" (V. 30), denn er war um die Frau besorgt.

Zu guter Letzt: Er stellte sicher, dass, wer an ihn glaubte, dies auch öffentlich bekannte. Z.B. der Blinde (Joh 9,1-41), der Samariter und der Leprakranke (Lk 17,11-19).

Folge Christi Vorbild, wenn du anderen Zeugnis gibst.

MENSCHEN FISCHEN

„Kommt, mir nach! Und ich werde euch zu Menschenfischern machen.“
Matthäus 4,19

Die Fischer des 1. Jahrhunderts benutzten spezielle Gerätschaften zum Fischfang, z.B. eine Angel (Mt 17,27). Dann gab es da aber auch Speere oder Harpunen (Hiob 41,26) sowie Schleppnetze (Mt 13,47). Bisweilen war ein solches Netz hundert Meter lang und drei Meter breit. Die eine Seite war mit Schwimmern, die andere mit Senkbleien versehen. Manchmal wurde das Netz zwischen zwei Boote, die im Kreis ruderten, gespannt. Dann wurden die Leinen, die am unteren Teil des Netzes befestigt waren, eingeholt, um so die Fische im Netz zu fangen (Joh 21,6).

In unserem heutigen Vers bezieht sich Jesus aber auf ein kreisförmiges, feinmaschiges Wurfnetz (ca. 5 Meter Durchmesser) mit Senkblei an den Enden. In der Mitte war eine lange Leine befestigt, die zum Auswerfen und Einholen des Netzes im seichten Wasser diente. Um den Fang zu sichern, wurde das Netz in der Mitte zusammengezogen, während der Fischer ins Wasser watete und es dabei vorsichtig hochhob.

Genauso wie die Jünger einen Fischschwarm in ihrer unmittelbaren Umgebung mit diesem kreisförmigen Netz fingen, möchte der Herr von seinen Jüngern heute, dass sie die Menschen in ihrer Umgebung erreichen.

LEIDENSCHAFTLICHERE HINGABE

„Als er aber die Volksmengen sah, wurde er innerlich bewegt über sie, weil sie erschöpft und verschmachtet waren wie Schafe, die keinen Hirten haben."
Matthäus 9,36

Was kannst du tun, damit dein Einsatz für die Verlorenen steigt?

Erstens: Befasse dich mit der einzigartigen Liebe Christi, seinem Erbarmen und seiner Barmherzigkeit. Du kannst dich auch mit den herausragenden Persönlichkeiten der Kirchengeschichte beschäftigen, doch letztendlich kommt es darauf an, dass du Jesu Herz verstehst. 1. Johannes 2,6 drückt es so aus: „Wer sagt, dass er in ihm bleibe, ist schuldig, selbst auch so zu wandeln, wie er gewandelt ist."

Zweitens: Befasse dich mit der Sünde: ihrer Schuld an sich, ihrer Macht und der Strafe, die sie nach sich zieht. Du wirst merken, wie wir alle Opfer der Raffiniertheiten dieser Welt geworden sind. Römer 12,2 fordert uns auf: „Seid nicht gleichförmig dieser Welt, sondern werdet verwandelt durch die Erneuerung des Sinnes." Lass dir das eine Lektion sein und erinnere dich daran, dass du nicht hier bist, um mit der Welt zu liebäugeln, sondern um die Verlorenen zu evangelisieren.

Drittens: Studiere die Sünder. Versuche sie zu lieben und sei barmherzig, nicht bitter. Bedenke, dass Neubekehrte oft die eifrigsten Evangelisten sind.

Viertens: Studiere die Schrift. Erkenne, was sie über die Hölle, den Tod, das Gericht und die Errettung lehrt.

Zu guter Letzt: Bete zu Gott, dass er dir ein feuriges Verlangen für die Evangelisation schenkt.

DIE CHANCE WAHRNEHMEN

„Hebt eure Augen auf und schaut die Felder an! Denn sie sind schon weiß zur Ernte.“
Johannes 4,35

Jeder Gläubige ist dafür verantwortlich, eine Last für die Verlorenen zu haben. John Harper war so ein Gläubiger. In den frühen 20er Jahren wurde er in der bekannten Moody Memorial Church zum Pastor berufen, doch im Jahre 1912 zählte er zu den Passagieren der Schicksalsfahrt der Titanic.

Vier Jahre später erhob sich während einer Zusammenkunft ein junger Schotte und erzählte, dass er einer der wenigen Überlebenden der Titanic sei. Als er, sich an ein Stück Holz klammernd, auf dem Wasser trieb, begegnete ihm ein Mann, der auf einem anderen Wrackteil dahintrieb. Dieser Mann rang mit dem jungen Schotten, er solle doch Christus annehmen. Er lehnte ab. Die Strömung ließ die beiden sich noch einmal begegnen, und der Mann erkundigte sich, ob der junge Schotte bereits gerettet sei. Kurze Zeit später verschwand John Harper in den Fluten, und der Schotte entschied sich, Christus als seinen Retter anzunehmen. Bei dieser Zusammenkunft berichtete er, dass es John Harper gewesen sei, der ihm dort begegnete – der junge Schotte war sein letzter Bekehrter.

Bist du einer der John Harpers deiner Zeit?

DURCH LEIDEN ZUR HERRLICHKEIT

„Denn unsere Bedrängnis, die schnell vorübergehend und leicht ist, verschafft uns eine ewige und über alle Maßen gewichtige Herrlichkeit.“
2. Korinther 4,17

Leiden befähigen uns, mit Geduld zu ertragen. Sie festigen unseren Glauben, sie lehren uns, Gott zu vertrauen und führen uns dahin, dass wir von Christus und seinem Wort abhängig werden und uns auf ihn verlassen. Leiden stärken uns aber nicht nur im Hier und Jetzt, sondern wirken sich auch auf unseren zukünftigen Dienst aus. Darum lenkt Paulus unsere Aufmerksamkeit auch weg vom Jetzt und hin zur Zukunft: „... da wir nicht auf das Sichtbare sehen, sondern auf das Unsichtbare; denn was sichtbar ist, das ist zeitlich; was aber unsichtbar ist, das ist ewig.“

Je größer unser Ausharren in Leiden ist, desto größer wird unser ewiger Lohn ausfallen.

SICH MIT DEN LEIDEN CHRISTI IDENTIFIZIEREN

„Denn es war dem angemessen, um dessentwillen alles ist und durch den alles ist, da er viele Söhne zur Herrlichkeit führte, den Urheber ihres Heils durch Leiden zu vollenden.“
Hebräer 2,10

Christen können sich mit ihrem Herrn identifizieren, da sie, wie auch er, durch Leiden in die Herrlichkeit eingehen werden. Auf dem Weg nach Emmaus sprach der Herr zu seinen Jüngern: „O ihr Unverständigen, wie ist doch euer Herz träge, zu glauben an alles, was die Propheten geredet haben! Musste nicht der Christus dies erleiden und in seine Herrlichkeit eingehen?“ Unser Herr musste ihnen erklären, dass er leiden musste, um in die zukünftige Herrlichkeit einzugehen. Wir sollten mit demselben rechnen.

Der Weg zur Herrlichkeit führte unseren Herrn durch viel ungerechtes Leid. Das ist auch unser Weg. Jesus ertrug das Leid mit vollkommener Geduld, um dann in die Stellung erhabenster Herrlichkeit erhöht zu werden. Er ist unser Vorbild, wenn es darum geht, wie wir auf Leiden zu reagieren haben.

DAS WAHRE BILD

„Denn ich hatte mir vorgenommen, unter euch nichts anderes zu wissen als nur Jesus Christus, und zwar als Gekreuzigten.“
1. Korinther 2,2

Wenn die Menschen an die Person Jesus Christus denken, verbinden sie damit die unterschiedlichsten Vorstellungen. Einige sehen ihn als Baby in einer Krippe – als den Christus der Weihnachtszeit. Andere stellen sich vor, wie er als Kind im Hause eines Zimmermanns lebte und die religiösen Führer Jerusalems verwirrte. Viele malen sich aus, wie er als mitfühlender und mächtiger Heiler die Kranken gesund machte und die Toten auferweckte. Wieder andere erkennen in ihm den vollmächtigen und feurigen Prediger, der den großen Massen das Wort Gottes verkündigte. Dann gibt es auch solche, die in ihm den vollkommenen Menschen sehen – ein Vorbild an Güte, Freundlichkeit, Sympathie, Fürsorge, Sanftmut, Vergebung, Weisheit und Verständnis.

Es gibt aber noch etwas, das all diese Vorstellungen bei weitem übertrifft: Jesus Christus am Kreuz. Christus als den Gekreuzigten zu kennen, bedeutet, ihn als Anfänger und Vollender deines Glaubens zu kennen – das echteste und wahrste Bild seiner Person und seines Werkes. Die Leiden Christi am Kreuz bilden das Herzstück des christlichen Glaubens. Dort erkennen wir seine Göttlichkeit, seine Menschlichkeit, sein Werk und sein Leiden am deutlichsten.

DAS RICHTMASS DES LEIDENS

„Denn ein solcher Hohepriester geziemte uns, der heilig, unschuldig, unbefleckt, von den Sündern abgesondert und höher als der Himmel ist.“
Hebräer 7,26

Jesus wurde am Kreuz als Verbrecher hingerichtet, obwohl man ihm kein Vergehen nachweisen konnte – nichts Falsches, keine Übertretung, keine Sünde. Nie hatte er einen bösen Gedanken, und nie redete er je ein böses Wort. Es war die ungerechteste Hinrichtung, die je an einem Menschen vollzogen wurde. Eines erkennen wir anhand dieser Tatsache aber sehr deutlich: Auch wenn eine Person völlig im Willen Gottes steht – sehr geliebt und begabt, vollkommen gerecht und gehorsam ist – kann dieser Person trotzdem ungerechterweise großes Leid widerfahren. Es kann dir genauso ergehen wie Jesus: Du wirst vielleicht missverstanden, falsch interpretiert, gehasst, verfolgt und unter Umständen sogar umgebracht werden. Und trotzdem musst du dich an Jesu Vorbild, an seinen Standard halten.

30. März

FOLGE DEM VORBILD CHRISTI

„Denn dazu seid ihr berufen, weil auch Christus für uns gelitten und uns ein Vorbild hinterlassen hat, damit ihr seinen Fußstapfen nachfolgt.“
1. Petrus 2,21

Jesus ist für uns das absolute und verbindliche Vorbild, wenn es um Leiden geht. Das mit „Vorbild“ übersetzte griechische Wort bedeutet wörtlich „darunter Geschriebenes“, d.h. ein Schriftstück, das als Muster unter ein Blatt Papier gelegt wurde, um es zu kopieren. Genauso wie Kinder lernen, Buchstaben zu schreiben, indem sie ein durchsichtiges Papier über die Vorlage legen, so sollen auch wir das Leben Christi als Maßstab nehmen. Sein Leben dient uns als Muster.

Wir folgen seinem Vorbild, wenn wir „seinen Fußstapfen nachfolgen.“ Wir sollten in seinen Fußstapfen wandeln, da er einen gerechten Weg ging. Es war auch ein Weg, der mit ungerechten Leiden gepflastert war. Diese Leiden sind ein Teil des Weges der Gerechten. Einige erfahren mehr Leid als andere. Aber wenn du wirklich Christus nachfolgen willst, dann wirst du dich auch nach seinem Vorbild ausrichten.

UNSER SÜNDLOSER ERRETTER

„Er hat keine Sünde getan, es ist auch kein Betrug in seinem Mund gefunden worden; als er geschmäht wurde, schmähte er nicht wieder."
1. Petrus 2,22-23

Beim Schreiben dieser Verse rückte Jesus bestimmt ins Zentrum der Gedanken von Petrus, da er ja ein Augenzeuge der Leiden Christi war – wenn auch nur von ferne. Trotz der unaussprechlichen Schmerzen, die Christus erdulden musste, sündigte er weder in Worten noch in Taten.

In Jesaja 53,9 heißt es: „weil er kein Unrecht begangen hatte." Die Septuaginta (die griechische Version des hebräischen AT) übersetzt „Unrecht" mit „Gesetzlosigkeit". Die Übersetzer verstanden darunter Gewalt gegen Gottes Wort – oder Sünde. Obgleich er ungerecht behandelt wurde, sündigte Christus nicht, ja er konnte gar nicht sündigen (1. Petrus 1,19).

Jesaja 53,9 fügt dem noch hinzu: „und kein Betrug war in seinem Mund." Unsere Worte sind oft die ersten Anzeichen der Sünde. In Jesus gab es jedoch keine Sünde, weder äußerlich noch innerlich.

Jesus Christus ist das perfekte Vorbild, wenn es darum geht, wie wir uns angesichts ungerechter Behandlung verhalten sollen. Er ertrug weit schlimmere Misshandlungen, als wir es je erleben werden, sündigte dabei aber nicht.

Triumph

April

NICHT ZURÜCKSCHLAGEN

„Er wurde misshandelt, aber er beugte sich und tat seinen Mund nicht auf, gleich dem Lamme, welches zur Schlachtung geführt wird, und wie ein Schaf, das stumm ist vor seinen Scherern; und er tat seinen Mund nicht auf."
Jesaja 53,7

Jesus nahm seinen Peinigern gegenüber eine demütige Haltung ein: „Der, gescholten, nicht wiederschalt, leidend, nicht drohte" (1Petr 2,23). Obschon er ständig bedrängt und provoziert wurde, sprach Jesus kein böses Wort, weil in seinem Herzen keine Sünde war.

Wir würden unter diesen Umständen wohl eher so wie der Apostel Paulus reagieren. Als er sich vor dem Hohen Rat verantworten musste, befahl der Hohepriester Ananias, ihm aufs Maul zu schlagen. Paulus' sofortige Antwort lautete: „Gott wird dich schlagen, du getünchte Wand" (Apg 23,3), worauf er sich jedoch augenblicklich entschuldigen musste – ein derartiger Umgang gegenüber dem Hohenpriester war ein Verstoß gegen das Gesetz (Apg 23,4-5; 2Mo 22,28).

Paulus war nicht vollkommen. Er ist auch nicht unser Maßstab in Bezug auf Gerechtigkeit. Es gibt für uns nur ein vollkommenes Vorbild: Christus. Er zeigt uns, wie wir mit den Schmähungen unserer Feinde umgehen sollen.

Wie unser Herr, so sind auch wir angehalten, nie Böses mit Bösem zu vergelten.

2. April

DROHE NICHT!

„Vater, vergib ihnen, denn sie wissen nicht, was sie tun!“
Lukas 23,34

Selbst angesichts unsagbarer Schmerzen droht Jesus nicht (1Petr 2,23). Man hatte ihn angespuckt, ihm seine Barthaare ausgerissen, eine Dornenkrone aufs Haupt gedrückt und Nägel durch sein Fleisch getrieben, um ihn ans Kreuz zu hängen. Bei jedem anderen Menschen hätte eine derart ungerechte Behandlung Rachegefühle hervorgerufen, aber nicht bei Christus. Er war der Sohn Gottes – Schöpfer und Erhalter des Universums, heilig und sündlos – und er besaß die Macht, seine Peiniger in die Hölle zu werfen.

Nichtsdestotrotz drohte Jesus seinen Henkern nie mit dem bevorstehenden Gericht; stattdessen vergab er ihnen. Christus starb für Sünder, seine Verfolger mit eingeschlossen. Er wusste, dass die Herrlichkeit der Errettung nur auf dem Weg des Leidens zu erreichen war. Deshalb nahm er auch sein Leiden an, ohne bitter oder zornig zu werden und ohne Rachegefühle zu hegen. Hoffentlich reagierst du auch so, wenn du leiden musst.

LASS GOTT SICH DARUM KÜMMERN

„Vater, in deine Hände übergebe ich meinen Geist!"
Lukas 23,46

Der Apostel Petrus lehrte die Christen: „Vergeltet nicht Böses mit Bösem, oder Scheltwort mit Scheltwort, sondern im Gegenteil segnet" (1Petr 3,9). Das war Jesu Haltung. Er konnte das tun, weil er „sich dem übergab, der gerecht richtet" (1Petr 2,23). Das Wort „übergeben" bedeutet: „jemandem etwas überreichen, damit dieser es behält." In jedem Moment seines Leidens befahl unser Herr sich selbst und die Umstände ganz dem Vater an. Denn er vertraute dem gerechten Gericht Gottes und war sich der bevorstehenden Herrlichkeit gewiss. Dieses Vertrauen ermöglichte es ihm, schreckliches Leid mit einem ruhigen Geist zu ertragen.

Du solltest genauso reagieren, wenn dir bei der Arbeit, in deiner Familie oder unter Freunden Unrecht widerfährt. Wenn du Vergeltung übst, beraubst du dich des Segens und des Lohnes, den Leid mit sich bringt. Vergeltung offenbart deinen Mangel an Vertrauen in Gott, dass er sich zu seiner Zeit und auf seine Weise um die Dinge kümmern wird. Er wird die Schuldigen bestrafen und diejenigen, die Leid treu ertragen haben, belohnen. Überlass es also Gott, damit er sich darum kümmert.

RECHTFERTIGUNG

„Herr, rechne ihnen diese Sünde nicht zu!“
Apostelgeschichte 7,60

Wir leben in einer Zeit, in der das Christentum in unserer Gesellschaft immer unbeliebter wird. Wer sich klar zu den Wahrheiten der Schrift und zur Evangeliumsbotschaft stellt, wird bald untolerierbar sein. Die Folge davon wird die ungerechte Behandlung der Christen sein.

Das Bevorstehen dieser Dinge sollte uns zur Schrift treiben, um dort Trost und Zuspruch zu finden, z.B. in 1. Petrus 1,21-25. Dort erkennen wir, dass wir, wie unser Herr, dazu berufen worden sind, den Weg des Leidens zu gehen, um der zukünftigen Erhöhung willen – und um den herrlichen Preis in Empfang nehmen zu können. Gewiss hatte Stephanus seine Augen auf den verherrlichten Christus gerichtet, als er gesteinigt wurde und seinen Mördern Vergebung zusprach (Apg 7,45-60). Er vertraute sich Gott an, weil er wusste, dass er ihn rechtfertigen würde. Wenn du dasselbe tust, wird Gott auch dich rechtfertigen.

UNSER STELLVERTRETER

„Welcher selbst unsere Sünden an seinem Leibe auf dem Holze getragen hat, auf dass wir, den Sünden abgestorben, der Gerechtigkeit leben, durch dessen Striemen ihr heil geworden seid."
1. Petrus 2,24

Der stellvertretende Tod Jesu zählt zu den grundlegenden Wahrheiten des christlichen Glaubens. Erlösung, Rechtfertigung, Versöhnung, Wegnahme von Sünde und Sühne sind alles Folgen des stellvertretenden Werkes Christi.

Der Apostel Paulus betont das, indem er darauf hinweist, dass Gott „den, der Sünde nicht kannte, für uns zur Sünde gemacht hat, auf dass wir Gottes Gerechtigkeit würden in ihm" (2Kor 5,21). „Christus hat uns losgekauft von dem Fluche des Gesetzes, indem er ein Fluch für uns geworden ist" (Gal 3,13).

Einige vertreten die Meinung, es sei unmoralisch, dass Gott selbst Mensch wurde, um an des Menschen Stelle die Schuld der Sünder auf sich zu nehmen. Sie sagen, es sei unfair, die Strafe eines Schuldigen auf einen Unschuldigen zu übertragen. Aber so war es nicht. Christus hat unsere Sünde und Strafe bewusst und willentlich auf sich genommen. Wäre er nicht bereit gewesen, unsere Sünde und Strafe willentlich auf sich zu nehmen, dann hätten wir als Sünder die Strafe für die Sünde in der Hölle ewig ertragen müssen. Christi Werk am Kreuz hat nichts mit „unfair sein" zu tun – es ist Gottes Liebe in Aktion!

6. April

DIE SCHWERE UNSERER STRAFE

„Christus wurde einmal geopfert,
um die Sünden vieler zu tragen."
Hebräer 9,28

Wenn der Apostel Petrus davon spricht, dass Christus unsere Sünden „getragen" hat, dann benutzt er einen Begriff, der „eine sehr schwere und erdrückende Last tragen" bedeutet. Diese Last ist die Sünde. Sie ist so schwer, dass es in Römer 8,28 heißt, „dass die ganze Schöpfung zusammen seufzt und zusammen in Geburtswehen liegt bis jetzt." Nur Jesus war in der Lage, uns von dieser gewaltigen Last zu befreien. Als Christus „unsere Sünde getragen" hat, empfing er auch die Strafe für unsere Sünden. Er durchlitt den physischen und geistlichen Tod. Am Kreuz rief er aus: „Mein Gott, mein Gott, warum hast du mich verlassen?" (Mt 27,46). Das war der Schrei des geistlichen Todes, die Strafe für das Tragen unserer Sünden.

DIE UMGESTALTUNG

„Auf dass, gleichwie Christus aus den Toten auferweckt worden ist durch die Herrlichkeit des Vaters, also auch wir in Neuheit des Lebens wandeln."
Römer 6,4

Der Zweck des stellvertretenden Opfertodes Jesu lag darin, „dass wir, den Sünden abgestorben, der Gerechtigkeit leben, durch die Striemen dessen, durch den wir heil geworden sind" (1Petr 2,24). Petrus schreibt nicht, dass Christus gestorben ist, damit wir in den Himmel kommen, Frieden haben oder Liebe erfahren können. Er starb, um eine Umgestaltung zu bewirken: um aus Sündern Heilige zu machen. Christi stellvertretendes Werk befähigt uns, die Sünde hinter uns zu lassen und ein völlig neues Leben zu führen: ein Leben in Gerechtigkeit.

Der Apostel Paulus sagte: „Indem wir dieses wissen, dass unser alter Mensch mitgekreuzigt worden ist, auf dass der Leib der Sünde abgetan sei, dass wir der Sünde nicht mehr dienen" (Röm 6,6). Wir sind der Sünde gestorben; deshalb kann sie ihren Anspruch an uns nicht mehr geltend machen. 1Petr 2,24 spiegelt diesen Gedanken wieder: Unsere Vereinigung mit Christus in seinem Sterben bedeutet, dass wir uns von der Sünde trennen, um einen neuen Lebensweg einzuschlagen.

8. April

CHRISTUS UNSER HIRTE

„Denn ihr gingt in der Irre wie Schafe, aber ihr seid jetzt zurückgekehrt zu dem Hirten und Aufseher eurer Seelen.“
1. Petrus 2,25

Der Apostel Petrus verweist mit dem heutigen Vers auf Jesaja 53,6, wo es heißt: „Wir gingen alle in der Irre wie Schafe, ein jeder wandte sich auf seinen Weg; aber der HERR warf unser aller Schuld auf ihn.“ Hätte unser Herr nicht ein Opfer für die Sünde gebracht, so wäre es unmöglich gewesen, uns zu Schafen seiner Herde zu machen.

Die Aufgabe des Hirten besteht darin, seine Schafe zu beschützen. Das griechische Wort für „Hirte“, das wir in 1. Petrus 2,25 finden, kann auch mit „Pastor“ übersetzt werden. Betrachten wir nun diesen Ausdruck und das mit „Aufseher“ übersetzte Wort, so haben wir eine Darstellung der Aufgabe eines Ältesten, wie es in 1. Petrus 5,2 beschrieben wird. Jesus beschützt, beaufsichtigt, führt und bewacht seine Herde. In Johannes 10,11 sagt er: „Der gute Hirte lässt sein Leben für die Schafe.“ Genau das tat er, damit er uns zu sich bringen konnte.

ÜBERWINDEN DURCH LEIDEN

„Und sie haben ihn [Satan] überwunden um des Blutes des Lammes und um des Wortes ihres Zeugnisses willen, und sie haben ihr Leben nicht geliebt bis zum Tode!“
Offenbarung 12,11

Christen sind auf dieser Welt wie Außerirdische und Fremdlinge, die Krieg führen gegen die Lüste des Fleisches und verleumdet und verfolgt werden. Deshalb müssen wir auch damit rechnen, zu leiden im Namen dessen, der vielerlei Leid wegen uns ertragen musste (1Petr 2,11-25). Petrus verfolgt mit seinem Brief hauptsächlich ein Ziel: Er will uns an die Notwendigkeit des Leidens erinnern. Wenn wir inmitten von Leid sündigen – sei es in Gedanken, Worten oder Taten, indem wir Vergeltung suchen – setzen wir dadurch unseren Sieg und unser Zeugnis aufs Spiel.

Gemäß unserem heutigen Vers können wir die Beleidigungen, die Verfolgung und die Anklagen Satans durch das Blut des Lammes, unseres Retters, überwinden. Das ist die Macht Gottes. Du bist ein Überwinder, wenn du in Zeiten der Verfolgung dein Zeugnis nicht durch Vergeltungsmaßnahmen oder Kompromisse verspielst – selbst wenn es dich dein Leben kosten sollte. Bist du gewillt, in Zeiten des Leids deinen Mann zu stehen?

LEBEN IN EINER FEINDLICHEN WELT

„...und führet einen guten Wandel unter den Heiden, damit sie da, wo sie euch als Übeltäter verleumden, doch auf Grund der guten Werke, die sie gesehen haben, Gott preisen am Tage der Untersuchung.“
1. Petrus 2,12

Vielleicht ist es dir noch nicht aufgefallen, aber als Christ in dieser Welt zu leben, gleicht dem Leben eines Fremden, der hier keine Staatsbürgerschaft und kein permanentes Zuhause besitzt. Petrus bezeichnet die Gläubigen als „Fremdlinge und Wanderer“ (1. Petrus 2,11). Du solltest dich selbst als einen Bürger „auf Zeit“ betrachten und folglich die Gottlosigkeit dieser Welt meiden.

Angesichts der wachsenden Feindlichkeit in unserer Gesellschaft gegenüber Christen ist es wichtig, dass wir diese Sicht bewahren. Für viele Ungläubige stellt der unmoralische Lebenswandel eine alternative Lebensform dar, und sie glauben, dass der Mensch jedes Mittel wählen kann, um seine Probleme zu lösen. Alles ist legitim.

Um in einer solchen Gesellschaft (über-)leben zu können, müssen wir unsere Zuversicht auf die Macht der Gerechtigkeit setzen und darauf vertrauen, dass die Gerechtigkeit über Verfolgung und Leid triumphieren wird. In Zeiten der Feindseligkeit sollst du Vertrauen fassen und dich nicht vom Zeitgeschehen und Aufruhr überrumpeln lassen.

EINE LEIDENSCHAFT FÜR DAS GUTE

„Und wer will euch Schaden zufügen, wenn ihr Nachahmer des Guten seid?"
1. Petrus 3,13

Es fällt den meisten Menschen schwer, diejenigen, die viel Gutes tun, schlecht zu behandeln. Wer es liebt, Gutes zu tun, ist oft auch gnädig, nicht auf sich selbst bedacht, freundlich, liebend und fürsorglich. Betrüger, die Witwen und Waisen bestehlen, kann jedoch niemand ausstehen. Sogar die Gottlosen verurteilen Menschen, die sich auf Kosten anderer bereichern.

Eine großzügige und rücksichtsvolle Person gerät hingegen selten ins Visier von Feindseligkeiten. Das ist eigentlich die Hauptaussage dieses Verses von Petrus. Er wollte seine Leser anspornen, fleißige und eifrige Täter des Guten zu sein. Eine leidenschaftliche Hingabe, das Gute zu tun, bringt einen reinen Lebenswandel hervor; das sollte das Ziel und die Freude eines jeden Gläubigen sein. Wenn du dich um ein gottseliges und frommes Leben bemühst, dann wirst du auch den Appetit an den gottlosen Attraktionen dieser Welt verlieren.

12. April

GEBT NIEMANDEM ANLASS ZU …

„Doch wenn ihr auch leiden solltet um der Gerechtigkeit willen, glückselig seid ihr!“
1. Petrus 3,14

Obwohl die Wahrscheinlichkeit relativ klein ist, gibt uns der Apostel Petrus dennoch zu bedenken, dass eine geringe Möglichkeit besteht, dass wir trotz unseres gerechten Wandels Leid erfahren werden. Tatsächlich litten viele Christen der frühen Gemeinde wegen ihres Gehorsams gegenüber dem Herrn Jesus Christus. Andere wiederum litten auf Grund ihres Ungehorsams. Wenn ein Christ dem Wort Gottes nicht gehorcht, empfindet die Welt größere Freiheit und Rechtfertigung, ihm feindlich gegenüberzutreten. Aber auch gottesfürchtige Christen sollten weder überrascht noch erschrocken sein, wenn die Welt ihnen feindlich gesinnt ist.

Ein leidenschaftliches Streben nach Gottseligkeit ist keine Garantie dafür, dass wir keine Verfolgung erleiden werden. Gutes zu tun, verringert lediglich dessen Wahrscheinlichkeit. Niemand wirkte jemals mehr Gutes als Jesus, dessen ungeachtet brachte ihn die Welt dennoch zur gegebenen Zeit um. Nichtsdestotrotz sollte dein Leben tadellos sein, so dass du deinen Kritikern keinen gerechtfertigten Anlass zu irgendeiner Beschuldigung lieferst.

EINE NÜTZLICHE FURCHT

„Das, was sie fürchten, sollt ihr nicht fürchten und nicht davor erschrecken. Den HERRN der Heerscharen, den sollt ihr heiligen! Er sei eure Furcht, und er sei euer Schrecken!“
Jesaja 8,12-13

In den Tagen des Propheten Jesaja drohte Ahas, dem König von Juda, eine Invasion durch die assyrische Armee. Als Ahas es ablehnte, mit den Königen Israels und Syriens einen Bund gegen die Assyrer einzugehen, drohten auch sie ihm mit einer Invasion Judas. Hinter den Kulissen verbündete sich Ahas aber mit den Assyrern. Jesaja warnte Ahas vor diesem gottlosen Bündnis und wies ihn an, keine Furcht zu haben. Der König sollte einzig den HERRN fürchten und sich keine weiteren Sorgen machen.

In gleicher Weise soll sich auch kein Christ durch drohende Feindseligkeiten einschüchtern lassen. Die Furcht des HERRN wird ihn lehren, dem Widerstand mutig entgegenzutreten und Leiden als eine Möglichkeit geistlichen Segens anzuerkennen – und nicht als eine Chance zu Kompromissen im Angesicht der ungläubigen Welt.

Hingabe an den HERRN inmitten von Verfolgung verlangt nach einer Gesinnung und leidenschaftlichen Liebe, die auf die himmlischen und nicht auf die weltlichen Dinge ausgerichtet sind. Wenn für dich Besitz, Vergnügen und deine eigene Beliebtheit im Vordergrund stehen, dann werden die Angriffe des Feindes dich in Furcht und Schrecken versetzen. Sinnst du aber auf die himmlischen Dinge, so wirst du dich freuen, wenn dir mancherlei Prüfungen begegnen.

14. April

HINGABE AN CHRISTUS

„Heiligt Christus, den HERRN, in euren Herzen.“
1. Petrus 3,15

Unabhängig vom Widerstand, der einem Gläubigen in dieser Welt entgegenschlägt, soll er Christus in seinem Herzen immer als HERRN bekennen. Er soll die Souveränität und Majestät des HERRN annehmen, anerkennen und einzig und allein ihn fürchten.

Gläubige, die Jesus heiligen, erheben ihn und machen ihn zum Ziel ihrer Liebe und Treue. Sie bewundern seine Vollkommenheit, preisen seine Herrlichkeit und rühmen seine Größe. Sie unterwerfen sich seinem Willen und sind sich bewusst, dass dies manchmal auch Leid mit sich bringen kann. Diese Art zu leben nennt die Bibel: „…die Lehre, die unseres Heiland-Gottes ist, zieren in allem“ (Titus 2,10).

Christus in hingebungsvoller Weise zu ehren, sollte dein Leben als Christ kennzeichnen – auch mitten im Leid. Wer sich ihm unterordnet, wird ausgerüstet mit Mut, Tapferkeit und Stärke inmitten von Feindseligkeiten.

DEN GLAUBEN VERTEIDIGEN

„Seid aber allezeit bereit zur Verantwortung gegenüber jedermann, der Rechenschaft fordert über die Hoffnung, die in euch ist, und zwar mit Sanftmut und Ehrerbietung.“
1. Petrus 3,15

Wenn du von der Gesellschaft angegriffen wirst, musst du bereit sein, dich zu verteidigen. Das griechische Wort für „verteidigen“ beschreibt oft die formelle Verteidigung in einem Gerichtsprozess. Paulus benutzte dieses Wort aber auch außerhalb seines üblichen Verwendungszwecks und beschreibt damit z.B. seine Fähigkeit, jedermann Antwort zu geben, der ihn befragt – also nicht nur Richtern, Anwälten und Herrschern (Phil 1,16-17). Des Weiteren verweist das Wort *allezeit* darauf, dass wir in jeder Situation die richtige Antwort bereit haben sollen, nicht nur in einem juristischen Umfeld.

Ganz egal, ob du dich in einem Gerichtssaal befindest oder ob dich jemand auf der Straße anspricht: Du solltest immer in der Lage sein, Auskunft zu geben „über die Hoffnung, die in dir ist“ (1. Petrus 3,15), das heißt, dass du deinen christlichen Glauben auf eine verständliche Weise erklären und beschreiben kannst. Du solltest fähig sein, eine nachvollziehbare und genaue Erklärung der Errettung zu liefern.

16. April

EINE MILDE ANTWORT

„Ein Knecht des Herrn aber soll nicht streiten, sondern milde sein gegen jedermann.“
2. Timotheus 2,24

Ein Christ soll seinen Glauben in Sanftmut und Ehrerbietung erklären (1Petr 3,15). Das verweist auf eine milde und gnadenvolle Haltung, wenn wir sprechen. Die Ehrerbietung zeigt sich in Form einer gesunden Hingabe an Gott, einem gesunden Bezug zur Wahrheit und einem gesunden Respekt vor der uns gegenüberstehenden Person. Darum darfst du nicht streitsüchtig sein, wenn es darum geht, den Glauben zu verteidigen.

Ist ein Christ nicht in der Lage, seinen Glauben präzise, überlegt, logisch, biblisch und klar darzulegen, so wird er angesichts von Feindseligkeiten wahrscheinlich unsicher werden und vielleicht sogar seine Errettung anzweifeln. Die Anschläge des Feindes werden diejenigen, welche nicht „mit dem Brustpanzer des Glaubens und der Liebe“ angetan sind und nicht „den Helm der Hoffnung auf das Heil“ tragen, vernichten (1Thes 5,8).

EIN REINES GEWISSEN

„Bewahrt ein gutes Gewissen, damit die, welche euren guten Wandel in Christus verlästern, zuschanden werden in dem, worin sie euch als Übeltäter verleumden mögen.“
1. Petrus 3,16

Entweder entschuldigt das Gewissen jemanden, oder es klagt ihn an. Es wirkt entweder überführend oder zustimmend. Ein gutes Gewissen klagt einen Gläubigen keiner Sünde an, da dieser ein gottesfürchtiges Leben führt. Es bestätigt, dass alles in Ordnung ist, während ein schlechtes Gewissen Sünde aufdeckt.

Ein Gläubiger sollte ein reines Gewissen bewahren, so dass die Schuldenlast ihn im Moment der feindlichen Angriffe und der Kritik nicht beschwert. Wenn er aber nicht alles daran setzt, Gutes zu tun oder Christus zu dienen, so wird er die schwere Last der Schuld, die er verdient, zu spüren bekommen. Ein beflecktes Gewissen findet keine Ruhe und wird schweren Prüfungen nicht standhalten können. Ein reines Gewissen hingegen wird dir in Zeiten der Prüfung eine große Hilfe sein und dich vor Angst und Sorge bewahren.

18. April

RUHE INMITTEN VON KRITIK

„Selig seid ihr, wenn ihr um des Namens Christi willen geschmäht werdet!“
1. Petrus 4,14

Wenn du verleumdet wirst, verhilft dir ein reines Gewissen zur Ruhe und bestätigt dich in deinem Tun. Es muss die Aufgabe, Sünde in deinem Leben zu offenbaren, nicht erfüllen, und dein gottesfürchtiger Wandel wird alle gegen dich vorgebrachten Anklagen zunichte machen. Wenn du ein reines Gewissen hast, so werden verbale Angriffe und Beleidigungen Schande über deine Ankläger bringen – und nicht über dich.

In ihrer Selbstgerechtigkeit verurteilt die Welt das Christentum, sobald sie einen Christen findet, der seinen Glauben verunehrt. Ungläubige lieben es, mit dem Finger auf einen sündigenden Christen zu zeigen, um dadurch ihr eigenes sündiges Verhalten zu rechtfertigen. Deshalb soll dein Wandel tadellos sein, damit du den Anschuldigungen der Ungläubigen jegliche Grundlage entziehst.

ZWEI ENTSCHEIDUNGS-MÖGLICHKEITEN

„Denn es ist besser, dass ihr für Gutestun leidet, wenn es der Wille Gottes sein sollte, als für Bösestun!"
1. Petrus 3,17

Du hast zwei Möglichkeiten. Die erste sieht so aus: Das Richtige zu tun, auch wenn es für dich Leid bedeutet. Du zeigst damit, dass du Leid als einen Teil von Gottes souveränem Plan für dein Leben akzeptierst.

Die zweite Möglichkeit sieht folgendermaßen aus: Du tust das Falsche, was wiederum zu Leid führen wird. Gemäß Gottes Willen gibt es diese beiden Möglichkeiten. Es entspricht dem Willen Gottes, dass du leidest, indem du das Richtige tust, so dass du geistlich gestärkt und er dadurch verherrlicht wird. Sein Wille sieht für dich aber auch Leid in Form von göttlicher Züchtigung vor, wenn du das Falsche tust. Tue also das Gute und vermeide unnötiges Leid auf Grund deiner falschen Entscheidungen.

20. April

CHRISTI SIEGESZUG

„Denn auch Christus hat einmal für Sünden gelitten, ein Gerechter für Ungerechte, auf dass er uns zu Gott führte."
1. Petrus 3,18

Es fällt uns schwer zu glauben, dass der Eine, der völlig gerecht war, für all die Ungerechten starb. Pilatus hatte Recht, als er sagte: „Ich finde keine Schuld an diesem Menschen!" (Lukas 23,4). Die gegen unseren Herrn vorgebrachten Anschuldigungen waren allesamt erfunden. Die Zeugen wurden bestochen, und das Urteil selbst war absolut gesetzeswidrig.

Dennoch triumphierte Christus und brachte uns durch eben dieses ungerechte Leiden zu Gott. Auch wenn Gläubige nie als Stellvertreter oder Erlöser leiden müssen, so kann es doch sein, dass Gott von uns eine christusähnliche Reaktion auf ungerechtes Leid erwartet, um dadurch Menschen zu sich zu ziehen.

Wenn der Herr also von uns erwartet, dass wir um seines Namens willen Leid ertragen sollen, dann müssen wir uns bewusst sein, dass er von uns nur das verlangt, was er selbst erdulden musste. Letztendlich dient es aber nur einem Zweck: Die Aufmerksamkeit der Menschen soll auf ihn gerichtet werden!

LEID AUF GRUND VON SÜNDE

„Denn das dem Gesetz Unmögliche, weil es durch das Fleisch kraftlos war, tat Gott, indem er, seinen eigenen Sohn in Gleichgestalt des Fleisches der Sünde und für die Sünde sendend, die Sünde im Fleische verurteilte.“ Römer 8,3

Wenn wir als Gläubige Verfolgung, Kritik oder gar den Tod erleiden, dann sind wir Sünder, die unter der Sünde Dritter leiden. Verschiedene Formen der Sünden wie Hass, Zorn, Neid oder Mord können die Ursache unserer Schmerzen sein.

Auch Christus litt wegen der Sünde, er selbst war aber sündlos. 1. Petrus 2,22: „Er tat keine Sünde.“ Er dachte, sagte oder tat nie etwas Böses. Vielmehr war alles, was er dachte, sagte und tat, vollkommen heilig. Es waren die Sünden anderer, die ihn ans Kreuz brachten, die Sünden derjenigen, die ihn verspotteten und ans Kreuz nagelten. Er bezahlte für die Sünden der ganzen Welt, deshalb musste er sterben.

Unser heutiger Vers lehrt uns, dass er „für die Sünde“ starb. Er litt als ein Sündopfer, denn „der Sünde Sold ist der Tod“ (Römer 6,23). Im Alten Testament forderte Gott ein Tieropfer, um deutlich zu machen, dass unsere Sünde gesühnt werden muss. Das war eine symbolische Handlung. Genauso finden wir im Neuen Testament Christus, der DAS Opfer für die Sünde ist, kein Symbol. Er ist das wirkliche und ewige Sühneopfer für unsere Sünde.

ZIELORIENTIERTES LEIDEN

„Wohin Jesus als Vorläufer für uns hineingegangen ist, der nach der Ordnung Melchisedeks Hoherpriester in Ewigkeit geworden ist.“
Hebräer 6,20

Als Jesus am Kreuz all unsere Sünden trug und die dunkle Nacht des Todes durchlitt, tat er das mit einem bestimmten Ziel vor Augen. Er schuf dadurch einen Zugang zu Gott für uns. Der Apostel Petrus schreibt, dass Christus starb, „auf dass er uns zu Gott führe“ (1Pt 3,18). Gott veranschaulichte diese Wahrheit in symbolischer Weise, indem er den Vorhang im Tempel von oben nach unten zerriss, so dass das innere Heiligtum für alle Anbeter mit sofortiger Wirkung zugänglich war (Mt 27,51). Nun können alle Gläubigen als Priester in die Gegenwart Gottes treten (1Pt 2,9 und Hebr 4,16).

Das aus dem Griechischen übersetzte „auf dass er uns führe“ (1Pt 3,18) beschreibt den Zweck des Handelns Jesu. Dieses Verb wurde oft verwendet, um zu beschreiben, wie jemand einem anderen vorgestellt wurde. Das Substantiv dieses Wortes verweist auf denjenigen, der die Vorstellung übernahm. In den Tagen Jesu war es üblich, dass sich ein Beamter darum kümmerte, wem der Zutritt zum König gewährt wurde. Nachdem er sichergestellt hatte, dass eine Person anrecht auf eine königliche Audienz besaß, kündigte er deren Besuch in der Gegenwart des Königs an und stellte sie vor. Genau diese Aufgabe erfüllt Jesus im Moment auch für uns. Wie er sagte: „Niemand kommt zum Vater, denn durch mich!“ (Jh 14,6). Er kam, um uns in die Gegenwart des Vaters zu führen.

ZU CHRISTUS HINGEZOGEN

„Niemand kann zu mir kommen, es sei denn, dass ihn ziehe der Vater, der mich gesandt hat, und ich werde ihn auferwecken am letzten Tage."
Johannes 6,44

Nur durch Christus können Menschen in die Gegenwart Gottes gelangen. Alle, die er in die Gegenwart des Vaters führt, hassen ihre Sünde, dürsten nach Vergebung und verlangen danach, Gott zu kennen. Gott wirkt diese innere Haltung, indem er uns durch Christus zu sich zieht. Die erste echte Reaktion auf das Evangelium zeigt sich an einer veränderten Einstellung hinsichtlich der Sünde und Gott.

Diesem anfänglichen Gesinnungswandel folgt die tief greifende Umgestaltung, die im Augenblick der Errettung bei jedem Gläubigen stattfindet. Christus starb nicht nur, um uns von der Strafe der Sünde zu erlösen; nein, er starb, um uns zu verwandeln, zu erneuern.

Verlassen von der großen Zahl seiner Jünger, hing Jesus Christus in dunkler Todesnacht am Kreuz, ertrug grausame Schmerzen und schrie: „Mein Gott, mein Gott, warum hast du mich verlassen?" (Mt 27,46). In diesen Augenblicken durchlitt er unvorstellbare Ablehnung und Feindseligkeit. Genau durch diese Umstände errang Jesus aber einen unvergleichlichen Triumph, indem er Sühnung für die Sünde erwirkte, wodurch er uns Zugang zum Vater verschaffte und unsere Umgestaltung überhaupt erst möglich machte. Es war ein Triumph, den Christus bald schon selbst ausrufen würde (1. Petrus 2,19-20).

EIN TATSÄCHLICHER TOD

„Getötet nach dem Fleisch..."
1. Petrus 3,18

Unser heutiger Vers verdeutlicht, dass Jesus wirklich physisch gestorben ist. Einige bestreiten zwar die Auferstehung Jesu und behaupten, dass er überhaupt nie gestorben sei, sondern nur das Bewusstsein verlor. Danach hat die Kühle des Grabes ihn scheinbar wiederbelebt, so dass er aufstand und einfach aus dem Grab spazierte. Petrus lässt aber keinen Zweifel offen: Jesus war tot – das Opfer eines gerichtlichen Mordes.

Die römischen Henker stellten sicher, dass er auch wirklich tot war. Sie brachen den beiden Verbrechern, die mit Jesus gekreuzigt wurden, die Beine, um dadurch das Eintreten des Todes zu beschleunigen. (Ein Gekreuzigter konnte seinen Tod so lange hinauszögern, wie er es schaffte, sich mit Hilfe seiner Beine in einer aufrechten Position zu halten.) Die Kriegsknechte hielten es aber nicht für nötig, Jesus die Beine zu brechen, da sie feststellten, dass der Tod bei ihm bereits eingetreten war. Sie durchstachen seine Seite, aus der Wasser und Blut floss, um seinen Tod zu bestätigen – wäre Jesus noch am Leben gewesen, so wäre nur Blut, nicht Wasser und Blut, aus seiner Seite geflossen (Joh 19,31-37). Christus war zweifelsohne tot. Das bedeutet, dass auch seine Auferstehung echt war.

AM LEBEN BLEIBEN

„...lebendig gemacht nach dem Geist“
1. Petrus 3,18

Der heutige Vers nimmt ausdrücklich Bezug auf den Geist Jesu – und nicht auf den Heiligen Geist. Der Apostel Petrus zeigt zwei Gegensätze auf: Einerseits berichtet er, was mit dem Fleisch (dem Körper) Jesu geschah, und andererseits berichtet er, was mit seinem Geist geschah. Sein Geist war lebendig, sein Fleisch hingegen war tot.

Einige vertreten die Ansicht, dass „lebendig gemacht nach dem Geist“ sich auf die physische Auferstehung Christi bezieht. Wäre dem so, müsste das aber folgendermaßen zum Ausdruck gebracht werden: „Er wurde getötet nach dem Fleisch, aber lebendig gemacht im Fleisch.“ Die Auferstehung war aber sowohl eine physische als *auch* eine geistliche Tatsache. Petrus will mit seiner Aussage deutlich machen, dass Christi Geist immer noch lebendig war, obschon Christus physisch tot war.

Am Kreuz erfuhr der Geist Christi eine Trennung von Gott. Er sprach: „Mein Gott, mein Gott, warum hast du mich verlassen?“ (Mt 27,46). Diese Trennung war aber nur von kurzer Dauer, da er gleich anschließend an diesen Aufschrei folgende Worte sprach: „Vater, in deine Hände befehle ich meinen Geist“ (Lk 23,46). Jetzt war sein Geist nicht mehr getrennt von Gott; er war dem Vater anbefohlen.

26. April

DEN SIEG VERKÜNDEN

„In welchem er auch hinging und den Geistern im Gefängnis predigte."
1. Petrus 3,18

Vor seiner Auferstehung am Sonntagmorgen predigte Christus zuerst noch eine triumphale Botschaft. Der Begriff „predigen" umschreibt eigentlich die Bekanntmachung oder das Ausrufen eines großen Sieges, eines Triumphes. Im Altertum war es üblich, dass bei militärischen Feierlichkeiten ein Herold vor den Generälen und Königen herzog, um die großen Taten und errungenen Siege auszurufen.

Genau das tat Jesus auch – er verkündigte nicht das Evangelium, sondern er rief den Sieg über die Sünde, den Tod, die Hölle, die Dämonen und den Satan aus. Er ging nicht hin, um Seelen zu gewinnen, sondern um den Sieg über den Feind zu proklamieren. Er konnte den ultimativen Sieg über die Sünde und den Tod – einen Sieg für dich und mich – verkünden, obschon er zuvor viel ungerechtes Leid über sich ergehen lassen musste.

DEN SIEG DEM RACHEN DER HÖLLE ENTRISSEN

„Er soll dir den Kopf zertreten, und du wirst ihn in die Ferse stechen."
1. Mose 3,15

Seit dem Anfang der Zeit führen der Satan und seine Kumpanen Krieg gegen Gott. Mehrere Stellen der Bibel berichten uns von diesem kosmischen Konflikt (z.B. Hiob 1; Daniel 10,13). Während sich der Satan angesichts des Sündenfalls des Menschen eines scheinbaren Sieges erfreute, prophezeite Gott bereits seine Vernichtung durch den Messias. Trotz der vermeintlichen Niederlage würde der Christus letztendlich den Sieg davontragen (1. Mose 3,15).

Folglich versuchte Satan, die messianische Linie zu zerstören, indem er das Volk Gottes ausrotten wollte. Nachdem dieser Versuch fehlschlug, wollte er den Messias im zarten Kindesalter ermorden (Mt 2,16-18). Auch das war ein Schlag ins Wasser. Sein nächster Plan beinhaltete die Verführung des Messias (Mt 4,1-11). Nach einem weiteren Misserfolg entschied er sich, den Mob gegen ihn aufzuhetzen, damit sie ihn umbrächten. Er wollte sogar sicherstellen, dass der Messias nicht aus dem Grab kommen könnte.

Man sagt, dass in der Hölle gerade eine Bombenparty stieg, als Jesus dort ankam. Wahrscheinlich waren sie damit beschäftigt, den so sehr ersehnten und hart erkämpften Sieg zu feiern – sie wurden aber jäh enttäuscht.

ERRETTUNG VERANSCHAULICHT

„Die Langmut Gottes harrte in den Tagen Noahs, während die Arche zugerichtet wurde, in welche wenige, das ist acht Seelen, durchs Wasser gerettet wurden.“
1. Petrus 3,20

1. Mose 6,9 bis 8,22 berichtet uns, wie Noah und seine Familie durch die Sintflut hindurchgerettet wurden. Sie waren die Einzigen, die Gottes Warnung hinsichtlich der bevorstehenden Katastrophe, der Zerstörung der ganzen Welt, ernst nahmen. Das Resultat war ein Gericht, in dem alle ertrunken sind, außer Noah und seiner Familie.

Noah benötigte 120 Jahre, um die Arche zu bauen, und während dieser Zeit predigte er beständig Gottes Gerechtigkeit. Die Arche, ungefähr so groß wie ein modernes Kreuzfahrtschiff (1. Mose 6,15), zog gewiss die Aufmerksamkeit der Leute auf sich. Es muss aber schon ziemlich entmutigend gewesen sein, die Arche zu bauen, die Bedeutung dieser ganzen Aktion während mehr als einem Jahrhundert zu verkündigen, um letztendlich festzustellen, dass nur gerade die eigene Familie die Botschaft im Glauben annehmen würde.

Noah betrieb einen gewaltigen Aufwand, um ein Gefäß herzustellen, das er nur für ein Jahr benutzen würde. Acht Menschen entgingen dadurch aber dem Gericht Gottes. Die Arche bot ihnen Schutz angesichts des weltweiten Gerichts Gottes. Das ist wirklich eine sehr lebendige Illustration von Errettung!

SICHER IN CHRISTUS

„Welches Gegenbild auch euch jetzt errettet, das ist die Taufe (nicht ein Ablegen der Unreinigkeit des Fleisches, sondern das Begehren eines guten Gewissens vor Gott), durch die Auferstehung Jesu Christi."
1. Petrus 3,21

Abgesehen von ein paar wenigen wurden alle durch das Gericht Gottes in der Flut weggerafft. Auch das Jüngste Gericht wird plötzlich kommen und alle mit einschließen. Alle, die in Christus Jesus sind, werden das Gericht aber ohne Schaden überstehen und sicher hindurchgeleitet werden. In Christus zu sein, ist wie in der Arche zu sein: Wir werden die Stürme des Gerichts sicher überstehen.

Die Taufe, von der Petrus im heutigen Vers spricht, ist charakterisiert durch: „Nicht ein Ablegen der Unreinigkeit des Fleisches, sondern das Begehren eines guten Gewissens vor Gott." Es gibt nur eine rettende Taufe; das ist die Taufe in den Tod und die Auferstehung Jesu Christi. Auf Grund der Verbundenheit mit Christus gehen die Gläubigen in den Tod und werden begraben, um dann in der neuen Welt seiner Auferstehung wieder hervorzutreten.

Die Arche Noah war eine Art Grab – wer hineinging, starb der alten Welt. Als sie die Arche wieder verließen, erlebten sie eine Art Auferstehung, indem sie eine neue Welt betraten. Petrus erklärt uns, dass jeder Christ eigentlich eine vergleichbare Erfahrung macht: Im geistlichen Sinne werden wir ein Teil Christi und sterben der Welt, aus der wir kommen – aber der Tag unserer Auferstehung rückt näher, und ein neues Leben und eine neue Welt erwarten uns.

EIN GEREINIGTES GEWISSEN

„Wie viel mehr wird das Blut des Christus, der durch den ewigen Geist sich selbst ohne Flecken Gott geopfert hat, euer Gewissen reinigen von toten Werken, um dem lebendigen Gott zu dienen!“
Hebräer 9,14

Unsere Sicherheit in Christus ist das Ergebnis eines „Begehrens eines guten Gewissens vor Gott“ (1. Petrus 3,21). Das griechische Wort für „Begehren“ beinhaltet den Gedanken eines Versprechens oder einer Zusicherung. In diesem Fall bezieht es sich auf gewisse Bedingungen, die erfüllt werden müssen, bevor jemand in die Sicherheit spendende Arche (Christus) eintreten kann.

Das Gewissen ungläubiger Menschen verurteilt sie. Wendet sich jemand an Gott, um ein reines Gewissen zu bekommen, so hat er die Sünde wirklich satt, und sein sehnlichster Wunsch besteht darin, dass die erdrückende Last seiner Schuld von seinen Schultern genommen wird. Eine vernichtende und schreckensvolle Furcht vor dem bevorstehenden Gericht überkommt ihn, und er weiß, dass es für ihn nur eine Rettung gibt – Gott. Die Reinigung, die er sich wünscht, ist einzig und allein durch das Blut Jesu möglich (Hebr 10,22). Er tut also Buße und bittet um Vergebung.

Als Christus am Kreuz litt, trat die Hölle ihm mit all ihrem Zorn entgegen, und niederträchtige Menschen ließen ihren Hass frei an ihm aus. Durch eben dieses Leid wurde er aber zur Sicherheit spendenden Arche für die Erlösten aller Zeiten. Und indem er durch sein Leiden einen gewaltigen Sieg errang, hat er für uns auch die Erlösung geschaffen. In ihm sind wir sicher!

Ausharren

Mai

HÖCHSTE HERRSCHAFT

„…welcher, in den Himmel gegangen, zur Rechten Gottes ist, indem Engel und Gewalten und Mächte ihm unterworfen sind.“
1. Petrus 3,22

Sowohl im Alten als auch im Neuen Testament steht die Rechte Gottes für ewige Kraft und Autorität sowie eine besondere Vorrangstellung. Diesen Platz nahm Jesus ein, nachdem er sein Werk am Kreuz vollbracht hatte, und von dort aus regiert er bis auf den heutigen Tag.

„Christus ist es, der gestorben, ja noch mehr, der auch auferweckt, der auch zur Rechten Gottes ist, der sich auch für uns verwendet“ (Röm 8,34). Sein Sitzen zur Rechten Gottes berechtigt ihn, Autorität über die gesamte Schöpfung auszuüben.

Christus nahm diese Vorrangstellung ein, nachdem ihm „Engel und Gewalten und Mächte unterworfen worden sind“ (1Petr 3,22) – das war, als Christus den Dämonen im Gefängnis seinen Triumph verkündigte. Durch das Kreuz und seine Auferstehung wurde ihm die gesamte Engelwelt unterworfen. Als er dann in den Himmel auffuhr, nahm er seinen rechtmäßigen Platz ein und regiert nun souverän.

2. Mai

ER FÜHRT UNS IM TRIUMPHZUG UMHER

„Gott aber sei Dank, der uns allezeit im Triumphzuge umherführt in Christo und den Geruch seiner Erkenntnis an jedem Orte durch uns offenbart!“
2. Korinther 2,14

Gott kann dein Leiden um Christi willen auf vielfältige Art und Weise benutzen, z.B. um jemanden zu Christus zu führen. Vielleicht setzt er es auch ein, um dir zu helfen, über dämonische Verfolgung zu triumphieren, oder vielleicht wird jemand durch dein vorbildliches Verhalten in Zeiten der Verfolgung ermutigt, genauso zu handeln.

Wie immer dem auch sei, eines ist gewiss: Wenn du um Christi willen leidest, wird Gott dich zur rechten Zeit erhöhen, und du wirst in seiner Gegenwart sein. Christus wird uns immer zum Sieg führen, selbst wenn wir ungerecht leiden müssen. Unterschätze nicht die Auswirkungen ungerechter Leiden um Christi willen. Sei bereit, jegliches Leid angesichts des dir zugesicherten Triumphes in Christus willig zu tragen.

INNIGE GEMEINSCHAFT

„Meine Schafe hören meine Stimme, und ich kenne sie, und sie folgen mir.“
Johannes 10,27

Der Apostel Paulus lehrte die Epheser, dass eine der Hauptaufgaben der Gemeinde darin bestünde, die Gläubigen in „der Erkenntnis des Sohnes Gottes“ zu unterweisen (Eph 4,13). Das Wort *Erkenntnis* beschreibt umfassende, korrekte und gründliche Erkenntnis. Das ist es, wovon Jesus in unserem heutigen Vers spricht. Er sprach nicht davon, dass er einfach nur wusste, wer die Schafe waren, sondern er kannte sie durch und durch. Jesus wünscht sich, dass auch wir eine derart innige Beziehung zu ihm pflegen.

Paulus’ Anliegen ist es, dass jeder Gläubige diese tiefe Erkenntnis Christi gewinnt, indem er, mittels Gebet und fleißigem Bibelstudium verbunden mit Gehorsam gegenüber dem Wort Gottes, an seiner Beziehung zu ihm arbeitet. Dieser Wachstumsprozess in der Erkenntnis Christi dauert das ganze Leben lang an und wird erst dann abgeschlossen sein, wenn wir Jesus von Angesicht zu Angesicht sehen werden.

4. Mai

DIE RICHTIGE GERECHTIGKEIT

„Indem ich nicht meine Gerechtigkeit habe, die aus dem Gesetz ist, sondern die durch den Glauben an Christum ist.“
Philipper 3,9

Jesus Christus zu kennen, bedeutet, dass seine Gerechtigkeit, seine Heiligkeit und seine Tugenden uns angerechnet werden, wodurch wir die Gerechtigkeit erlangen, die vor Gott gilt.

In seinen jüngeren Jahren wollte der Apostel Paulus gerecht werden, indem er sich strikt an die Einhaltung des Gesetzes hielt. Doch als er mit der herrlichen Person Jesu Christi konfrontiert wurde, war er sofort bereit, all seine Selbstgerechtigkeit, äußerliche Moral, guten Werke und religiösen Riten gegen die ihm durch Glauben an Christus versprochene Gerechtigkeit einzutauschen. Paulus war bereit, alles, was er war und besaß, hinzugeben, um die herrliche und unvergängliche Gerechtigkeit Christi zu erlangen.

Das ist das beste Vorrecht, was es überhaupt gibt, weil dadurch unsere Stellung vor Gott gesichert ist. Sie ist Gottes Geschenk an Sünder, angeeignet durch Glauben an das vollkommene Werk Christi, das Gottes Forderung nach Gerechtigkeit befriedigt.

AUFERSTEHUNGSKRAFT

„...um ihn zu erkennen und die Kraft seiner Auferstehung und die Gemeinschaft seiner Leiden.“
Philipper 3,10

Christi Auferstehung veranschaulicht auf eindrückliche Weise das Ausmaß seiner Macht. Diese Kraft war es, die der Apostel Paulus erfahren wollte, weil er sich bewusst war, dass er auf sich allein gestellt die Sünde nie überwinden konnte.

Die Auferstehungskraft Christi befasst sich mit der Sünde bei unserer Errettung. Wir erfahren diese Kraft bei der Errettung ganz praktisch. Wir sind mit Christus begraben worden und auferstanden, um in „Neuheit des Lebens“ zu wandeln (Röm 6,4).

Doch auch in unserem täglichen Kampf gegen die Sünde sind wir auf seine Auferstehungskraft angewiesen. Sie ist unsere Quelle. Wir brauchen sie, um ihm treu zu dienen, die Versuchung zu überwinden, standhaft in Anfechtungen und mutige Zeugen zu sein. Nur in dem Maße, wie wir unsere Beziehung zu Christus stärken und uns von seiner Macht abhängig machen, können wir in diesem Leben Sieg über die Sünde erringen.

6. Mai

ÜBERREICHER TROST

„Denn wie die Leiden des Christus überreich auf uns kommen, so ist auch durch den Christus unser Trost überreich.“
2. Korinther 1,5

Wenn wir leiden, ist Jesus uns ganz nah, um unser Herz zu trösten. Weil er selbst dasselbe – und noch viel mehr – Leid durchlitten hat, ist er auch in der Lage, uns zu trösten.

In Zeiten von Leid, harten Prüfungen und Verfolgung wird offenbar, wer du wirklich bist. Wenn das Leid zu intensiv wird, ist die einfachste Reaktion, wütend zu werden und Gott zu beschuldigen. Wenn die Verfolgung zunimmt, besteht der einfachste Ausweg darin, dass ich mich bereit erkläre, Kompromisse hinsichtlich meiner Glaubensüberzeugung einzugehen. Wer so reagiert, wird die wertvollsten Glaubenserfahrungen verpassen. Denn die tiefsten Momente geistlicher Gemeinschaft mit dem lebendigen Christus sind das unmittelbare Resultat von schwerem Leid.

Leid treibt uns immer in die Arme unseres gnädigen Hohenpriesters, der Mitleid zu haben vermag mit „unseren Schwachheiten“ (Hebr 4,15) und der „denen zu helfen vermag, die versucht werden“ (Hebr 2,18). Erkenne im Leid die Möglichkeiten, Segen von Christus zu empfangen, indem du in seiner Gegenwart Trost findest.

MIT WACHSTUM VERBUNDENE SEGNUNGEN

„... auf dass sie die Lehre, die unseres Heiland-Gottes ist, in allem zieren.“
Titus 2,10

Warum müssen wir eigentlich noch geistlich wachsen? Wir haben doch bereits das Anrecht auf den Himmel, wo wir in der Gegenwart Gottes absolute Vollkommenheit erlangen werden, oder nicht? Nun, es gibt da trotzdem einige gute Gründe, warum wir geistlich wachsen sollen.

1) Gott wird dadurch verherrlicht.

2) Bestätigung der Errettung. Die äußere Veränderung zeugt von der inneren Erneuerung.

3) Das gute Zeugnis. Geistliches Wachstum ermöglicht es anderen, Gottes Wirken in Tat und Wahrheit mitzuerleben.

4) Es verleiht Heilsgewissheit. Wenn wir Fortschritte machen, erkennen wir Gottes Wirken in unserem Leben, und das stärkt unser Vertrauen in unsere Errettung (2Petr 1,10).

5) Es erspart uns unnötiges Leid. Ein Mangel an Wachstum in Gottesfurcht führt immer zu Schmerz und Leid.

6) Es bewahrt die Sache Christi vor Lästerung.

Zu guter Letzt befähigt Wachstum uns, der Gemeinde nützliche Dienste zu erweisen.

Wachse also weiter und sei ein Segen für die Menschen, die dir begegnen.

8. Mai

IST VOLLKOMMENHEIT MÖGLICH?

„Wenn wir sagen, dass wir keine Sünde haben, betrügen wir uns selbst, und die Wahrheit ist nicht in uns.“
1. Johannes 1,8

Die falsche Lehre von der Vollkommenheit lehrt, dass nach der Bekehrung ein Punkt erreicht wird, an dem die Sündennatur des Gläubigen vollkommen ausgelöscht sein wird. Aber gemäß unserem heutigen Vers und den Ausführungen Paulus' in Philipper 3,12-16 ist Vollkommenheit nur ein Ziel, das wir in diesem Leben anstreben sollen, jedoch nie erreichen werden.

Paulus verneint Vollkommenheit auf dieser Welt und fordert uns stattdessen auf, dem Preis, den wir erst im Himmel erlangen werden, nachzujagen. Er bekennt, selbst noch nicht vollkommen zu sein – und das in einem an die Philipper gerichteten Schreiben, das er dreißig Jahre nach seiner Bekehrung verfasste! Wahrscheinlich war er der hingebungsvollste Christ, der je gelebt hat, und wenn er es nach dreißig Jahren noch nicht einmal geschafft hat, vollkommen zu sein, sollten wir uns auch nicht einbilden, es jemals erreichen zu können.

NICHT DAS, WAS ICH SEIN SOLLTE

„Nicht, dass ich es schon ergriffen habe oder schon vollendet bin."
Philipper 3,12

Wir sind noch nicht das, was wir sein sollten, sein können oder sein werden, wenn wir den Herrn von Angesicht zu Angesicht sehen werden. Wir gehen in den geistlichen Wettlauf mit einem gewissen Gefühl von Unzufriedenheit. Paulus startete seinen Lauf mit dem Bewusstsein, dass er das Ziel noch nicht erreicht hat.

Ich kann Paulus' Aussage nur bestätigen. Nach Jahren im Glauben und Dienst ist mir nur allzu klar, dass ich noch nicht bin, was ich sein sollte. Es geht mir wie jedem anderen Gläubigen: Ich bin ständig im Begriff zu wachsen. Wer meint, mit seinem geistlichen Wachstum zufrieden sein zu können, hat einen gefährlichen Punkt erreicht. Wahrscheinlich wärst du dann der Sünde gegenüber abgestumpft und versuchtest, dein Verhalten zu rechtfertigen, anstatt dass du deine Schwäche bekennen und Hilfe suchen würdest.

Geistliches Wachstum kann mit einem Wettlauf verglichen werden – der Läufer kennt die vor ihm liegende Distanz und gibt sein Äußerstes bis zum Erreichen der Ziellinie. Paulus strebte Vollkommenheit an und ließ sich in seinem Eifer, das gesteckte Ziel zu erreichen, nicht davon ablenken, dass er es noch nicht geschafft hatte. Lass auch du dich nicht ablenken.

10. Mai

VOLLER EINSATZ

„Ich jage ihm aber nach, ob ich es auch ergreifen möge, weil ich auch von Christus Jesus ergriffen bin.“
Philipper 3,12

Geistliches Wachstum ist nicht nur eine Nebenbeschäftigung – es sollte unser Hauptanliegen sein. Das aus dem Griechischen übersetzte „nachjagen“ beschreibt einen Sprinter, einen aggressiven, energiegeladenen Wettkämpfer. Paulus lief das Rennen mit vollem Einsatz und verlangte seinen geistlichen Muskeln das Letzte ab (vgl. 1Kor 9,24-27). Er fordert uns auf, ebenfalls „den guten Kampf des Glaubens zu kämpfen“ (1Tim 6,12).

Paulus war nicht der einzige Verfechter dieser Sicht. Der Schreiber des Hebräerbriefes sagt: „Deshalb lasst nun auch uns, da wir eine so große Wolke von Zeugen um uns haben, jede Bürde und die uns so leicht umstrickende Sünde ablegen und mit Ausdauer laufen den vor uns liegenden Wettlauf“ (Hebr 12,1).

Unsere Lebensaufgabe besteht darin, Christus ähnlicher zu werden. Der Wettlauf erfordert vollen Einsatz und die von Gott bereitgestellten Gnadenmittel.

KONZENTRIERE DICH

„Brüder, ich denke von mir selbst nicht, es ergriffen zu haben; eines aber tue ich: Ich vergesse, was dahinten, strecke mich aber aus nach dem, was vorn ist.“
Philipper 3,13

Ein Läufer muss während des Wettlaufs seinen Blick auf das Ziel richten. Konzentriert er sich auf seine eigenen Füße, wird er stürzen. Er darf sich aber auch durch die anderen Läufer nicht ablenken lassen. Wichtig ist, dass er das Ziel im Auge behält.

Paulus' bemerkenswerte Haltung hat zwei Ursprünge. Erstens hat er sich dafür entschieden, „zu vergessen, was dahinten ist.“ Das umfasst sowohl die guten als auch die schlechten Dinge. Das bedeutet, dass wir weder unseren glorreichen Taten und Errungenschaften nachtrauern noch die in der Vergangenheit begangenen Sünden und Fehler immer wieder aufwärmen. Unglücklicherweise lassen sich viele Christen von ihrer Vergangenheit so gefangen nehmen und ablenken, dass sie es komplett verpassen, in der Gegenwart voranzugehen.

Anstatt sich auf das Vergangene zu konzentrieren, hatte Paulus seinen Blick auf die Zukunft gerichtet. „Sich ausstrecken“ beschreibt einen Läufer, der sich mit letzter Anstrengung über die Ziellinie wirft. Um erfolgreich zu sein, muss er jegliche Ablenkung eliminieren und sich ganz auf das Ziel konzentrieren. Wie steht es um deine Konzentration, wenn es darum geht, Christus ähnlicher zu werden?

12. Mai

GEISTLICHE MOTIVATION

„Ich jage auf das Ziel zu, hin zu dem Kampfpreis der Berufung Gottes nach oben in Christus Jesus."
Philipper 3,14

Paulus verfolgte in seinem Leben ein einziges Ziel – Christus ähnlicher zu werden. Er war sich der zukünftigen Belohnung, die im Himmel für ihn aufbewahrt war, gewiss. Genauso wie Paulus werden auch wir es nicht schaffen, in diesem Leben Christus völlig ähnlich zu werden, aber wir werden es im nächsten Leben sofort sein: „Geliebte, jetzt sind wir Kinder Gottes, und es ist noch nicht offenbar geworden, was wir sein werden; wir wissen, dass wir, wenn es offenbar werden wird, ihm gleich sein werden, denn wir werden ihn sehen, wie er ist" (1Jo 3,2).

Unsere Motivation, den Lauf zu vollenden, liegt in der himmlischen Berufung Gottes begründet. Wir müssen in dem Bewusstsein leben, dass wir jeden Augenblick in die Gegenwart Gottes entrückt werden könnten, wo unsere ewige Belohnung auf uns wartet. Jeder von uns war einst ein übler, gottloser Sünder auf dem Weg Richtung Hölle, bis Gott ihn in seiner Souveränität herausgerettet hat, damit er in Ewigkeit seinem Sohn gleich sei. Welch Gnade! Was für eine Motivation, das Ziel im Auge zu behalten und darauf zuzujagen.

VERLASS DICH AUF GOTTES RESSOURCEN

„So viele nun vollkommen sind, lasst uns darauf bedacht sein! Und wenn ihr in irgendetwas anders denkt, so wird euch Gott auch dies offenbaren."
Philipper 3,15

Unglücklicherweise findet man in jeder Gemeinde Christen, die mit ihrem geistlichen Wandel zufrieden sind. Anstatt ihre Not zu erkennen, setzen sie alles daran, ihren erreichten Stand hervorzuheben und zu verteidigen.

Unser heutiger Vers zeigt auf, dass Gott denjenigen Gläubigen, die die Notwendigkeit, nach geistlichem Wachstum zu streben, noch nicht erfasst haben, diesen Missstand offenbaren muss. Ich investiere mein Herzblut, wenn ich predige, und muss doch feststellen, dass einige meiner Zuhörer fortfahren, ein Leben in Gleichgültigkeit zu führen. Wann immer du in deinem Dienst an einem solchen Punkt angelangt bist, musst du Gott bitten, sich dieser Person zu offenbaren.

In der Nachfolge Christi müssen wir von den von Gott zur Verfügung gestellten Ressourcen abhängig sein und bleiben. Es gibt Zeiten, wo uns die richtige Einstellung fehlt, und es liegt dann an Gott, uns das aufzuzeigen, so dass wir unseren Lauf vollenden können.

14. Mai

SEI BESTÄNDIG

„Doch wozu wir gelangt sind,
zu dem lasst uns auch halten!“
Philipper 3,16

Ohne Beständigkeit wirst du den Lauf nie vollenden; wer Christus ähnlicher werden will, muss mit Ausdauer daran arbeiten. Das griechische Verb für „zu dem lasst uns halten“ bedeutet „in einer Linie marschieren“. Paulus will uns hier aufzeigen, dass geistliche Disziplin gefordert ist und dass wir uns an dieselben Prinzipien halten sollen, die sich auch in der Vergangenheit als bewährt erwiesen haben.

Kommst du voran oder trittst du an Ort und Stelle, lebst in der Vergangenheit und versuchst, deine Position womöglich auch noch zu verteidigen? Vielleicht benötigt deine Hingabe eine kleine Auffrischung. Wenn du Christus überhaupt nicht kennen solltest, dann ist das Annehmen Christi als deinen Herrn und Retter der erste Wachstumsschritt für dich. Wenn du Christus jedoch kennst, aber geistliches Wachstum für dich zu einem Fremdwort geworden ist, dann bitte Gott um Vergebung und dass er dir helfe, den Lauf wieder aufzunehmen. Möge es unser aller Bestreben sein, Christus so ähnlich wie möglich zu werden, bis dass wir ihn sehen.

ZIEL UND ZWECK BEGREIFEN

„Wer sagt, dass er in ihm bleibe, ist schuldig, selbst auch so zu wandeln, wie er gewandelt ist.“
1. Johannes 2,6

Als Christen verfolgen wir ein großes Ziel – Christus ähnlich zu werden. Der theologische Begriff dafür lautet „Heiligung“. Jesus sagte einfach: „Folge mir nach“, und diese Aufforderung wurde weder ersetzt noch abgeändert. Christus nachzufolgen, bedeutet, von ihm zu lernen, so dass wir ihm ähnlicher werden (Lk 6,40). Römer 8,29 lehrt uns, dass wir errettet wurden, um „dem Bilde seines Sohnes gleichförmig zu sein“. Deshalb besteht Ziel und Zweck unseres Lebens darin, ihm ähnlich zu werden.

Einige wollen jetzt vielleicht einwenden, dass es wichtiger sei, Gott zu verherrlichen oder die Verlorenen zu evangelisieren. Doch wer Christus ähnlich ist, verherrlicht Gott und kann gar nicht anders, als den Verlorenen nachzugehen. Denn erinnern wir uns: „Er kam, um zu retten, was verloren ist“ (Lk 19,10). Alles, was im Leben eines Christen wirklich zählt, steht im Zusammenhang damit, wie sehr wir Christus ähnlich sind.

ER IST IM WORT ZU FINDEN

„Und seid wie neugeborene Kinder begierig nach der vernünftigen, unverfälschten Milch – damit ihr durch sie wachset zur Rettung."
1. Petrus 2,2

Wer Christus ähnlicher werden will, muss im Wort Gottes zu Hause sein. Du musst wissen, wie Jesus hier auf Erden gelebt hat, und das kannst du nur anhand der Bibel herausfinden, denn sie ist es, die von ihm zeugt. Im Alten Testament wird alles vorbereitet, die Notwendigkeit eines Erlösers aufgezeigt und sein Kommen prophezeit. Die Evangelien berichten von seinem Kommen. Die Apostelgeschichte beschreibt die Auswirkungen seines Dienstes. Die Lehrbriefe erörtern die Langzeitauswirkungen seines Lebens und Dienstes. Und die Offenbarung schildert seine zukünftige Rückkehr sowie das Gericht der Welt.

Christus steht im Zentrum der gesamten biblischen Botschaft, und du musst dich damit befassen, wenn du wissen willst, wie er ist. Leider studieren wir die Bibel allzu oft, um theologische Streitgespräche zu führen oder um Fragen beantworten zu können. Das sind gewiss wichtige Dinge, doch im Vordergrund steht immer die Person Jesus Christus; ihn müssen wir kennen, damit wir ihm ähnlich werden können.

ALLES, WAS WIR NÖTIG HABEN

„Das Reich der Himmel gleicht einem im Acker verborgenen Schatz, den ein Mensch fand und verbarg; und vor Freude darüber geht er hin und verkauft alles, was er hat, und kauft jenen Acker."
Matthäus 13,44

Der Apostel Paulus führte ein sehr vielseitiges und komplexes Leben, bevor er Christ wurde (Phil 3,4-6). Er versuchte, alle Gesetze und Traditionen des Judentums einzuhalten, und zugleich bemühte er sich um gute Werke, die ihm hätten angerechnet werden sollen. Doch trotz all seiner Bemühungen fand er nicht, was er eigentlich suchte. Dann erschien ihm eines Tages auf der Straße nach Damaskus der lebendige Christus, und Paulus realisierte, dass er alles war, wonach er immer gesucht hatte.

Paulus beschreibt, was für ein Sinneswandel da stattgefunden hat: „Aber was auch immer mir Gewinn war, das habe ich um Christi willen für Verlust gehalten; ja wirklich, ich halte auch alles für Verlust um der unübertrefflichen Größe der Erkenntnis Christi Jesu, meines Herrn, willen, um dessentwillen ich alles eingebüßt habe und es für Dreck halte, damit ich Christus gewinne" (Phil 3,7-8). Als Paulus Christus begegnete, wurde ihm klar, dass all seine vermeintlich guten Werke nur Ballast waren. Er stellte fest, dass Christus alles war, was er brauchte.

18. Mai

EIN HILFREICHER BERGFÜHRER

„Ich bitte euch nun, seid meine Nachahmer!“
1. Korinther 4,16

Da alle Christen unvollkommen sind, benötigen wir jemanden als Vorbild, der ebenfalls unvollkommen ist und mit unseren Schwachheiten vertraut ist. Vielleicht kann diese kleine Illustration helfen: Stell dir vor, ich bereite mich auf eine gefährliche Bergexpedition vor. Dann kommt ein Helikopter, setzt auf dem Gipfel des Berges einen Bergführer ab, der mir zuruft: „Hier ist der Gipfel. Klettere einfach hoch, dann hast du es geschafft.“ Er wäre mir keine große Hilfe. Was ich brauche, ist jemand, der vor mir herklettert und mir sagt: „Komm, folge mir, ich weiß den Weg.“

Christus zeigt uns das Ziel, das wir erreichen sollen, aber wir brauchen auch jemanden, der uns zeigen kann, wie man dort hinkommt. Nur indem wir die Sünde überwinden, können wir Christus ähnlicher werden; also müssen wir einen anderen Christen finden, der auch mit der Sünde zu kämpfen hat. Ein gottesfürchtiger Mensch ist für uns ein gutes Vorbild und kann uns zeigen, wie wir mit unserem sündigen Fleisch umzugehen haben. Such dir einen gottesfürchtigen „Bergführer“ und häng dich an seine Ferse.

EIN EXZELLENTES VORBILD

„Werdet meine Nachahmer, ihr Brüder.“
Philipper 3,17

In der ganzen Menschheitsgeschichte finden wir kein besseres Beispiel für einen Christen als den Apostel Paulus. Er ist eine der zentralen Figuren im Neuen Testament, und folglich schließen wir daraus, dass Gott möchte, dass sich unser Leben an seinem Vorbild orientiert.

Paulus ist ein Vorbild, wenn es um Tugend, Anbetung, Dienst, Geduld, Ausharren in Leid, Sieg über Versuchung, Verwaltung von Besitz und Eigentum sowie um Beziehungen geht. Er zeigt uns, wie ein gottesfürchtiger Mann mit seiner gefallenen Natur umgeht – Christus hätte das nie tun können, da er sündlos war (Hebr 4,15).

Das Leben von Paulus liefert uns ein wunderbares Muster für unser eigenes Leben. Darum wies er auch die Korinther an: „Werdet meine Nachahmer“ (1Kor 11,1). Auch den Thessalonichern stellte er folgendes Zeugnis aus: „Und ihr seid unsere und des Herrn Nachfolger geworden“ (1Thes 1,6). Paulus ist mein persönliches Vorbild für meinen Dienst. Ich orientiere mich daran, wie er mit bestimmten Situationen umging, und versuche dann so zu handeln, wie er es getan hätte.

GOTTESFÜRCHTIGE LEITER

„Sehet auf die, welche so wandeln, wie ihr uns zum Vorbilde habt."
Philipper 3,17

Gottesfürchtige Leiter spielen eine zentrale Rolle in der Gemeinde. Es ist nämlich wichtig, dass wir Christentum erleben können und sehen, wie Menschen ein von Gott geprägtes Leben führen. Paulus sagte zu Timotheus: „Werde ein Vorbild den Gläubigen im Wort, im Wandel, in der Liebe, im Geist, im Glauben, in der Keuschheit" (1Tim 4,12). Ein geistlicher Führer muss ein vorbildliches Leben führen, da er anderen den richtigen Weg aufzeigen soll. Menschen können die Vollkommenheit Christi erkennen und auch von Paulus lesen, aber sie brauchen auch jemanden, den sie beobachten und mit dem sie reden können. Es ist wichtig für sie, dass sie Tugend, Demut, selbstlosen Dienst, eine Bereitschaft zu leiden, Hingabe an Christus, Mut und geistliches Wachstum im Leben einer ihnen nahe stehenden Person miterleben können.

Ich trage eine große Last auf dem Herzen. Ich hoffe, dass die Pastoren und Ältesten den Gemeinden auch wirklich die Vorbilder sind, die Gott erwartet und verordnet hat. Es ist sehr wichtig, die Wahrheit zu lehren. Diese Lehre mit einem entsprechend gottesfürchtigen Leben zu untermauern, ist aber ebenfalls eine Sache von elementarer Wichtigkeit.

DAS VERSAGEN DER LEITER

„Denn ich habe sonst niemand von gleicher Gesinnung, der so redlich für eure Anliegen sorgen wird.“
Philipper 2,20

Unsere Ära wird wahrscheinlich als „Die Zeit des verheerenden Zusammenbruchs der Gemeindeleitung“ in die Kirchengeschichte eingehen. Die Anforderungen an Gemeindeleiter wurden drastisch heruntergeschraubt, und in der Folge sind Tausende vom rechten Weg abgewichen.

Wo sind die gottesfürchtigen und aufrichtigen Männer? Wo sind die demütigen, selbstlosen und tugendhaften Vorbilder? Wo sind die Sieger über die Versuchung? Wo sind die Männer, die uns zeigen, wie wir beten sollen und wie wir in Prüfungen und Feindseligkeiten bestehen können?

Wir finden heute eine kranke und verdrehte Gemeinde vor, weil wir Christus, sein Wort und den Geist vergessen haben; sie sind in den Hintergrund gerückt. Das klare Muster für echtes Wachstum, wie wir es beim Apostel Paulus vorfinden, haben wir aus den Augen verloren. Dazu kommt noch, dass wir einen niedrigeren Standard in Bezug auf Führung tolerieren, als die Bibel es zulässt. Das Herzstück des Christentums ist, Christus ähnlicher zu werden. Die richtige Einstellung gegenüber guten Beziehungen, Dienst und Evangelisation werden sich von selbst ergeben, wenn wir bloß dieses eine heilige Ziel verfolgen.

MENSCHENZENTRIERTE THEOLOGIE VERMEIDEN

„Auch aus eurer eigenen Mitte werden Männer aufstehen, die verkehrte Dinge reden, um die Jünger auf ihre Seite zu ziehen.“
Apostelgeschichte 20,30

Das Herzstück des Christentums ist, Christus ähnlicher zu werden. Leider gibt es viele Mächte, die unser Verständnis dieser einen und grundlegenden Wahrheit hemmen. Eine davon ist die humanistische Psychologie. Sie lehrt, dass die Befriedigung der eigenen Wünsche das höchste Ziel im Leben eines Menschen sei – alle seine persönlichen Nöte und Bedürfnisse müssen gestillt werden, sonst kann er nicht glücklich sein. Folglich setzen viele Gemeinden geistliches Wachstum mit der Lösung jeglicher Probleme und dem Finden der persönlichen Erfüllung gleich.

Eine solche Einstellung wird zwangsläufig zu einer menschenzentrierten Theologie führen, welche der Lehre des Wortes Gottes diametral entgegensteht. Ziel der Errettung und Heiligung ist es, dass wir dem Ebenbild Christi gleich gestaltet werden (Römer 8,29). Der Glaube richtet seinen Blick nach außen, nicht nach innen, und dann werden die Dinge des Lebens von selbst ins Lot fallen. Je besser du Jesus Christus kennst und je mehr du dich auf ihn ausrichtest, desto mehr wird der Geist dich in sein Bild umgestalten. Je mehr du dich aber auf dich selbst konzentrierst, desto mehr wirst du auch vom rechten Weg abkommen.

KEIN ERFOLGSGEHEIMNIS

„Wer seine Hand an den Pflug legt und zurückblickt, ist nicht geschickt zum Reiche Gottes!“
Lukas 9,26

Noch nie habe ich in irgendeinem Wirtschaftsbereich eine erfolg- und einflussreiche Person getroffen, die ihren gesteckten Zielen nicht mit großem Fleiß nachging. Menschen, die die Welt beeinflussen, sind ausdauernde Wettkämpfer und Gewinnertypen, die sich nicht so sehr mit ihren eigenen Bedürfnissen beschäftigen, sondern alles für das Erreichen ihrer Ziele einsetzen. Wenn ich an all die herausragenden christlichen Leiter denke, sticht ein Merkmal immer wieder hervor: Es gibt kein Erfolgsgeheimnis – ohne Rücksicht auf ihre persönlichen Bedürfnisse und Nöte erbrachten sie alle maximalen Einsatz, um die geistlichen Ziele zu erreichen.

Es ist schon erstaunlich, wenn wir uns die großartigen Prediger, Theologen und Missionare vor Augen malen und dann erkennen, was für Leid sie auf dem Weg zum Erreichen ihrer Ziele durchlebten. Die Nachfolge Christi nahm in ihrem Leben einen weit höheren Stellenwert ein als ihr eigenes Wohlergehen. Gilt das auch für deine Hingabe an Christus?

FEINDE DES KREUZES

„Denn viele wandeln, wie ich euch oft gesagt habe, nun aber auch weinend sage, als Feinde des Kreuzes Christi.“
Philipper 3,18

Nicht diejenigen, die dem Evangelium offen widerstehen, sind die ärgsten Feinde der Sache Christi, sondern diejenigen, die vorgeben, Freunde Christi zu sein und behaupten, Gemeinschaft mit ihm zu haben und es dann manchmal sogar noch schaffen, geistliche Führungspositionen einzunehmen.

Wachsamkeit gegenüber verborgenen Feinden ist ein immer wiederkehrendes Thema im Neuen Testament. Jesus sagte: „Hütet euch aber vor den falschen Propheten, welche in Schafskleidern zu euch kommen, inwendig aber reißende Wölfe sind“ (Mt 7,15). Er prophezeite auch: „Und es werden viele falsche Propheten auftreten und werden viele verführen“ (Mt 24,11).

Der Apostel Paulus musste sich andauernd mit den Einflüssen falscher Lehrer beschäftigen und herumschlagen. Er warnte die Ältesten von Ephesus: „Darum wachet und denket daran, dass ich drei Jahre lang Tag und Nacht nicht abgelassen habe, jeden Einzelnen unter Tränen zu ermahnen“ (Apg 20,31). Willst du wissen, wie du dir die Fähigkeit, Feinde des Kreuzes zu erkennen, aneignen kannst? Kenne und verstehe das Wort! Wenn du dich im Wort Gottes nicht auskennst, ist die Wahrscheinlichkeit, fehlgeleitet zu werden, sehr groß.

SOLDATEN IN EINEM HEILIGEN KRIEG

„So stehet nun, eure Lenden umgürtet mit Wahrheit.“
Epheser 6,14

Christus ähnlich zu werden, ist in unserer Gesellschaft nicht dienlich. Wir leben in einer so genannten Wohlfühlgesellschaft. Gute Gefühle sind den Leuten wichtiger als Fleiß und Einsatz – es geht ihnen mehr um Luxus und Bequemlichkeit, als um Leistung und Errungenschaften. Auch die Gemeinde blieb von dieser Lebenseinstellung nicht verschont und leidet unter einer entsetzlichen Teilnahmslosigkeit. Wir haben vergessen, dass wir Soldaten in einem heiligen Krieg sind.

Unser heutiger Vers belehrt uns, dass ein Soldat, der in die Schlacht zog, sich zuerst gürtete. Er schnallte seinen Gürtel so eng wie möglich und steckte die Enden seiner Tunika ein, damit er im Nahkampf größtmögliche Bewegungsfreiheit hätte. Obwohl der Gurt der Wahrheit eigentlich kein Teil der Kampfausrüstung ist, da er uns nicht wirklich vor Angriffen schützt, dient er doch dazu, uns daran zu erinnern, dass wir die Schlacht ernst nehmen und vollen Einsatz leisten sollen, so dass wir den Sieg davontragen werden.

26. Mai

IN ERWARTUNG DES HIMMELS

„Suchet, was droben ist, wo der Christus ist, sitzend zur Rechten Gottes."
Kolosser 3,1

Der Apostel Paulus konzentrierte sich auf den Himmel; irdische Annehmlichkeiten waren für ihn eine Seltenheit. Er wurde geschlagen, gesteinigt, halbtot liegen gelassen, oft von Menschen enttäuscht und musste selbst auf die nötigsten Dinge des Lebens verzichten. Angenehme Gefühle spielten für ihn jedoch keine Rolle: Ihm ging es einzig und allein darum, ein produktives Leben im Hinblick auf die himmlischen Ziele zu führen.

Auch wir müssen uns darauf konzentrieren, wenn wir unsere himmlische Belohnung nicht verspielen wollen. Christus ist vom Himmel und im Himmel. Der Himmel ist seine Heimat, und weil wir Christus gehören, ist er auch die unsrige. Wenn wir uns hauptsächlich mit Christus beschäftigen, wird der Himmel logischerweise auch für uns eine wichtige Rolle spielen. Die Geschehnisse des Himmels sollten für uns einen wichtigeren Stellenwert einnehmen als die Dinge dieser Welt.

WO IST DEIN SCHATZ?

„Sammelt euch aber Schätze im Himmel."
Matthäus 6,20

Diese Erde zu verlassen, um in den Himmel einzugehen, ist in der heutigen Gemeinde kein beliebter Gedanke. Die zunehmende Betonung von Erfolg, Wohlergehen und persönlicher Konfliktbewältigung zeugen von unserer irdischen Gesinnung.

Auch die Vorstellung einer zukünftigen, himmlischen Belohnung ist uns fremd geworden. Im Zeitalter des Materialismus ist nachträgliche Freude und Befriedigung für uns zu einer seltenen Erfahrung geworden. Beinahe alles, was wir möchten, können wir auch auf der Stelle haben. Wir brauchen nicht einmal Geld – eine Kreditkarte reicht schon. Wir müssen nichts mehr selbst herstellen – wir kaufen es einfach. All dies müssen wir auch nicht groß suchen, sondern finden es in unser unmittelbaren Nähe.

Ein fehlendes Interesse an himmlischen Dingen ist die Folge unserer übermäßigen Beschäftigung mit der Welt. Der Himmel wird von den Evangelikalen unserer Zeit buchstäblich ignoriert. Es wird auch kaum darüber gepredigt oder gelehrt. Zum Thema „Wohlstand in diesem Leben" gibt es hingegen Material in Hülle und Fülle. Wenn wir Christus mit derselben leidenschaftlichen Hingabe wie Paulus nachfolgen wollen, müssen wir unser Augenmerk auf die kommende Welt richten.

28. Mai

UNSERE HEIMAT

„Unser Bürgerrecht aber ist im Himmel…“
Philipper 3,20

Christen sind keine Bürger dieser Welt. Das griechische Wort für „Bürgerrecht“ bezieht sich auf eine Kolonie von Fremden. Säkulare Quellen benutzen diesen Ausdruck auch im Zusammenhang mit dem in einer großen Stadt geführten Namensregister. Tatsächlich sind wir registrierte Bürger eines anderen Ortes – des Himmels. Unsere Namen sind dort angeschrieben, unser Vater ist dort, unsere Brüder und Schwestern sind dort, und unser Erbe ist dort – es ist unsere Heimat.

Die von den Babyloniern gefangen genommenen Israeliten verdeutlichen die Situation der heutigen Gemeinde. Dieses historische Ereignis zeigt einige Parallelen zur heutigen Zeit auf. Obwohl sie viele Jahre in einem fremden Land lebten, war das verheißene Land immer noch ihre Heimat. Als die Zeit der Heimkehr da war, hatte die babylonische Kultur von ihrem Leben aber bereits derart Besitz ergriffen, dass sie gar nicht mehr zurückkehren wollten. Wenn der Herr uns ruft, in den Himmel einzugehen, dann wehren wir uns dagegen mit Händen und Füßen, als ob es das Schlimmste wäre, was einem je passieren könnte – denn die Welt ist uns alles geworden. Deshalb müssen wir immer wieder daran erinnert werden, dass unser Bürgerrecht im Himmel ist.

ANGESPORNT DURCH DIE WIEDERKUNFT CHRISTI

„...von woher wir auch als Retter den Herrn Jesus Christus erwarten.“
Philipper 3,20

Das beharrliche Erwarten der Wiederkunft Christi birgt eine unerschöpfliche Quelle geistlicher Motivation, Verantwortlichkeit und Sicherheit in sich. Motivation in der Nachfolge Christi, weil du auf sein Kommen vorbereitet sein willst. Du willst dich in deinem Dienst als treu erweisen. Die zukünftige Belohnung und die Worte „Gut, du treuer und braver Knecht… geh ein in deines Herrn Freude“ (Mt 25,23) sind dir ein Ansporn.

Bei der Wiederkunft Christi müssen wir auch Rechenschaft ablegen. „So wird also ein jeglicher für sich selbst Gott Rechenschaft geben“ (Röm 14,12).

Sein Kommen gibt dir auch Sicherheit, denn du kennst die Worte Jesu: „Das ist aber der Wille des Vaters, der mich gesandt hat, dass ich nichts verliere von allem, was er mir gegeben hat, sondern dass ich es auferwecke am letzten Tage“ (Joh 6,39).

EIN VORGESCHMACK

„Gepriesen sei der Gott und Vater unsres Herrn Jesus Christus, der uns mit jedem geistlichen Segen gesegnet hat in den himmlischen Regionen durch Christus.“
Epheser 1,3

Momentan sind wir physisch nicht im Himmel, aber in gewisser Weise leben wir doch in einem himmlischen Reich. Obwohl wir nicht im Himmel sind, erfahren wir doch eine Form himmlischen Lebens. Wir haben das Leben Gottes in uns. Wir stehen unter der Herrschaft eines himmlischen Königs und gehorchen himmlischen Gesetzen.

Als Folge dessen erleben wir einen „Vorgeschmack auf den Himmel“ oder „köstlichen Frieden“, wie es Fanny Crosby in ihrem Lied „Seligstes Wissen“ ausdrückt. Wir leben in einer neuen Beziehung und erfreuen uns einer neuen Gemeinschaft, deren vollen Genuss wir im Himmel auskosten werden.

EIN WIEDERKOMMEN IN MACHT

„(Christus), welcher den Leib unsrer Niedrigkeit umgestalten wird, dass er gleich gestaltet werde dem Leibe seiner Herrlichkeit, vermöge der Kraft, durch welche er sich auch alles untertan machen kann!“
Philipper 3,21

Unser heutiger Vers versichert uns, dass Christus die Kraft hat, all die wunderbaren Dinge, die er uns verheißen hat, auch auszuführen. Da das gesamte Universum seiner Herrschaft unterliegt, wird er gewiss auch in der Lage sein, unsere Leiber umzugestalten und sie dem seinen gleichzumachen. In seiner Macht kann er Naturgesetze in Kraft setzen, um sie, wenn er will, auch auf wundersame Weise wieder aufzuheben. Es steht in seiner Macht, Leben zu geben und es auch wieder zu nehmen. Der Apostel Paulus sagte: „Hernach das Ende, wenn er das Reich Gott und dem Vater übergibt, wenn er abgetan hat jede Herrschaft, Gewalt und Macht. Denn er muss herrschen, bis er alle Feinde unter seine Füße gelegt hat“ (1. Korinther 15,24-25).

Dieselbe Kraft, mit der das gesamte gefallene Universum zurückgewonnen wird, um es Gott zu überreichen, wirkt auch in uns und ermöglicht, dass wir Christus gleich gestaltet werden. Worauf konzentrierst du dich? Ich hoffe, dass der Himmel für dich von zentraler Wichtigkeit ist und du dich nicht von Nebensächlichkeiten ablenken lässt.

Umgestaltung

Juni

EINE AUSGETAUSCHTE NATUR

„Daher, wenn jemand in Christo ist, da ist eine neue Schöpfung; das Alte ist vergangen, siehe, alles ist neu geworden."
2. Korinther 5,17

In dem Moment, wo du Jesus annimmst, wiedergeboren wirst und in das Reich Gottes eintrittst, wirst du ein komplett neuartiger Mensch. Die Veränderung bei deiner Errettung ist einschneidender als diejenige bei deinem Tod, denn du besitzt schon die neue Natur und bist bereits ein Bürger des Reiches Gottes. Der Tod begleitet dich in dem Sinne nur noch in die Gegenwart Gottes.

Der Apostel Paulus schreibt in seinen Briefen, dass Gott, als er uns umgestaltete, uns einen neuen Willen, einen neuen Verstand, eine neue Erkenntnis, eine neue Weisheit, ein neues Leben, ein neues Erbe, eine neue Beziehung, eine neue Gerechtigkeit, eine neue Liebe, ein neues Verlangen und ein neues Bürgerrecht gab. Er nannte es „Neuheit des Lebens" (Röm 6,4). Einige lehren, dass Gott uns bei der Wiedergeburt etwas zusätzlich zu unserer alten Sündennatur gibt. Gemäß der Schrift bekommen wir aber nicht etwas Neues – sondern wir selbst werden neu!

2. Juni

DIE NEUE NATUR

„Als die da wiedergeboren sind nicht aus vergänglichem, sondern aus unvergänglichem Samen, durch das lebendige und bleibende Gotteswort.“
1. Petrus 1,23

Wenn wir Christen werden, dann werden wir nicht überarbeitet, und es wird auch nichts hinzugefügt – wir werden umgewandelt. Als Christen besitzen wir nicht zwei unterschiedliche Naturen; wir haben nur EINE neue Natur, nämlich die neue Natur Christi. Das alte Selbst stirbt, und das neue Selbst lebt; es verhält sich nicht so, dass die beiden nebeneinander existieren. Jesus Christus ist gerecht, heilig und geheiligt, und genau diese göttliche Wesensart ist auch uns zu Eigen – Petrus nennt sie den „unvergänglichen“ Samen (1. Petrus 1,23). Folglich ist unsere neue Natur gerecht, heilig und geheiligt, weil Christus in uns lebt (Kol 1,27).

Epheser 4,24 lehrt uns, „den neuen Menschen anzuziehen“, d.h. ein neues Benehmen, welches unserer neuen Natur würdig ist. Dazu müssen wir aber die Gewohnheiten und Bräuche unseres alten Lebens ablegen. Deshalb fordert Paulus uns auch auf: „Tötet nun eure Glieder, die auf Erden sind: Unzucht, Unreinigkeit, Leidenschaft, böse Lust und die Habsucht, welche Götzendienst ist“ (Kol 3,5).

SICH CHRISTUS ANPASSEN

„Habt nicht lieb die Welt, noch was in der Welt ist.“
1. Johannes 2,15

Als Christen sind wir eine neue Schöpfung und Glieder der Gemeinde Jesu Christi; wir sind wirklich einzigartig. Folglich sollten wir aber auch nicht leben wie diejenigen in der Welt. Die Welt ist stolz, wir sind demütig. Die Welt ist gespalten und uneinig, wir sind eins. Die Welt ist machtlos und unfähig, wir sind begabt. Die Welt ist hasserfüllt, wir sind voller Liebe. Die Welt kennt die Wahrheit nicht, wir schon. Wenn unser Lebenswandel sich nicht von demjenigen der Welt unterscheidet, dann werden wir Christi Ziele niemals erreichen und unseren Auftrag nie erfüllen. Entspricht unser Leben dem der Menschen in der Welt, dann imitieren wir die Toten (Eph 2,1-5), und das ergibt einfach keinen Sinn.

Christen bilden eigentlich eine völlig neue Rasse. Wir besitzen einen geistlichen, unvergänglichen Samen, und unser Wandel muss damit übereinstimmen. Wir sind eine neue Schöpfung und passend gemacht für das Leben in der Ewigkeit. Deshalb sind wir auch in der Lage, unseren alten Lebensstil abzulegen, um Christus ähnlich und in sein Bild umgestaltet zu werden.

ERNEUERE DEINE GESINNUNG

„... ihr sollt nicht mehr wandeln, wie die Heiden wandeln in der Eitelkeit ihres Sinnes."
Epheser 4,17

Bei der Errettung geht es vor allem um die Veränderung der Gesinnung und Gedanken. Der Apostel Paulus wendet sich mit den Worten „Ihr aber habt Christus nicht also kennen gelernt" (Eph 4,20) an die Gläubigen. Bevor das Christentum erfahrbar wird, muss es also erst einmal mit dem Verstand erfasst werden. Zuerst muss jemand über das Evangelium nachdenken, die historischen Fakten und geistlichen Wahrheiten anerkennen, und nur dann kann er Jesus auch als Retter und Herrn annehmen.

Den ersten Schritt in diesem Prozess bildet die Buße, d.h. deine Sicht in Bezug auf die Sünde, auf Gott und auf Christus verändert sich; du siehst alles in einem neuen Licht. Das mit „Buße" aus dem Griechischen übersetzte Wort bedeutet „seine Meinung / sein Denken ändern". Im ntl. Gebrauch schließt es immer den Gedanken von Richtungsänderung und einer Neuorientierung mit ein, insbesondere ein Abwenden von Sünde.

Diese Veränderung sollte in einem veränderten Verhalten sichtbar werden, denn letztendlich bestimmt unser Denken unser Handeln. Paulus sagt über nicht wiedergeborene Menschen, dass sie „in der Eitelkeit ihres Sinnes" wandeln. Sprüche 23,7 lautet: „Denn wie er in seiner Seele (Herz) berechnend denkt, so ist er." Wenn sich also dein Denken verändert, dann verändert sich auch dein Verhalten.

LEBE IM LICHT

„Ihr seid das Licht der Welt. Es kann eine Stadt, die auf einem Berge liegt, nicht verborgen bleiben.“
Matthäus 5,14

Paulus betrachtete die verdorbene Welt der Heiden und zog folgende Schlussfolgerung: Ihr ichzentriertes und nichtiges Denken führt dazu, dass ihr Verstand verdunkelt und ihr Herz hart wird. Das zieht wiederum ein abgestumpftes Empfinden gegenüber der Sünde und schamloses Benehmen nach sich und gipfelt meistens in offener Obszönität. Diese Beschreibung passt auch ziemlich gut auf die Zeit, in der wir leben.

Wir Gläubigen sollten es in jeder Weise unterlassen, mit den Dingen dieser Welt zu liebäugeln. Es ist unsere Aufgabe, ein Licht auf dem Berg zu sein und uns von allem Bösen fern zu halten. Wir müssen anders sein. Eine Stadt auf dem Berg kann nicht verborgen bleiben. Die Leute um uns herum müssen das Salz schmecken und das Licht sehen können. Wenn uns das weltliche System aber vereinnahmt, dann werden wir nutzlos und sind untauglich.

Unser teurer Herr Jesus Christus erwarb uns auf Kosten seines eigenen Lebens. Er gab uns eine neue Natur, die heilig, unbeschmutzt und geheiligt ist für immer und ewig. Von uns erwartet er, dass unser Leben unserer Stellung entspricht, indem wir unseren alten Lebensstil verlassen und ablegen, um unseren neuen anzuziehen.

PRÜFE DICH SELBST

„Ihr Ehebrecher und Ehebrecherinnen, wisset ihr nicht, dass die Freundschaft mit der Welt Feindschaft gegen Gott ist? Wer immer der Welt Freund sein will, macht sich zum Feinde Gottes.“
Jakobus 4,4

Sieht dein Leben noch genauso aus wie vor deiner Bekehrung? Unser heutiger Vers verdeutlicht, dass du die Echtheit deiner Errettung wirklich in Frage stellen musst, falls du seit dem Zeitpunkt, da du zu Christus gekommen bist, nicht alles unternommen hast, um die Welt hinter dir zu lassen.

1. Johannes 2,15 drückt es so aus: „Habt nicht lieb die Welt, noch was in der Welt ist! Wenn jemand die Welt lieb hat, so ist die Liebe zum Vater nicht in ihm.“ Von dem Moment an, wo du ein Christ wirst, solltest du das Verlangen verspüren, die Welt hinter dir zu lassen. Natürlich wird die Welt dich immer wieder versuchen, aber du darfst dem Teufel und seinem bösen Tun keinen Raum gewähren.

Es ist schlicht und einfach ein Lüge, zu behaupten, dass jemand zu Christus kommen könne, ohne einen klaren Bruch mit der Welt vollzogen zu haben. Es muss eine Veränderung in unserem Leben stattfinden! Das ist nicht einfach – deshalb weist Paulus uns auch an, dass wir nicht mehr so wandeln sollen, als seien wir ohne Christus (Eph 4,17). Da wir jetzt aber eine neue Natur besitzen, sind wir auch fähig, dieses neue Leben zu führen.

DIE WICHTIGKEIT DER BUSSE

„Tut Buße, und ein jeder von euch lasse sich taufen auf den Namen Jesu Christi zur Vergebung eurer Sünden." Apostelgeschichte 2,38

Niemand kann zu Jesus kommen, es sei denn, er tut Buße. Jesus begann seinen Dienst, indem er Menschen zur Buße rief (Mt 4,17), und sowohl Petrus als auch Paulus taten dasselbe. Buße ist eine bewusste Entscheidung, sich von der Welt, der Sünde und dem Bösen abzuwenden. Das ist eine Sache von entscheidender Bedeutung!

Wenn du in der Annahme zu Jesus gekommen bist, alles, was du zu tun hättest, sei, „einfach zu glauben", ohne Sündenbekenntnis und ohne eine entschiedene Abkehr von der Welt, dann hast du den ganzen Inhalt der Errettung überhaupt nicht begriffen. Das Leben vieler Menschen hat sich nach ihrem scheinbaren „Glauben an Christus" in keinerlei Weise verändert. Einige führten z.B. ein unmoralisches Leben, und sie tun es immer noch. Einige lebten in Ehebruch, und sie fahren fort damit, in Ehebruch zu leben. Einige lebten in Unzucht, und sie leben immer noch in Unzucht. Gemäß 1. Korinther 6,9-10 werden aber weder Ehebrecher noch Unzüchtige das Reich Gottes ererben. Wenn du wirklich gerettet bist, wirst du ganz bewusst alles unternehmen, um der Welt zu entfliehen.

8. Juni

EIN CHRISTOZENTRISCHES LEBEN

„Ihr aber habt Christus nicht also kennen gelernt; da ihr ja von ihm gehört habt und in ihm gelehrt worden seid."
Epheser 4,20-21

Als Christen werden wir nicht mehr von unserem selbstsüchtigen Verstand kontrolliert – wir lernen jetzt von Christus. Christus denkt für uns, wirkt durch uns, liebt durch uns, fühlt durch uns und dient durch uns. Unser Leben gehört nicht mehr uns, Christus lebt in uns (Gal 2,20). Phil 2,5 drückt es folgendermaßen aus: „Denn ihr sollt so gesinnt sein, wie Jesus Christus auch war." Ein nicht erretteter Mensch führt sein Leben in der Nichtigkeit und Eitelkeit seines eigenen Verstands, das Leben der Gläubigen wird hingegen durch die Gesinnung Jesu bestimmt.

Gott hat einen Plan für das gesamte Universum, und solange Christus in uns wirkt, tragen wir dazu bei, dass Gottes Absichten verwirklicht werden. Paulus schreibt, dass Gott „... weit mehr zu tun vermag, als wir bitten oder verstehen, nach der Kraft, die in uns wirkt" (Eph 3,20). Jeder neue Tag sollte ein Abenteuer sein für uns, denn wir sind ein Teil von Gottes ewigem Plan, der sich tagtäglich vor unseren Augen entfaltet und erfüllt.

EIN ERNEUERTES DENKEN

„Werdet erneuert in dem Geiste eurer Gesinnung.“
Epheser 4,23

Wenn du Christ wirst, schenkt dir Gott eine neue Gesinnung – du musst sie dann aber auch mit neuen Gedanken füllen. Ein Baby wird mit einer frischen und reinen Gesinnung geboren. Dann hinterlassen Erfahrungen und Eindrücke ihre Spuren und tragen dazu bei, wie das Leben dieses Kindes sich entwickeln wird. Dasselbe gilt auch für einen Christen. Sobald du in das Reich Gottes kommst, erhältst du eine neue und reine Gesinnung. Anschließend geht es darum, dass du diese neue Gesinnung mit den richtigen Gedanken füllst. Darum fordert uns Philipper 4,8 auch auf: „Übrigens, Brüder, alles was wahr, alles was würdig, alles was gerecht, alles was rein, alles was lieblich ist, alles was wohl lautet, wenn es irgendeine Tugend und wenn es irgendein Lob gibt, dieses erwäget.“ Wir besitzen eine neue Gesinnung, keine verdorbene.

Einst war unsere Gesinnung zwar verdorben, niederträchtig, lüstern, habgierig und unrein, jetzt hingegen prägen Gerechtigkeit und Heiligkeit unser Denken. Diese Eigenschaften sollten auch das Markenzeichen unseres Lebens sein.

10. Juni

EINE NEUE HALTUNG

„Und angezogen habt den neuen Menschen, der nach Gott geschaffen ist in wahrhaftiger Gerechtigkeit und Heiligkeit.“
Epheser 4,24

Als du zu Christus gekommen bist, hast du dir eingestanden, ein Sünder zu sein, und dich dafür entschieden, der Sünde und den bösen Dingen dieser Welt zu entsagen. Aber der Satan wird dir die Welt mit ihrer Sünde immer wieder unter die Nase reiben, um dich zu versuchen. Paulus warnt uns jedoch davor, in die Welt zurückzukehren, und fordert uns auf, den alten Menschen auszuziehen und stattdessen Gerechtigkeit und Heiligkeit anzuziehen.

Das ist kein einmaliger Akt, sondern du musst das tagtäglich tun. Eine Art, dies zu tun, finden wir in 2Tim 3,16: „Alle Schrift ist von Gott eingegeben und nütze zur Lehre, zur Überführung, zur Zurechtweisung, zur Unterweisung in der Gerechtigkeit.“ Wenn du dein Leben richtig leben willst, dann musst du dich intensiv mit dem Wort Gottes befassen. Das wird dir helfen, die Einflüsse dieser Welt in deinem Leben aufzudecken.

SEI WAHRHAFTIG

„Du sollst kein falsches Zeugnis ablegen wider deinen Nächsten."
2. Mose 20,16

Ein Christ sollte nie irgendeine Art von Lüge erzählen. Die bekannteste Form von Lüge ist, einfach etwas Unwahres zu sagen. Es gibt aber auch andere Arten wie z.B. Übertreibung. Ich hörte einmal eine Geschichte von einem Christen, der ein wirklich deutliches Zeugnis hatte, doch eines Tages hörte er auf, es weiterzusagen. Als man ihn nach dem Grund fragte, antwortete er, dass er es im Laufe der Zeit derart ausgeschmückt hätte, dass er selbst nicht mehr wisse, was wahr ist und was nicht.

Schummeln in der Schule, im Geschäft, bei der Arbeit oder bei den Steuern sind ebenso Arten von Lüge. Dasselbe gilt für Vertrauensbruch, Schmeichelei, faule Ausreden und Schweigen, wenn man die Wahrheit sagen müsste. Das Leben als Christ bietet keinen Raum für Lügen. Wir müssen die Wahrheit reden.

DIE WICHTIGKEIT DER WAHRHEIT

„Darum leget die Lüge ab und redet die Wahrheit, ein jeder mit seinem Nächsten, denn wir sind untereinander Glieder."
Epheser 4,25

Warum ist es so wichtig, die Wahrheit zu sagen? Weil wir untereinander Glieder sind. Wenn wir untereinander nicht die Wahrheit reden, dann schaden wir einander, und unsere Gemeinschaft ist gestört. Stell dir z.B. vor, dass dein Hirn dir sagen würde, heiß sei kalt und kalt sei heiß. Wenn du nun duschen würdest, so würdest du dich entweder verbrennen oder erfrieren. Würde dein Auge falsche Signale an dein Hirn senden, so erschiene dir eine Kurve plötzlich als eine Gerade und du hättest einen schrecklichen Unfall. Du bist von der korrekten und wahrheitsgetreuen Funktion deines Nervensystems und deiner Organe abhängig.

Dasselbe gilt auch für den Leib Christi. Wir können nicht die Wahrheit voreinander verbergen und gleichzeitig erwarten, dass die Gemeinde dann noch wirksam sein kann. Wie können wir einander dienen, die Lasten des Nächsten tragen, füreinander sorgen, einander lieben, ermuntern, erbauen, belehren und füreinander beten, wenn wir nicht wissen, wie es im Leben unseres Nächsten aussieht? Sei also aufrichtig und „wahrhaftig in Liebe" (Eph 4,15).

GERECHTER ZORN

„Zürnet ihr, so sündiget nicht.“
Epheser 4,26

Vielleicht bist du erstaunt darüber, dass es so etwas wie gerechten Zorn überhaupt gibt – es bedeutet, zornig zu sein über die Dinge, die Gott betrüben und seine Sache behindern. Wir sollen aber nicht so zornig werden, dass wir dann sündigen.

Sei auch nicht zornig über Dinge, die deine eigene Person betreffen. Ärgere dich nicht, wenn Menschen dich beleidigen. Lass es auch nicht zu, dass dein Zorn zu persönlicher Abneigung, Bitterkeit, Schmollen oder Launenhaftigkeit führt. Das ist verboten! Es gibt nur einen gerechtfertigten Zorn: Er verteidigt die großartige, wunderbare und heilige Natur unseres Gottes.

Egoistischer, leidenschaftlicher, unkontrollierter Zorn ist nicht nur Sünde, er ist auch völlig unangebracht und verletzend. Solcher Zorn muss aus dem Leben eines Christen verbannt werden. Es gibt aber einen kontrollierten Zorn, der sich um die Gerechtigkeit Gottes sorgt; er ist rein, selbstlos und dynamisch. Die Sünder der Welt und die Sünde in der Gemeinde sollten uns zum Zorn reizen. Es gilt aber stets, Zorn nicht in Sünde ausarten zu lassen.

HART ARBEITEN

„Wer gestohlen hat, stehle nicht mehr, sondern arbeite vielmehr und wirke mit seinen Händen das Gute, auf dass er dem Dürftigen mitzuteilen habe.“
Epheser 4,28

Diebstahl zählt zu den alltäglichen Problemen unserer Zeit. Ladendiebstahl hat derartige Ausmaße angenommen, dass ein gewisser Prozentsatz im Preis inbegriffen ist, um den dadurch verursachten Verlust zu decken. Ob es sich nun um Groß- oder Kleindiebstahl, Überfälle oder das Ausrauben reicher Leute oder Verwandter handelt – es fällt alles unter die Kategorie „Stehlen“.

Christen hingegen sollen arbeiten, womit hartes Arbeiten gemeint ist. Hart zu arbeiten ist etwas Ehrenvolles. Als Christen sollten wir auch fleißig arbeiten, damit wir den Armen und Bedürftigen etwas geben können und nicht, damit wir mehr von dem Zeug, das wir sowieso nicht brauchen, anhäufen können. Immer mehr und mehr zu besitzen, bedeutet in den Augen der Welt Reichtum. Das neutestamentliche Prinzip sieht jedoch anders aus: Wir sollen hart arbeiten, damit wir Gutes tun und denen helfen können, die in Not sind.

UNNÜTZE REDE

„Keine schlechte Rede gehe aus eurem Munde."
Epheser 4,29

Verfaulte Früchte schmecken schrecklich und sind absolut wertlos. Du willst dich nicht in ihrer Nähe aufhalten, geschweige denn sie essen. Dasselbe gilt auch für faule Rede. Seien es dreckige Witze, profane Dinge, anzügliche Geschichten oder verletzende und schroffe Worte: Sie sollten in keinerlei Weise den Charakter eines Christen kennzeichnen.

Psalm 141,3 lehrt uns, wie wir uns solcher Rede entledigen können: „Herr, stelle eine Wache an meinen Mund, bewahre die Tür meiner Lippen!" Jesus Christus ist der Wächter deiner Worte und bestimmt, was über deine Lippen kommt.

ERBAUENDE WORTE

„Keine schlechte Rede gehe aus eurem Munde, sondern was gut ist zur notwendigen Erbauung, dass es den Hörern wohl tue.“
Epheser 4,29

Wenn du Christus erlaubst, über deine Lippen zu wachen, sollten eigentlich nur erbauliche Worte aus deinem Munde kommen. Du solltest andere geistlich ermutigen und stärken. Ist dem wirklich so? Hat das Gespräch mit dir dazu geführt, dass der andere in Christus erbaut wurde? Ihr Mütter, wie sieht es aus, wenn ihr den ganzen Tag mit euren Kindern verbringt? Werden sie durch eure Worte erbaut? Ihr Väter, wenn ihr einen Tag mit euren Kindern verbringt, führt ihr dann erbauliche und ermutigende Gespräche mit ihnen?

Unser heutiger Vers will auch verdeutlichen, dass wir anderen die „nötige“ Erbauung zukommen lassen, d.h. unsere Worte entsprechen ihren Nöten. Als ich ein kleiner Junge war, fragte ich meine Mutter ab und zu: „Weißt du, was so und so gemacht hat?“ Sie pflegte dann zu antworten: „Muss ich das wirklich wissen?“ So kam es öfters vor, dass ich von interessanten Begebenheiten erzählen wollte, die es aber wirklich nicht wert waren, dass man darüber ein Wort verlor.

Schließlich soll unsere Rede „dem Hörer auch wohl tun.“ Trifft das bei dir zu? Sind deine Worte mit Gnade gewürzt? Du kannst gewiss sein, dass, wenn der Herr über deinen Lippen wacht und sein Wort reichlich in dir wohnt, deine Worte seine gnadenvollen Worte sein werden.

EIN GNADENVOLLER GEIST

„Und betrübet nicht den Heiligen Geist Gottes, mit welchem ihr versiegelt worden seid auf den Tag der Erlösung.“
Epheser 4,30

Der Heilige Geist ist betrübt, wenn ein Gläubiger seinen alten Wandel nicht durch einen erneuerten Wandel ersetzt. Gläubige, die lügen und die Wahrheit verschleiern, die leicht zornig werden und sich schwer tun zu vergeben, die stehlen und nicht teilen wollen, die habsüchtig und geizig sind, die schlecht reden und nicht im Geist der Gnade leben, betrüben den Heiligen Geist.

Als du gerettet wurdest, hat der Heilige Geist dich versiegelt und dich für immer und ewig für Gott ausgesondert. Du gehörst zu ihm. Da er dir nun in seiner großen Gnade ewige Errettung geschenkt hat und diese auch bis auf den Tag der Erlösung hin sicher bewahrt, indem er dich versiegelt hat, wie kannst du überhaupt auf die Idee kommen, ihn vorsätzlich zu betrüben? Er hat so viel für dich getan, dass du ihn, als Zeichen deiner Dankbarkeit, wirklich nicht betrüben solltest.

EINE PERSPEKTIV
VERGE

„Seid aber gegeneinander freundlich, barmherzig, vergebet einander, gleichwie auch Gott in Christus euch vergeben hat.“
Epheser 4,32

Gott ist dir mit Barmherzigkeit und Sanftmut begegnet und hat dir sogar vergeben, als du es gar nicht verdient hattest. Wenn deine Einstellung gegenüber anderen darauf basiert, was sie verdienen, dann hast du nicht begriffen, worum es bei der Vergebung eigentlich geht. Schreie nicht andere an, rede nicht schlecht über sie und werde auch nicht zornig über sie, auch dann nicht, wenn sie es eigentlich verdient hätten. Diejenigen, die Gottes Wesensart widerspiegeln, zeichnen sich durch Liebe, Freundlichkeit, Sanftmut und Vergebung aus. Diese Einstellung erwartet Gott von solchen, die zu seiner neuen Schöpfung in Christus gehören.

UNSERE BOTSCHAFT AUSLEBEN

„Und was immer ihr tut in Wort oder Werk, das tut im Namen des Herrn Jesus und danket Gott, dem Vater, durch ihn.“
Kolosser 3,17

Vielleicht würden die Ungläubigen unserer Evangeliumsbotschaft etwas mehr Aufmerksamkeit schenken, wenn bloß unsere Taten etwas lauter reden würden. Wir könnten z.B. damit beginnen, dass wir immer die Wahrheit sagen und nicht lügen. Wie wäre das, wenn wir nie zornig würden und immer in Liebe reagieren würden, obwohl wir hier festhalten wollen, dass es einen gerechten Zorn gibt (Eph 4,26); wenn wir nie stehlen, sondern alles teilen würden und nie in einer groben Weise reden würden, sondern immer zur Auferbauung des Nächsten? Kannst du dir vorstellen, wie die Verlorenen reagieren würden, wenn wir nie bitter, zornig, nachtragend, gewalttätig oder verleumderisch wären, sondern Freundlichkeit, Güte und Vergebung unser Leben charakterisieren würden? Vielleicht würden sie dann etwas aufmerksamer werden.

Untersuche dein eigenes Verhalten. Sprichst du die Wahrheit? Hast du deinen Zorn unter Kontrolle, so dass er sich nur innerhalb der Grenzen gerechten Zorns bewegt? Teilst du deine Mittel und dein Geld mit anderen? Sind deine Worte mit Gnade gewürzt? Bist du freundlich, gütig und vergebend? Wenn du wirklich eine neue Schöpfung in Christus bist, dann werden diese Dinge dein Leben kennzeichnen.

20. Juni

GOTTES MASSSTAB

„Darum sollt ihr heilig sein; denn ich bin heilig!“
3. Mose 11,45

Die Zusammenfassung eines Christenlebens lautet: „Seid Nachahmer – oder Imitatoren – Gottes.“ Jesus sagte: „Darum sollt ihr vollkommen sein, gleichwie euer himmlischer Vater vollkommen ist“ (Mt 5,48). Der Apostel Petrus bestätigt diesen hohen Standard: „Sondern wie der, welcher euch berufen hat, heilig ist, werdet auch ihr heilig in eurem ganzen Wandel. Denn es steht geschrieben: ‚Ihr sollt heilig sein! Denn ich bin heilig.‘“ (1Petr 1,15-16).

Je mehr du Gott erkennst, desto mehr wird dir klar, wie Gott dich haben möchte. Folglich ist das primäre Ziel eines jeden Christen, Gott zu erkennen (Phil 3,10). Dieses Ziel werden wir nur erreichen, indem wir Gottes Charakter – und zwar so, wie er uns in der Schrift offenbart wird – studieren.

SEI EIN NACHAHMER

„Werdet nun Gottes Nachahmer als geliebte Kinder."
Epheser 5,1

Es mag wohl einfach sein, darüber zu reden, ein Nachahmer Gottes zu sein, aber es ist schwierig, auch wirklich einer zu sein. Aus deiner eigenen Kraft wirst du es nie packen. Jesus gab uns mit der Bergpredigt quasi eine Starthilfe und zeigte uns, wie wir Nachahmer Gottes werden können. Wir sollen weinen über unsere Sünden mit einem zerbrochenen und zerschlagenen Herzen. Wenn uns unsere Sündhaftigkeit überwältigt hat, dann werden wir nach Gerechtigkeit dürsten. Das ist paradox: Wir sollen vollkommen sein wie Gott, aber aus uns selbst heraus können wir überhaupt nie so vollkommen sein wie er.

Wenn wir uns dieses Paradoxons erst einmal bewusst sind, dann wird uns klar, dass es da noch eine andere Kraft geben muss, die es möglich macht, ein Nachahmer Gottes zu sein. Der Apostel Paulus betete, dass Gott uns „an Kraft zunehmen lasse durch seinen Geist am inwendigen Menschen" (Eph 3,16). Der Heilige Geist versorgt uns mit Kraft, auf „dass ihr erfüllt werdet bis zur ganzen Fülle Gottes" (Eph 3,19). Wir können sein wie Gott (was seinen Charakter betrifft), aber wir können es nicht aus uns selbst heraus – es ist das Werk des Heiligen Geistes.

22. Juni

WIE GROSS IST DEINE LIEBE?

„Gott aber, der reich ist an Barmherzigkeit, wegen seiner vielen Liebe, womit er uns geliebt hat…“
Epheser 2,4

Unsere Liebe lässt sich wohl am besten anhand unserer Vergebungsbereitschaft messen. Auch Gott offenbarte uns seine Liebe durch die Vergebung. In der Bibel hätte z.B. auch stehen können, dass Gott seine Liebe zeigte, indem er hübsche Blumen oder Bäume oder Berge gemacht hat. Aber sie lehrt uns, dass „Gott die Welt also geliebt hat, dass er seinen eingeborenen Sohn gab, auf dass jeder, der an ihn glaubt, nicht verloren gehe, sondern ewiges Leben habe“ (Joh 3,16). Er gab seinen Sohn, um uns zu vergeben. Zweifelsohne kommt seine Liebe dadurch viel stärker zum Ausdruck als durch Blumen, Bäume oder Berge.

Wie groß ist deine Liebe? Frage dich selbst: *Liebe ich?* Wenn nicht, dann gehörst du nicht zu den Kindern Gottes, denn ihr Erkennungsmerkmal ist die Liebe (1Jo 4,7-8). Doch wie kannst du feststellen, ob du tatsächlich liebst? Beantworte dir die folgenden Fragen: *Bin ich bitter gegenüber jemandem, weil er mir etwas angetan hat? Werde ich oft zornig über andere Leute, innerlich oder äußerlich? Spreche ich schlecht über andere hinter ihrem Rücken?* Diese Dinge sind Merkmale deines alten Lebens – du musst sie hinter dir lassen, wenn du lieben und vergeben möchtest.

DIE TIEFE DER LIEBE

„Vor allem aber habt untereinander eine anhaltende Liebe! Denn die Liebe bedeckt eine Menge von Sünden."
1. Petrus 4,8

Die Liebe der Christen sollte so weit gehen, dass sie „eine Menge von Sünden zudeckt." Sünde muss zwar angesprochen werden, aber sie soll auch vergeben werden. Das ist es, was mit „zudecken" gemeint ist. Wir sollen alte Sünden, die bereits angesprochen und behandelt wurden, quasi wie mit einem Tuch bedecken.

Untersuche dich selbst! Empfindest du Bitterkeit gegenüber jemandem in deinem Haus? Wenn dem so ist, dann erinnere dich daran, dass Jesus bereits die Strafe für jede Verfehlung getragen hat. Deine Unfähigkeit, zu vergeben, straft deine Liebe Lügen. Und wenn dein Leben durch einen Mangel an Vergebungsbereitschaft gekennzeichnet ist, dann musst du dich ernsthaft fragen, ob du überhaupt ein Christ bist.

Es liegt auf der Hand, dass, wer den Kern der Vergebung erfasst und erfahren hat, auch schnell bereit sein wird, zu vergeben. Wer weiß, dass ihm viel vergeben ist, der wird auch viel vergeben. Ich hoffe, das trifft in deinem Leben zu.

24. Juni

BEDINGUNGSLOSE LIEBE

„Und wandelt in der Liebe, gleichwie Christus uns geliebt und sich selbst für uns gegeben hat als Gabe und Opfer für Gott, zu einem angenehmen Geruch.“
Epheser 5,2

Die Bibel beschreibt christliche Liebe nie als ein Gefühl, sondern als einen Akt aufopfernder Liebe. Wenn du jemanden wirklich liebst, wirst du nicht darauf aus sein, Profit aus dieser Person zu schlagen. Göttliche Liebe beruht nie auf Erwiderung oder Reaktionen – sie ist bedingungslos.

Wenn die Welt an Liebe denkt, malt sie sich oft aus, was für sie drin ist. Aber Gott liebt, selbst wenn seine Liebe nie erwidert wird. Würde diese Liebe in unseren Ehen regieren, so sähe die Scheidungsrate bestimmt ganz anders aus. Wenn diejenigen, die behaupten, ihre Ehefrau nicht mehr lieben zu können, sich dieser bedingungslosen Liebe hingäben, dann würden sie vielleicht erleben, wie die Liebe neu aufflammen würde. Unser Herr Jesus Christus liebt uns nicht wegen der Vorteile, die wir ihm verschaffen; nein, er liebt uns trotz all der Schmerzen, die wir ihm bereiten. Mach bedingungslose Liebe zu deinem Lebensinhalt, sei demütig, gehorsam und aufopfernd.

DIE SUCHE DER WELT NACH LIEBE

„Zu diesem allen aber ziehet die Liebe an, welche das Band der Vollkommenheit ist.“
Kolosser 3,14

Die Menschen dieser Welt sehnen sich sehr nach Liebe. Lieben und geliebt werden – das wird als absolut höchstes Ziel betrachtet. Die Liebe soll einem emotionale Hochgefühle verschaffen. Glück und Leid sind nie so nahe beieinander wie dann, wenn man verliebt ist.

Die heutige Musik trägt ebenfalls ihren Teil zu diesem Verlangen bei. Meistens drehen sich die Texte um eines dieser beiden Themen: das Träumen und der Wunsch nach einer neuen Liebe oder der Schmerz über ein zerbrochenes Herz. Die Menschen geben nicht auf, dieser Wunschvorstellung nachzujagen. Es geht ihnen bei der Liebe in erster Linie jedoch um ihre eigenen Vorteile. Lieder, Theater, Filme, Bücher und Fernsehen schüren diese Fantasien fortlaufend – den Traum von der perfekten Liebesbeziehung, die vollkommene Erfüllung mit sich bringt.

Die Liebe dieser Welt ist jedoch unbarmherzig, an Bedingungen geknüpft und selbstsüchtig. Im Zentrum stehen das Verlangen, die Selbsterfüllung und die Lust – das pure Gegenteil der vollkommenen Liebe Gottes. Die Menschen sehnen sich zwar nach Liebe, doch das ist keine echte Liebe – Satan hat sie durch und durch pervertiert.

26. Juni

SATANS WARENKATALOG

„Unzucht aber und alle Unreinigkeit oder Habsucht werden nicht einmal bei euch genannt, wie es Heiligen geziemt; auch nicht Schändlichkeit und albernes Geschwätz, noch zweideutige Redensarten, was sich nicht geziemt, sondern vielmehr Danksagung.“
Epheser 5,3-4

Gottes Liebe und die Liebe seiner Kinder ist vergebend, bedingungslos und aufopfernd. Du kannst aber sicher sein, dass Satan alles unternehmen wird, um diese Liebe zu pervertieren. Weltliche Liebe ist oberflächlich, selbstsüchtig, sinnlich und sexorientiert. Genau diese Art von Liebe hat Satan der Welt verkauft.

Im Gegensatz zur weltlichen Liebe verweist unser heutiger Vers darauf, dass wir Gott Danksagung darbringen sollen. Paulus lehrt: „Seid in allem dankbar; denn das ist der Wille Gottes in Christus Jesus für euch“ (1Thes 5,18). Wenn wir alles dankbar annehmen, dann sehen wir weg von uns selbst, weil unser Dank sich an Gott richtet.

Anstatt immer nur von Leuten zu profitieren, sollten wir sie so lieben, dass unsere Dankbarkeit dadurch zum Ausdruck kommt. Denk daran: Gottes Liebe ist selbstlos und dankbar; weltliche Liebe ist selbstsüchtig und undankbar.

VERMEIDE DIE HÖHLE

„Wandelt, solange ihr das Licht noch habt, damit euch die Finsternis nicht überfalle! Wer in der Finsternis wandelt, weiß nicht, wohin er geht."
Johannes 12,35

Wenn ein Christ sündigt, verstrickt er sich wieder in die Machenschaften der Dunkelheit. Es ist, als ob er einen Rückfall hätte. Stell dir vor, du wärst allein in einer Höhle verloren. Bei deinem Versuch, einen Ausweg zu finden, verirrst du dich immer mehr im Labyrinth der unzähligen Tunnel. Bald bist du mitten im Bauch der Erde angelangt. Du hast Angst. Dein Herz hämmert. Deine Augen sind weit aufgerissen, aber um dich herum herrscht tiefste Nacht. Aus Stunden werden Tage. Deine Hoffnung sinkt auf den Nullpunkt. Plötzlich, da in der Ferne, ein winziges Licht! Du bewegst dich darauf zu, tastest dich vorwärts, so dass du nicht in einen Abgrund fällst. Das Licht wird größer, und du hast tatsächlich einen Ausweg aus der Höhle gefunden. Du sammelst deine letzten Kräfte und jagst dem Tageslicht entgegen. Dann erlebst du eine Freiheit, wie du sie dir nie hättest vorstellen können. Doch nach einiger Zeit stellst du fest, dass es da in der Höhle doch einige amüsante Dinge gab. Du gehst also zurück. Wie töricht von dir! Nun, genau das ist es eigentlich, was ein Christ tut, wenn er sich wieder auf dunkle Machenschaften einlässt.

28. Juni

DIE LICHTPROBE

„Prüfet also, was dem Herrn wohlgefällig sei!“
Epheser 5,10

Die Freude eines Christen sollte darin bestehen, dass er Gottes Wahrheit verkörpert – ein lebendiger Nachweis dessen zu sein, was Gott gefällt.

Als ich in Damaskus war, stellte ich fest, dass die Geschäfte keine Fenster hatten. Wenn du etwas kaufen möchtest, dann musst du damit aus dem Laden raus und auf die Straße gehen, so dass du es im Licht auf eventuelle Mängel überprüfen kannst. Bei uns ist das auch so. Wenn wir unser Leben untersuchen wollen, dann müssen wir unsere Taten, Entscheidungen und Beweggründe im Lichte Christi und seines Wortes prüfen.

Wenn am Flughafen mein Koffer durchleuchtet wird, dann muss ich mir nie Sorgen darüber machen, was die Sicherheitsleute da finden könnten. Ich habe nichts zu verbergen. Ich habe weder Waffen noch Bomben bei mir. So sollte es auch bei uns Christen sein. Wir sollten eigentlich nichts dagegen haben, dass unser Leben im Licht offenbar wird, da es ja nur die Aufrichtigkeit unserer Identität bewahrheiten sollte. Wir sollten auch bereit sein, uns ins Licht stellen zu lassen, damit bewiesen werden kann, dass wir wirklich im Licht sind.

SÜNDE AUFDECKEN

„Und habt keine Gemeinschaft mit den unfruchtbaren Werken der Finsternis, decket sie vielmehr auf."
Epheser 5,11

Wir sollten nicht dasselbe tun wie die Menschen in der Welt, sondern ihre bösen Werke enthüllen. Man könnte uns als eine Art geistlichen Geheimdienst bezeichnen: Unsere Aufgabe besteht darin, die Verbrechen der Finsternis aufzudecken. Unser Werkzeug ist das Wort Gottes: „Jede Schrift ist von Gottes Geist eingegeben und nützlich zur Belehrung, zur *Überführung*, zur Zurechtweisung, zur Erziehung in der Gerechtigkeit" (2Tim 3,16). Unser Leben und unsere Worte sollten das Böse entlarven.

Manchmal reicht deine Art zu leben schon aus, um das Böse im Leben deiner Mitmenschen zu offenbaren. Bist du jemals zu einer Gruppe von Leuten dazugestoßen, die wussten, dass du Christ bist, und die sich gerade über unanständige Dinge unterhielten? Änderte sich das Thema? Ich kann mich daran erinnern, dass einige meiner Golfkollegen ihr Benehmen schlagartig änderten, als sie erfuhren, dass ich Pastor bin.

Gott fordert uns aber auch auf, die bösen Taten der Welt durch Worte ans Licht zu bringen. Wir müssen sie zuerst diagnostizieren, dann ihnen gegenübertreten und schließlich einen Lösungsweg vorschlagen. Sünde ist wie Krebs und muss herausgeschnitten werden. Du hilfst niemandem, wenn du das ignorierst. Bevor die Menschen erkennen, dass sie einen Retter brauchen, müssen sie von ihrer Sünde überführt werden.

WACH AUF!

„Darum spricht er: Wache auf, der du schläfst, und stehe auf von den Toten, so wird dir Christus leuchten!"
Epheser 5,14

Unser heutiger Vers ist ein Zitat aus dem AT: „Mache dich auf, werde Licht! Denn dein Licht kommt, und die Herrlichkeit des HERRN erglänzt über dir" (Jes 60,1). In diesem Vers wurde Ausschau nach dem Messias gehalten, während Paulus mit seiner Auslegung auf das vollbrachte Werk Christi zurückblickt.

Viele Bibelausleger sehen in Eph 5,14 die Strophe eines von der frühen Gemeinde gesungenen Osterlieds. Sie erkennen in ihm eine Einladung – eine Darstellung des Evangeliums. Der Sünder ist der Schlafende, der aufgefordert wird, aufzuwachen und aufzustehen. Christus ist der Licht spendende Retter.

So wie die Bären ihren Winterschlaf machen, so verschlafen Männer und Frauen die Zeit – die Zeit der Gnade. Wenn sie aufwachen, wird es zu spät sein. Deshalb ermutigt Paulus sie dazu, aufzuwachen und aus den Toten aufzustehen. Wir sollten seinem Vorbild folgen.

Praxis

Juli

DER WERT DER SELBSTDISZIPLIN

„So laufe ich nun nicht wie aufs Ungewisse“.
1. Korinther 9,26

Unsere heutige Zeit ist geradezu besessen von Sport, Materialismus und immer neuen Kicks (intensiven, kurzen, emotionalen Hochs). Tatsache ist, dass die übermäßige Beschäftigung mit solchen Dingen zum Markenzeichen unserer Gesellschaft geworden ist, einer Gesellschaft, die durch Oberflächlichkeiten und Unmoral besticht.

Vor mehr als einem Jahrhundert hat Präsident Theodore Roosevelt bereits vorausgesagt, dass Wohlstand um jeden Preis, Frieden um jeden Preis, „Sicherheit zuerst“ anstatt „Pflichterfüllung zuerst“, die Liebe zu einem bequemen Leben und die großartige „Werdereich-Theorie“ Amerika letzten Endes in den Ruin treiben würde.

Die Selbstdisziplin, die das Markenzeichen eines echten Christenlebens sein sollte, stellt ein sicheres Gegenmittel zu einem solchen Lebenswandel dar. Gewiss: Der Herr ist die Quelle deiner geistlichen Führung und Kraft, aber du benötigst trotzdem Selbstdisziplin, wenn du möchtest, dass er effizient durch dich wirken kann.

Paulus schrieb an Timotheus: „Denn die leibliche Übung ist zu wenigem nütze, die Gottseligkeit aber ist zu allen Dingen nütze, da sie die Verheißung dieses und des zukünftigen Lebens hat“ (1. Tim 4,8). Bitte Gott, dass er das in deinem Leben Realität werden lässt.

2. Juli

WARUM SELBSTDISZIPLIN?

„Gib dir Mühe, dich Gott als bewährt zu erweisen."
1. Timotheus 2,15

In Bezug auf diszipliniertes Leben schreibt Richard Shelley Taylor: „Einen disziplinierten Charakter findet man bei einer Person, die es versteht, all ihre Fähigkeiten und Kräfte im Gleichgewicht zu halten, indem sie diese zu kontrollieren weiß – sie begegnet ihren Aufgaben und Pflichten mit absoluter Entschlossenheit. Der bestimmende Faktor bei dieser Person ist ein Sinn für Verantwortung. Sie verfügt über innere Ressourcen und persönliche Reserven, die schwächere Seelen in Erstaunen versetzen. Widrigkeiten werden zu Untertanen gemacht und dazu gezwungen, ihren Zielen zu dienen."

Der Herr bedient sich nur eines disziplinierten Verstands, um klare Gedanken zu fassen, sein Wort zu verstehen und seine Wahrheit der Welt deutlich zu verkünden. Nur ein disziplinierter Verstand ist in der Lage, immer wieder Wahrheit von Irrlehre zu unterscheiden. Und nur ein disziplinierter Christ gibt ein gutes Zeugnis ab, sowohl in der Gemeinde als auch in der Welt.

Kurz gesagt: Selbstdisziplin ist Gehorsam gegenüber Gott und die Bereitschaft, sich ihm völlig unterzuordnen, sodass ihm letztendlich alle Ehre zukommt.

SELBSTDISZIPLINIERT SEIN

„… wofür auch ich arbeite und ringe nach der Wirksamkeit dessen, der in mir wirkt in Kraft.“
Kolosser 1,29

Als Christ lernte ich, mich in Selbstdisziplin zu üben. Hier einige praktische Tipps:

Beginne klein. Zu Hause kannst du z.B. darauf achten, dass dein Schlafzimmer immer aufgeräumt ist. Wenn das klappt, dann kannst du diese Übung auf das ganze Haus ausdehnen.

Sei pünktlich. Gewöhne es dir an, Termine einzuhalten.

Erledige schwierige Aufgaben zuerst. Wenn du die schwierigen Dinge zuerst anpackst, dann wirst du sie nicht unerledigt liegen lassen.

Organisiere dich. Anstatt immer nur zu reagieren, solltest du deine Tage und Wochen aktiv planen.

Nimm Korrektur dankbar an. Weiche konstruktiver Kritik nicht aus, sondern erkenne in ihr ein Mittel, dich zu verbessern und Fortschritte zu machen.

Praktiziere Selbstverleugnung. Du kannst ganz einfach beginnen – iss etwas Gesundes anstelle von Fastfood. Disziplin im körperlichen Bereich überträgt sich auch auf dein geistliches Leben.

Übernimm Verantwortung. Eine neue Herausforderung anzunehmen, setzt voraus, dass du organisiert arbeitest.

Diese Ratschläge mögen ziemlich belanglos klingen, aber wenn du dich in diesen Dingen wirklich übst, können sie dir auf deinem Weg, ein besserer Diener Christi zu werden, helfen.

4. Juli

EIN VERANTWORTLICHES LEBEN

*„Deshalb setzen wir auch unsere Ehre darein…
ihm wohlgefällig zu sein.“
2. Korinther 5,9*

Der Gedanke, dass du ein treues und fruchtbringendes Christenleben auf der Grundlage von guten Absichten und netten Gefühlen führen kannst, ist absurd. Das Leben als Christ hat mit Verantwortung und Rechenschaft zu tun und basiert auf bestimmten Prinzipien und Maßstäben. Von Gott offenbarte Werte und Glaubensinhalte bilden die Grundlage für uns.

Ein junger Mann fragte mich einmal: „Wie kann ich wissen, dass ich tatsächlich ein Christ bin? Wie kann ich sicher sein, dass meine Entscheidung für Christus nicht nur rein emotional begründet war?“ Ich antwortete ihm: „Der einzige Weg, um festzustellen, ob wir wirklich gerechtfertigt wurden, in der rechten Beziehung zu Gott stehen und Teil seiner Familie sind, ist, indem wir unser Herz und unser Leben prüfen. Ist Christus tatsächlich unser Retter und Herr, dann wird es unser tiefster Herzenswunsch sein, ihm zu dienen und zu gefallen. Sowohl unser Streben nach Heiligung als auch unsere rechtschaffene Lebensführung zeugen von der Echtheit unseres Glaubens.“

EIN ÜBERNATÜRLICHES LEBEN

„… denn Gott ist es, der in euch sowohl das Wollen als auch das Vollbringen wirkt, nach seinem Wohlgefallen.“
Philipper 2,13

Ein gehorsames und produktives Christenleben ist das Ergebnis der Führung und Stärkung durch den Heiligen Geist. Deshalb handelt es sich auch um ein übernatürliches Leben. Es ist dem nicht wiedergeborenen Menschen absolut fremd, und er wird auch nie in der Lage sein, sein Leben dementsprechend zu führen.

Übernatürliches Leben bedeutet, dass unser äußerliches Leben mit unserem Innern übereinstimmt, d.h. die neue Natur, die wir in Jesus besitzen, auszuleben. Es geht hier aber nicht um eine mystische, nicht fassbare Art von Leben, die auf irgendeinem kuriosen philosophischen Konzept beruht. Es ist ein praxisorientiertes Leben, das dem bewussten Gehorsam gegenüber Gottes Geboten entspringt. Dein Denken, Reden und Handeln deckt sich mit dem Wort und Willen Gottes.

6. Juli

DIE GRÖSSTE TUGEND

„Gott ist Liebe, und wer in der Liebe bleibt, bleibt in Gott und Gott bleibt in ihm."
1. Johannes 4,16

Die größte Tugend des Christen ist die Liebe. Das Neue Testament erklärt die Agape-Liebe zur alles überragenden Tugend, der sich alle anderen unterordnen müssen. Sie konzentriert sich auf die Nöte und das Wohlergehen des Geliebten und ist gerne bereit, den notwendigen Preis zu bezahlen, um den vorhandenen Nöten und Bedürfnissen zu begegnen.

Jesus lässt keine Zweifel offen, welches die zwei wichtigsten Gebote der Bibel sind: „Du sollst den Herrn, deinen Gott, lieben mit deinem ganzen Herzen und mit deiner ganzen Seele und mit deinem ganzen Verstand. Dies ist das größte und erste Gebot. Das zweite aber ist ihm gleich: Du sollst deinen Nächsten lieben wie dich selbst" (Mt 22,37-39). Findest du diese größte aller geistlichen Tugenden in deinem Leben vor?

DIE WICHTIGSTE GABE

„Nun aber bleibt Glaube, Hoffnung, Liebe, diese drei; die größte aber von diesen ist die Liebe."
1. Korinther 13,13

Wenn du ein Christ bist, dann spielt die Liebe eine wichtigere Rolle als alle anderen Gaben. Es erstaunt folglich nicht, dass die Schrift, wenn sie von den Früchten des Geistes spricht, als Erstes sagt: „Die Frucht des Geistes aber ist Liebe" (Gal 5,22). Es ergibt auch Sinn, dass die Liebe zu unseren Mitchristen uns als Jesu Jünger identifiziert. „Daran wird jedermann erkennen, dass ihr meine Jünger seid, wenn ihr Liebe untereinander habt" (Joh 13,35).

Echte Liebe ist so untrennbar mit dem christlichen Wandel verbunden, dass sie wirklich auch klar erkennbar sein muss; ist dem nicht so, muss die Echtheit deines Glaubens in Frage gestellt werden, magst du auch noch so darauf bestehen, Christ zu sein.

8. Juli

GLÄUBIGE HASSEN DAS BÖSE

„Hasset das Böse!“
Römer 12,9

Das Böse ist das Gegenteil von Heiligkeit und folglich des Gegenteil von Gottseligkeit. Gotteskinder hassen das Böse, weil Gott das Böse hasst (Umschreibung von Spr 8,13).

Wenn du Gott aufrichtig liebst, dann wirst du jede Form des Bösen zutiefst verabscheuen. Auf Grund seiner großen Liebe zu Gott folgerte David: „Ein verkehrtes Herz soll von mir weichen; den Bösen will ich nicht kennen lernen“ (Ps 104,4). Der treue Christ sollte sich nie auf Kompromisse mit dem Bösen einlassen.

DER VERLOCKUNG KEINEN RAUM BIETEN

„Von aller Art des Bösen haltet euch fern!“
1. Thessalonicher 5,22

Wer das Böse hasst, wird ihm aus dem Weg gehen. Du kannst nicht mit der Sünde spielen, ohne ihr Opfer zu werden. Wer die Versuchungen und Verlockungen meidet, wird mit einem Gerechten verglichen, der „seine Lust am Gesetz des Herrn hat und über sein Gesetz sinnt Tag und Nacht“ (Ps 1,2).

Du kannst nicht Gerechtigkeit suchen und gleichzeitig Sünde tolerieren. Deshalb erteilt Paulus Timotheus und mit ihm auch allen Gläubigen folgenden Rat: „Die jugendlichen Begierden aber fliehe, strebe aber nach Gerechtigkeit, Glauben, Liebe, Frieden mit denen, die den Herrn aus reinem Herzen anrufen“ (2Tim 2,22).

10. Juli

DAS GUTE FESTHALTEN

„Die Liebe sei ungeheuchelt! Verabscheut das Böse, haltet fest am Guten!“
Römer 12,9

Gott hat für alle Gläubigen ein Ziel. Er möchte, dass die Diener Jesu Christi sich mit dem beschäftigen, was gut, gerecht und ehrbar ist. Diese Aufgabe erfordert Unterscheidungsvermögen. Mit Gottes Hilfe und durch sein Wort wirst du alles sorgfältig prüfen müssen – und entscheiden müssen, was du behalten und was du verwerfen sollst (1Thes 5,21-22).

Indem du dich von weltlichen Dingen trennst und dich zunehmend mit dem Wort beschäftigst, wird das Gute das Böse schrittweise ersetzen. Dann tust du genau das, was Paulus den Römern ans Herz legte: „Und seid nicht gleichförmig dieser Welt, sondern werdet verwandelt durch die Erneuerung des Sinnes, dass ihr prüfen mögt, was der Wille Gottes ist: das Gute und Wohlgefällige und Vollkommene“ (Röm 12,2).

BRÜDERLICHE LIEBE

„In der Bruderliebe seid herzlich zueinander.“
Römer 12,10

Brüderliche Liebe reflektiert das Wesen der Christen. Deshalb zögert Paulus auch nicht, die Gläubigen daran zu erinnern, dass sie sich in dieser Tugend üben sollen: „Was aber die Bruderliebe betrifft, so habt ihr nicht nötig, dass man euch schreibt, denn ihr seid selbst von Gott gelehrt, einander zu lieben“ (1Thes 4,9).

Echte Jünger Jesu wissen intuitiv, dass sie die Geschwister in Christus lieben sollten. Da wir als Christen alle denselben himmlischen Vater haben, ist gegenseitige Liebe zwischen Gläubigen genauso natürlich wie z.B. Herzlichkeit innerhalb einer Familie. Wenn du ein echter Jünger bist, wird Liebe eines deiner Charaktermerkmale sein.

12. Juli

EINANDER EHREN

„In Ehrerbietung einer dem anderen vorangehend.“
Römer 12,10

Wenn Bruderliebe zu deinen Wesensmerkmalen zählt, wirst du logischerweise auch anderen Gläubigen den Vorrang gewähren. Das bedeutet, dass du von Herzen demütig bist und nicht höher von dir denkst, als es sich zu denken gebührt (Röm 12,3; Phil 2,3). Es bedeutet auch, dass du anderen Geschwistern Ehre gibst und dich aktiv darum bemühst, sie an die erste Stelle zu setzen.

Du wirst nicht jemandem schmeicheln, weil du darauf aus bist, ebenfalls ein Kompliment zu empfangen und in seiner Gunst aufzusteigen. Nein, du wirst Gläubigen gegenüber, weil sie auch Mitglieder der Familie Gottes sind, echte Wertschätzung, Respekt und Liebe zum Ausdruck bringen.

FLEISS ZEIGEN

„Im Fleiß nicht säumig, brennend im Geist; dem Herrn dienend."
Römer 12,11

Fleiß muss ein fester Bestandteil unseres Lebens als Christ sein. Alles, was wir im Dienste des Herrn tun, ist wert, mit Freude und Sorgfalt getan zu werden.

Jesus war sich sehr wohl bewusst, dass die Zeitspanne seines irdischen Dienstes begrenzt war und dass er das Beste aus der ihm zur Verfügung stehenden Zeit machen musste, um den Plan seines himmlischen Vaters zu erfüllen. Dasselbe gilt auch für uns: „Wir müssen die Werke wirken... solange es Tag ist; es kommt die Nacht, da niemand wirken kann" (Joh 9,4). Gewiss werden auch unsere Mitchristen unseren fleißigen Dienst und die guten Werke zu schätzen wissen; darum drängt Paulus uns auch: „Lasst uns also nun, wie wir Gelegenheit haben, allen gegenüber das Gute wirken, am meisten aber gegenüber den Hausgenossen des Glaubens" (Gal 6,10).

KEIN PLATZ FÜR TRÄGHEIT

*„Alles, was deine Hand zu tun findet,
das tue in deiner Kraft!“
Prediger 9,10*

Im Leben des Christen ist kein Platz für Trägheit und Gleichgültigkeit, denn diese Dinge halten dich nicht nur davon ab, das Gute zu tun. Manchmal führen sie auch dazu, dass du dem Bösen einen Nährboden bietest. Damit Unkraut wächst, muss der Gärtner sich nicht besonders anstrengen; er braucht sich lediglich einfach nicht um den Garten zu kümmern.

Der Schreiber das Hebräerbriefs erinnert uns daran, dass Gott eine Belohnung bereithält für alle, die ihm mit Fleiß dienen: „Denn Gott ist nicht ungerecht, euer Werk zu vergessen und die Liebe, die ihr zu seinem Namen bewiesen habt, indem ihr den Heiligen gedient habt und dient (Hebr 6,10).

EINE ENTHUSIASTISCHE HALTUNG

„Brennend im Geist."
Römer 12,11

Die mangelnde Begeisterungsfähigkeit Einzelner ist wohl einer der größten Schwachpunkte der Menschheit. Nicht selten sind Misserfolge direkt auf Gleichgültigkeit und einen Mangel an Hingabe zurückzuführen. Das sollte bei Christen jedoch nicht so sein.

Leidenschaftliche Begeisterung erfordert Ausdauer und geistgewirkte Entschlossenheit, nicht nur gute Absichten. Henry Martyn, ein unermüdlicher Missionar in Indien, führte seinen Dienst mit Enthusiasmus und inbrünstigem Eifer aus. Sein Wunsch war es, „sich ganz für die Sache Gotte aufzehren zu lassen." Der Apostel Paulus ermahnt uns: „Lasst uns aber im Gutestun nicht müde werden! Denn zur bestimmten Zeit werden wir ernten, wenn wir nicht ermatten" (Gal 6,9).

16. Juli

ECHTER DIENST

„Dem Herrn dienend.“
Römer 12,11

Alles, was du in deinem Christenleben tust, sollte im Einklang mit dem Wort Gottes stehen, echter Dienst sein und der Verherrlichung Gottes dienen. Das von Paulus in Römer 12,11 benutzte Wort beschreibt einen Sklaven, der nur eine Pflicht zu erfüllen hatte, nämlich den Willen seines Herrn zu tun. Du solltest Gott auf dieselbe Weise dienen – als ein Sklave Jesu Christi.

Du kannst dem Herrn aber genauso wenig aus eigener Kraft dienen, wie du aus eigener Kraft und eigenem Willen zu ihm hättest kommen können. Die Kraft, um Christus zu dienen, kommt von Gott. Paulus bezeugt: „Wozu ich mich auch bemühe und kämpfend ringe gemäß seiner Wirksamkeit, die in mir wirkt in Kraft“ (Kol 1,29).

AUFRICHTIGES GEBET

„Im Gebet haltet an.“
Römer 12,12

Für hingegebene Christen ist beständiges Beten ein fester Bestandteil ihres geistlichen Lebens, genauso wie Atmen für das physische Leben nicht wegzudenken wäre. Das trifft auf die Gläubigen von jeher zu, sei es nun vor oder nach der Ausgießung des Heiligen Geistes zu Pfingsten (Apg 1,14; 2,42). Die Gemeinde setzte schon früh Diakone ein, damit die Apostel sich „dem Gebet und dem Dienst des Wortes widmen konnten“ (Apg 6,4).

Gottes Wille ist es, dass du „mit dem Geist und mit dem Verstand betest“ (1Kor 14,15) und „ohne Unterlass betest“ (1Thes 5,17). Darum ermutigt Paulus Timotheus, Männer zum Gebet zu motivieren: „Ich will nun, dass die Männer an jedem Ort beten, indem sie heilige Hände aufheben, ohne Zorn und zweifelnde Überlegung“ (1Tim 2,8).

18. Juli

DIE BEREITSCHAFT ZU TEILEN

„An den Bedürfnissen der Heiligen nehmt teil."
Römer 12,13

Die Gesellschaft lehrt uns, dass wir Anspruch auf unser Eigentum haben, aber Gott sagt, dass uns nichts gehört. Wir sind lediglich die Verwalter der Dinge, mit denen er uns gesegnet hat. Bestandteil dieser Verwalterschaft ist es, dass wir bereit sind, andere Christen, die Not leiden, an unseren Gütern Anteil haben zu lassen.

Dieser Geist, diese Bereitschaft, zu teilen, wurde in der frühen Gemeinde unmittelbar nach Pfingsten offenkundig: „Sie verharrten aber in der Lehre der Apostel und in der Gemeinschaft, im Brechen des Brotes und in den Gebeten. ... Alle gläubig Gewordenen aber waren beisammen und hatten alles gemeinsam" (Apg 2,42,44; s. auch 1Tim 6,17-18). Bitte den Herrn, dass er dir dabei hilft, Anteil zu nehmen an den Nöten anderer.

BIBLISCHE GASTFREUNDSCHAFT

„Nach Gastfreundschaft trachtet!“
Römer 12,13

Echte Nachfolger Christi nehmen nicht nur Anteil an den Nöten der Gläubigen und Ungläubigen, die ihnen begegnen, sondern sollten auch aktiv nach Möglichkeiten suchen, anderen zu helfen, auch wenn sie sie nicht kennen. Das ist eine der Schrift entsprechende Definition von Gastfreundschaft. Hebräer 13,2 weist uns an: „Die Gastfreundschaft vergesst nicht! Denn dadurch haben einige, ohne es zu wissen, Engel beherbergt.“

Du solltest die Gelegenheit, Gastfreundschaft zu erweisen, als ein geschätztes Vorrecht und nicht als eine mühselige Pflicht betrachten (1Petr 4,9). Gajus hatte offensichtlich diese Haltung der Gastfreundschaft gegenüber umherreisenden Lehrern, denn der Apostel Johannes lobte ihn: „Geliebter, treu handelst du in dem, was du an den Brüdern, sogar an fremden, tust – sie haben vor der Gemeinde von deiner Liebe Zeugnis gegeben – und du wirst wohl tun, wenn du sie zur Reise ausstattest, wie es Gottes würdig ist“ (3Jo 5-6).

20. Juli

LIEBE DEINE FEINDE

„Segnet, die euch verfolgen;
segnet, und flucht nicht!“
Römer 12,14

Die Bibel gebietet uns nicht nur, dass wir nicht hassen und keine Vergeltung üben sollen gegenüber Menschen, die uns feindlich gesinnt sind, sondern sogar einen Schritt weitergehen und sie segnen sollen. Als Jesus die Bergpredigt hielt, wies er seine Zuhörer an: „Aber euch, die ihr hört, sage ich: Liebt eure Feinde; tut wohl denen, die euch hassen; segnet, die euch fluchen; betet für die, die euch beleidigen“ (Lk 6,27-28).

Wenn du deine Feinde wirklich lieben willst, musst du sie so wie deine Freunde behandeln.

DIE FREUDE ANDERER TEILEN

„Freut euch mit den sich Freuenden.“
Römer 12,15

Auf den ersten Blick mag einem die Aufforderung, die Freude anderer zu teilen, relativ einfach vorkommen. Aber sobald die Segnungen, die Ehre und das Wohlergehen Dritter auf deine Kosten gehen oder deine eigenen Umstände plötzlich unbefriedigend erscheinen lassen, neigen wir von Natur aus zu Missgunst und Eifersucht und nicht zu Freude.

Nichtsdestotrotz zählt gerade diese Eigenschaft – nämlich sich am Glück und Erfolg anderer mitzufreuen – zu den grundlegenden Merkmalen eines echten Christen. Das gilt v.a. in Bezug auf andere Christen – unabhängig von deiner eigenen Situation. „Wenn ein Glied verherrlicht wird, so freuen sich alle Glieder mit“ (1Kor 12,26).

DAS LEID ANDERER TEILEN

„Weinet mit den Weinenden.“
Römer 12,15

Gott möchte, dass du gegenüber den Nöten und dem Leid anderer sensibel bist. Das ist Barmherzigkeit, die weitergeht als das bloße Mitempfinden und Sympathisieren mit jemandem. Man nimmt richtig Anteil am Schmerz des anderen und leidet mit ihm.

Gott ist barmherzig (5Mo 4,31), und die Schrift erklärt: „Ja, die Gnadenerweise des Herrn sind nicht zu Ende, ja, sein Erbarmen hört nicht auf, es ist jeden Morgen neu“ (Kla 3,22-23). Der Sohn Gottes war voll herzlichen Erbarmens und offenbarte das feinfühlige Vaterherz, als er mit Maria und Marta am Grab des Lazarus weinte (Joh 11,35).

Wie kann es sein, dass du es als Kind Gottes zuweilen versäumst, die Barmherzigkeit des Herrn widerzuspiegeln? „Zieht nun an als Auserwählte Gottes, als Heilige und Geliebte: herzliches Erbarmen, Güte, Demut, Milde, Langmut“ (Kol 3,12).

KEINE BEVORZUGUNG ERLAUBT

„Denn es ist kein Ansehen der Person bei Gott."
Römer 2,11

Für Christen ist es Sünde, wenn sie gewisse Leute bevorzugen. Das heißt, du solltest keinerlei Vorurteile gegenüber einer Person haben auf Grund von Position, Reichtum, Einfluss, Beliebtheit oder Auftreten.

Die klarste und deutlichste Anweisung des Neuen Testaments zu diesem Thema finden wir im Jakobusbrief:

„Meine Brüder, habt den Glauben Jesu Christi, unseres Herrn der Herrlichkeit, ohne Ansehen der Person! Denn wenn in eure Synagoge ein Mann kommt mit goldenem Ring, in prächtigem Kleid, es kommt aber auch ein Armer in unsauberem Kleid herein, ihr seht aber auf den, der das prächtige Kleid trägt, und sprecht: Setze du dich bequem hierher! und sprecht zu dem Armen: Stehe du dort, oder setze dich unten an meinen Fußschemel! - habt ihr nicht unter euch selbst einen Unterschied gemacht und seid Richter mit bösen Gedanken geworden? ... Wenn ihr aber die Person anseht, so begeht ihr Sünde und werdet vom Gesetz als Übertreter überführt" (Jak 2,1-4.9).

Wenn es bei Gott kein Ansehen der Person gibt, solltest du dich dann nicht auch darum bemühen, diese Haltung einzunehmen: „... dass du diese Dinge ohne Vorurteil befolgen und nichts nach Gunst tun sollst" (1Tim 5,21)?

24. Juli

EIN HERZ FÜR DIE NIEDRIGEN HABEN

„Sinnt nicht auf hohe Dinge, sondern haltet euch zu den Niedrigen!"
Römer 12,16

In der Gemeinde gibt es keine Aristokratie, da ist kein Platz für eine kirchliche Elite, die alle Aufmerksamkeit verdient. Die Bibel lehrt jedoch nicht, dass du nichts mit reichen oder einflussreichen Leuten zu tun haben sollst. Du darfst es jedoch nicht versäumen, dich um die niedrigen Menschen zu kümmern, weil sie es in der Regel nötiger haben, dass man ihnen dient.

Der Herr Jesus Christus veranschaulichte diese Wahrheit treffend: „Wenn du ein Mittag- oder ein Abendessen machst, so lade nicht deine Freunde ein, noch deine Brüder, noch deine Verwandten, noch reiche Nachbarn, damit nicht etwa auch sie dich wieder einladen und dir Vergeltung zuteil werde.

Sondern wenn du ein Mahl machst, so lade Arme, Krüppel, Lahme, Blinde ein! Und glückselig wirst du sein, weil sie nichts haben, um dir zu vergelten; denn es wird dir vergolten werden bei der Auferstehung der Gerechten" (Lk 14,12-14).

Es ist nicht falsch, Freunde und Verwandte zu dir nach Hause zum Essen einzuladen, aber es ist falsch, wenn du es aus eigennützigen Motiven tust, mit der Absicht, selbst einen Gewinn daraus zu schlagen, und ohne Rücksicht auf die, die es dir nie vergelten könnten.

DEMUT SOLLTE REGIEREN

„Sinnet nicht auf hohe Dinge."
Römer 12,16

Eingebildete und selbstsüchtige Christen stellen einen gewaltigen Widerspruch dar. Wer Christus nachfolgt, muss sich dem Willen Gottes, wie er in der Schrift offenbart ist, unterordnen. Jegliches Vertrauen in dich selbst, deine Weisheit und deine natürlichen Fähigkeiten müssen den Geboten Gottes untergeordnet werden.

Du solltest auf gar keinen Fall eingebildet sein oder meinen, du seist etwas Besseres als deine Mitchristen. Gott möchte vielmehr, dass du jedes Glied am Leib Christi akzeptierst und wertschätzt: „Ein jeder nicht auf das Seinige sehend, sondern ein jeder auch auf das der anderen" (Phil 2,4).

26. Juli

HEIMZAHLEN VERBOTEN

„Vergeltet niemandem Böses mit Bösem."
Römer 12,17

Einige Leute meinen, dass das alttestamentliche Gesetz „Auge um Auge, Zahn um Zahn" (2Mo 21,24) persönliche Rache legitimiert. Weit gefehlt! Der Kontext macht klar, dass die Härte der Strafe im Verhältnis zur begangenen Übertretung stehen soll. Das bedeutet: Wenn jemand einer anderen Person ein Auge ausgestochen hatte, so durfte die über ihm verhängte Strafe maximal den Verlust des eigenen Auges bedeuten, nicht mehr.

Gemäß der göttlichen Verordnung obliegt die Rechtsprechung bei zivil- und strafrechtlichen Vergehen der Regierung. Gott verbietet es ausdrücklich, persönliche Rachefeldzüge zu unternehmen. Der Apostel Paulus fasste dieses Prinzip wie folgt zusammen: „Endlich aber seid alle gleichgesinnt, ... und vergeltet nicht Böses mit Bösem, oder Scheltwort mit Scheltwort, sondern im Gegenteil segnet, weil ihr dazu berufen worden seid, dass ihr Segen ererbet" (1Petr 3,8-9).

SEI AUF DAS EHRBARE BEDACHT

„Seid bedacht auf das, was ehrbar ist
vor allen Menschen!“
Römer 12,17

Wenn du deine Nächsten wirklich respektierst – einschließlich deiner Feinde –, dann wirst du geneigt sein, den richtigen Umgang mit ihnen zu pflegen. Diese Art von Respekt hilft dir, dich zu disziplinieren und vorbereitet zu sein, um in den entsprechenden Situationen richtig zu reagieren und damit Gott zu ehren.

Wenn du auf das Ehrbare bedacht bist und anderen gegenüber Gnade und Vergebung walten lässt, einschließlich deiner Feinde, sollte das für sie ein positives Zeugnis sein. Solches Verhalten trägt dazu bei, dass „die Lehre unseres Heiland-Gottes in allem geziert wird“ (Tit 2,10).

28. Juli

FRIEDVOLLE BEZIEHUNGEN

„Wenn möglich, soviel an euch ist, lebt mit allen Menschen in Frieden!“
Römer 12,18

Es liegt in der Natur der Sache, dass eine friedvolle Beziehung nie auf Einseitigkeit beruhen kann. Du musst deinen Beitrag leisten, um sicherzustellen, dass deine Seite der Beziehung in Ordnung ist. Dein inneres Verlangen – mit der Hilfe Gottes – sollte sein, mit allen Menschen in Frieden zu leben – auch mit den größten Sündern und unausstehlichsten Typen.

Das Wort Gottes soll in keinerlei Weise beschnitten werden, d.h. wir sollten keine Mühe scheuen, gute und friedvolle Beziehungen aufzubauen zu den Menschen, die uns hassen und verfolgen. Wenn du alle Bitterkeit und allen Zorn hinter dir lässt und deinen Feinden von Herzen völlig vergibst, dann kannst du wahrhaftig Versöhnung mit ihnen anstreben.

BÖSES MIT GUTEM ÜBERWINDEN

„Lass dich nicht vom Bösen überwinden, sondern überwinde das Böse mit dem Guten!“ Römer 12,21

Böses mit Gutem zu vergelten, zählt zu den schwierigsten Aufgaben für einen Christen. Doch bereits zur Zeit des AT gebot Gott den gottesfürchtigen Menschen, sich so zu verhalten: „Wenn dein Hasser Hunger hat, gib ihm Brot zu essen, und wenn er Durst hat, gib ihm Wasser zu trinken! Denn glühende Kohlen häufst du auf sein Haupt, und der Herr wird es dir vergelten“ (Spr 25,21-22).

Der Ausdruck „Kohlen auf sein Haupt häufen“ stammt aus dem ägyptischen Kulturraum. Wenn jemand in der Öffentlichkeit seine Reue kundtun wollte, dann trug er auf seinem Haupt eine Pfanne voll glühender Kohlen, was den brennenden Schmerz seiner Schande und Schuld veranschaulichen sollte. Wenn du deine Feinde so sehr liebst, dass du wirklich ihren Nöten begegnen möchtest, dann erhoffst du dir auch, dass sie sich für ihr hasserfülltes Verhalten dir gegenüber schämen werden.

Um zu verhindern, dass du dich vom Bösen mitreißen lässt, musst du zuerst verhindern, dass es dich überwältigt, und darauf achten, dass du deine vermeintlich böse Reaktion unter Kontrolle halten kannst. Auf jeden Fall musst du alles daransetzen, das Böse mit dem Guten zu überwinden.

30. Juli

WER IST DEIN NÄCHSTER?

„Du sollst deinen Nächsten lieben wie dich selbst."
Matthäus 22,39

Jesus beantwortete die Frage des jüdischen Schriftgelehrten „Wer ist mein Nächster" mit dem Gleichnis vom barmherzigen Samariter (Lk 10,30-37). In dieser bekannten Geschichte wird ein jüdischer Mann überfallen und halbtot am Straßenrand liegen gelassen. Ein barmherziger Samariter rettete ihn, obwohl Samariter und Juden sich eigentlich hassten.

Jesus wollte anhand dieser Geschichte klarmachen, dass wer auch immer mir begegnet und in Not ist, mein Nächster ist. Hättest du so wie der Samariter gehandelt, wenn du einen Halbtoten am Straßenrand angetroffen hättest? Ich hoffe, dass du nicht einfach an ihm vorübergegangen wärst, so wie der Priester und der Levit.

Die Lehre, die wir aus diesem Gleichnis ziehen sollen, ist nicht, dass wir jedem mit einem Plattfuß helfen müssen, den Reifen zu wechseln – oder dass wir jedem Bettler, den wir antreffen, Geld geben sollen. Gott möchte jedoch, dass du sensibel bist für die Situationen, die dir begegnen, und dass du willens bist zu helfen, wenn du feststellst, dass die Person in Not wahrscheinlich mit keiner anderen Hilfe als der deinigen rechnen kann. Befolge also die goldene Regel: „Alles nun, was ihr wollt, dass euch die Menschen tun sollen, das tut ihr ihnen auch" (Mt 7,12).

NEU PROGRAMMIERT FÜR GERECHTIGKEIT

„In meinem Herzen habe ich dein Wort verwahrt, damit ich nicht gegen dich sündige."
Psalm 119,11

Ein Mann sagte einmal zu mir: „Ich bin zu Christus gekommen, aber da ist immer noch so viel Müll in meinen Gedanken. Wie kriege ich den raus?" Ich antwortete ihm: „In den letzten Jahren wurde deine Festplatte mit Datenmüll aus der Welt gefüllt. Jetzt muss sie neu programmiert werden – alles muss von Grund auf erneuert werden."

Es gibt nur einen Weg, deine Gedanken neu mit Gottes Gerechtigkeit zu programmieren: Du musst sein Wort lesen und studieren. „Das Wort des Christus wohne reichlich in euch; in aller Weisheit lehrt und ermahnt euch gegenseitig! Mit Psalmen, Lobliedern und geistlichen Liedern singt Gott in euren Herzen in Gnade" (Kol 3,16).

Wenn du ein Christ bist und dem Heiligen Geist gehorsam bist, während du das Wort studierst, dann wird deine Gesinnung erneuert werden, so dass Gottes Gerechtigkeit ins Zentrum rückt und du ein Gott wohlgefälliges Leben führen kannst (Röm 12,1-2; Phil 4,8).

Wegkreuzungen

August

DIE GROSSE WAHL

„Erwählt euch heute, wem ihr dienen wollt.“
Josua 24,15

In der Bergpredigt werden wir vor die alles entscheidende Wahl gestellt. Die darin enthaltenen ethischen Wahrheiten segnen diejenigen, die glauben und Christus gehorchen, und richten diejenigen, die ihn verwerfen.

Die geistliche Entscheidung, die du keinesfalls ignorieren oder aufschieben solltest, betrifft deine Errettung. Es gibt einen richtigen Weg, um mit Gott ins Reine zu kommen – und viele falsche Wege. Es stimmt nicht, dass *alle* Wege in den Himmel führen – es gibt nur *einen*. Du musst alle von den Menschen entwickelten Wege, die auf Werksgerechtigkeit basieren, verwerfen und dich voll und ganz auf den von Gott offenbarten Weg verlassen, um in den Himmel zu kommen – glaube an die rettende Gnade, wie wir sie im Sühnetod seines Sohnes finden (Apg 4,12; 1Tim 2,5-6).

ZWEI RELIGIONEN

„Wie lange hinkt ihr auf beiden Seiten?“
1. Könige 18,21

Die Menschheit hielt von jeher zwei Religionssysteme bereit. Eines kommt von Gott und basiert auf seinem gnädigen Wirken. Das andere kommt vom Menschen und basiert auf seinen eigenen guten Werken. Beim einen finden wir souveräne Gnade durch Glauben, beim anderen aus dem Fleisch vollbrachte Menschenwerke. Das eine ist der Ausdruck eines aufrichtigen Herzens, beim anderen finden wir nur Äußerlichkeiten und Heuchelei.

Sogar das Gesetz des Mose, obwohl von Gott selbst gegeben, war kein Mittel zur Errettung. Es sollte den Menschen vielmehr aufzeigen, dass sie Errettung nötig hatten. „Darum: aus Gesetzeswerken wird kein Fleisch vor ihm gerechtfertigt werden; denn durch Gesetz kommt Erkenntnis der Sünde“ (Röm 3,20). Als Jesus kam, lehrte er, dass niemand in der Lage sei, dieses vollkommene Gesetz einzuhalten. Er machte eindeutig klar, dass wir uns für Gnade und Glauben entscheiden müssen anstatt für Gesetz und Werke.

DIE ENGE PFORTE

„Geht hinein durch die enge Pforte."
Matthäus 7,13

Viele Menschen haben die in der Bergpredigt gelehrten Prinzipien bewundert, aber wenige haben sie befolgt. Viele haben in Jesus einen großen Lehrer erkannt und ihn dennoch nie als ihren Herrn und Retter angenommen. Das kommt daher, weil sie es verpasst haben, durch „die enge Pforte" zu gehen – die einzige Pforte, die zum ewigen Leben führt.

Wer den schmalen Weg des Christentums gehen will, muss zuerst durch die enge Pforte, Jesus Christus, gehen. „Ich bin der Weg und die Wahrheit und das Leben. Niemand kommt zum Vater als nur durch mich" (Joh 14,6). Bist du durch die enge Pforte gegangen?

NUR EIN EVANGELIUM

„Und es ist in keinem anderen das Heil."
Apostelgeschichte 4,12

Wenn du anderen bezeugst, dass das Evangelium Jesu Christi das einzige Evangelium, der einzige Weg zu Gott ist, dann verkündigst du nicht nur deine eigene Meinung hinsichtlich der richtigen Religion, sondern die von Gott offenbarte Wahrheit. Du verkündigst das Evangelium Christi nicht einfach, weil du es kennst, weil es deiner Persönlichkeit entspricht oder weil du intolerant oder exklusiv erscheinen willst, sondern weil es der einzige von Gott verordnete Weg zur Errettung von Sünde und ewigem Tod ist.

Du verkündest das Evangelium Jesu als das allein selig machende, weil er gesagt hat: „Ich bin die Tür; wenn jemand durch mich hineingeht, so wird er errettet werden" (Joh 10,9). Du legst dafür Zeugnis ab, weil du mit dem Apostel Paulus übereinstimmst: „Denn einer ist Gott, und einer ist Mittler zwischen Gott und Menschen, der Mensch Christus Jesus" (1Tim 2,5).

Du befindest dich also in bester Gesellschaft und auf sicherem Grund, wenn du den Ungläubigen bezeugst, dass es nur einen einzigen von Gott verordneten Weg zur Errettung gibt.

DURCH DIE PFORTE GEHEN

„Nicht aus Werken, die, in Gerechtigkeit vollbracht, wir getan hätten, sondern nach seiner Barmherzigkeit."
Titus 3,5

Durch die enge Pforte musst du ganz alleine gehen. Eine Vereinzelungsschleuse kommt dem wohl am nächsten. Nur eine Person passt durch – kein Gepäck. Gott hat verordnet, dass man sein Reich nur als Einzelperson betreten kann, nicht als Gruppe. Du kannst nicht im Windschatten deiner Gemeinde, deiner Familie oder deiner Freunde hineinkommen, ganz egal wie gottesfürchtig sie sein mögen.

Die Pforte ist sogar so eng, dass du nicht nur alleine durchgehen musst, sondern auch nackt. Bekleidet mit deiner Sünde und deinem Eigenwillen passt du nicht durch. Ein Liederdichter beschrieb es wie folgt: „Nichts halt ich in Händen, einzig an dein Kreuz mich schmieg." Das ist der Weg des Kreuzes, das Evangelium. Die gute Botschaft ist die enge Pforte und erfordert Selbstverleugnung. Jesus sagte: „Wenn jemand mir nachkommen will, der verleugne sich selbst und nehme sein Kreuz auf und folge mir nach! Denn wenn jemand sein Leben erretten will, wird er es verlieren; wenn aber jemand sein Leben verliert um meinetwillen, wird er es finden" (Mt 16,24-25).

DER REICHE JÜNGLING

„Wie schwer werden die, welche Güter haben, in das Reich Gottes hineinkommen!“
Lukas 18,24

Als sich der reiche Jüngling wegen seiner Errettung an Jesus wandte, prüfte der Herr sofort dessen Bereitschaft, alles aufzugeben, um ihm nachzufolgen: „Verkaufe alles, was du hast, und verteile den Erlös an die Armen, und du wirst einen Schatz in den Himmeln haben, und komm, folge mir nach“ (Lk 18,22). Indem der Jüngling sich Jesu Rat nicht zu Herzen nahm, offenbarte er seinen Unwillen, sich unter die Herrschaft Christi zu stellen.

Wer auch immer gerettet werden will, muss die Herrschaft über sein Leben voll und ganz Christus anvertrauen. Das bedeutet, dass du entweder bereit bist, alles aufzugeben und ihm nachzufolgen, oder dass du zufrieden bist mit all den guten Dingen, die er dir bereits gegeben hat, dir jedoch bewusst bist, dass er dir in seiner Souveränität unter Umständen mehr gibt, als du brauchst, um ihm zu dienen.

Errettung bedeutet, dass du alles, was du bist, eintauschst gegen alles, was Christus ist. Deshalb ist die Errettung auch weit mehr als nur ein Verstandesakt; die Kosten werden überschlagen (Lk 14,28), gefolgt von einem demütigen Rufen zu Gott, wie wir das beim Zöllner in Lukas 18,13 sehen: „Gott sei mir Sünder gnädig.“

Überschlägst du die Kosten täglich?

KINDLICHE ABHÄNGIGKEIT

„Wahrlich, ich sage euch, wenn ihr nicht umkehrt und werdet wie die Kinder, so werdet ihr keinesfalls in das Reich der Himmel hineinkommen.“
Matthäus 18,3

Wenn wir von echter Errettung sprechen, werden wir an den treffenden Vergleich, den Jesus mit den kleinen Kindern machte, erinnert. Um gerettet zu werden, musst du dich Jesus mit einer Haltung der Abhängigkeit und der Hoffnung eines Kindes nahen: einfach, hilflos, vertrauensvoll, ungekünstelt, nicht anmaßend und ohne Ambitionen.

Nicht dass die Kinder sündlos wären, aber sie sind naiv und unvoreingenommen, abhängig von anderen und frei von Ambitionen, sich selbst verwirklichen zu wollen. Gerne nehmen sie die Fürsorge der Eltern und anderer nahe stehender Personen an und vertrauen darauf, dass für sie gesorgt sein wird. Diese demütige und abhängige Haltung muss jeder mitbringen, der in das Reich Gottes hineinkommen möchte.

BUSSE IST KEINE OPTION

„Tut Buße und glaubt an das Evangelium!“
Markus 1,15

Wer durch die enge Pforte gehen will, muss Buße tun. Viele Juden zur Zeit Jesu dachten, dass ihre leibliche Abstammung von Abraham ausreiche, um in den Himmel zu kommen. Ebenso meinen heute viele Menschen, dass sie errettet würden, weil sie zur Kirche gehen und ein moralisch hoch stehendes Leben führen. „Schließlich ist Gott ja so nett und wohlwollend, dass er niemanden vom Himmel ausschließen will, mit Ausnahme der wirklich bösen Menschen“, meinen sie.

Gewiss möchte Gott, dass alle durch die enge Pforte gehen, „da er nicht will, dass irgendwelche verloren gehen, sondern dass alle zur Buße kommen“ (2Petr 3,9), aber du wirst nicht durch die enge Pforte gehen, es sei denn du nimmst dir Charles Spurgeons Ermahnung zu Herzen: „Du musst dich von deinen Sünden trennen, oder du wirst nie zu Gott kommen können. Keine einzige Sünde darf dir anhaften; du musst sie alle aufgeben. Sie müssen wie die kanaanitischen Könige aus der Höhle geführt und in der Sonne aufgehängt werden.“

DAS BUSSFERTIGE LEBEN

„So ist auch der Glaube, wenn er keine Werke hat, in sich selbst tot.“
Jakobus 2,17

Wenn du dich von deinen Sünden getrennt und dich Gott und seiner Gerechtigkeit zugewandt hast, dann *wird* sich dein Leben verändern. Das Thema des ersten Johannesbriefs lautet: Wer wirklich zu den Erlösten zählt, wird anhand eines eindeutig veränderten Lebens klar erkennbar. „Wer aber sein Wort hält, in dem ist wahrhaftig die Liebe Gottes vollendet. Hieran erkennen wir, dass wir in ihm sind. Wer sagt, dass er in ihm bleibe, ist schuldig, selbst auch so zu wandeln, wie er gewandelt ist“ (1Jo 2,5-6).

Wer behauptet, Buße und ein bußfertiges Leben seien keine notwendigen Bestandteile der guten Botschaft, der redet von einem anderen Evangelium, und nicht von dem, welches Jesus predigte. Solch ein Evangelium der Selbstzufriedenheit und Selbstgerechtigkeit ist von der Welt, aber bestimmt nicht von Gott.

DER SCHMALE WEG

„Denn eng ist die Pforte und schmal der Weg, der zum Leben führt, und wenige sind, die ihn finden.“
Matthäus 7,14

Hinter der engen Pforte findest du einen ebenso schmalen Weg vor, den Weg des gerechten Lebens. Im Gegensatz dazu führt die weite Pforte auf den breiten Weg der Gleichgültigkeit und des ungerechten Lebensstils.

Es gab da einmal einen Mann aus der Karibik, der den Islam dem Christentum vorzog. Der Islam bot ihm einen „noblen und breiten Weg an. Da ist genügend Platz für einen Mann samt all seinen Sünden. Der Weg Christi hingegen ist viel zu schmal.“ Unglücklicherweise haben heute viele Christen kein so klares Bild von der Lage wie dieser ungläubige Muslim. Sie verstehen oder akzeptieren Jesu Definition des schmalen Weges nicht, er ist eben mühselig und anspruchsvoll. Er erfordert Selbstverleugnung und großen Einsatz. Wenn du so ein Leben führst, dann gilt dir folgende Aufforderung: „Kämpfe den guten Kampf des Glaubens; ergreife das ewige Leben, zu dem du berufen worden bist und bekannt hast das gute Bekenntnis vor vielen Zeugen“ (1Tim 6,12).

DER LASTENTRÄGER

„Mein Joch ist sanft, und meine Last ist leicht.“
Matthäus 11,30

Jesus beschreibt sich selbst als „sanftmütig und von Herzen demütig“ (Mt 11,29); deshalb gibt er all denen, die sich ihm unterordnen und sein Werk tun, Ruhe – und nicht Mühsal. Christus ist für uns nicht nur zum Erlöser geworden, er trägt auch unsere Last. Er hilft dir, all deine Lasten zu tragen, einschließlich der Last des Gehorsams.

Jesus wird dir nie eine Last zu tragen geben, die zu schwer ist. Sein Joch hat nichts mit den Forderungen des Gesetzes oder mit Menschenwerken zu tun. Stattdessen fördert es den Gehorsam ihm gegenüber. Er möchte das Gehorchen für dich zu einer erfreulichen und frohen Erfahrung machen. Danke Gott, dass er in der Person seines Sohnes für einen so gnädigen Lastenträger gesorgt hat.

ERNSTHAFTIGKEIT DER JÜNGERSCHAFT

„Denn wer unter euch, der einen Turm bauen will, setzt sich nicht vorher hin und berechnet die Kosten, ob er das Nötige zur Ausführung habe?“
Lukas 14,28

Du kannst nichts bezahlen, um dir die Errettung zu verdienen; dennoch ist ein Leben in der Nachfolge Christi eine ernste Sache. Christsein bedeutet, auf seine Kraft zu vertrauen anstatt auf deine eigene und deine Pläne den seinigen unterzuordnen. Es kann sein, dass du verfolgt oder ausgelacht wirst und vielleicht auch durch viel Leid gehen musst. Jesus warnte seine Jünger: „Wenn sie mich verfolgt haben, werden sie auch euch verfolgen“ (Joh 15,20).

Gleichzeitig mit dieser Warnung bezüglich der Kosten versicherte er ihnen jedoch auch große Freude in ihren Herzen: „Und euer Herz wird sich freuen, und eure Freude nimmt niemand von euch“ (Joh 16,22). Er tröstet seine Nachfolger mit den Worten: „In der Welt habt ihr Bedrängnis; aber seid guten Mutes, ich habe die Welt überwunden“ (Joh 16,33). Du wirst vor den Schwierigkeiten, die die Nachfolge Christi mit sich bringt, nicht verschont bleiben, aber Christus hilft dir, mit ihnen richtig umzugehen.

WEISHEIT FÜRS LEBEN

„Bittet, und es wird euch gegeben werden; sucht, und ihr werdet finden; klopft an, und es wird euch geöffnet werden! Denn jeder Bittende empfängt, und der Suchende findet, und dem Anklopfenden wird aufgetan werden."
Matthäus 7,7-8

Gottes Weisheit zu besitzen, zählt mit zu unseren größten Bedürfnissen. Sie hilft uns, in unserem Christenleben kluge Entscheidungen zu treffen – Gottes Wege zu wählen und die Wege der Welt zu verwerfen.

Wir finden in der Bibel wohl eine Menge von Geboten und Prinzipien für ein frommes Leben, doch ist sie kein Handbuch, das uns für jede erdenkliche Situation eine maßgeschneiderte Lösung präsentiert. Das würde den Rahmen sprengen und würde uns davon abhalten, direkt aus der Abhängigkeit Gottes heraus zu leben. Er will, dass wir täglich in seinem Wort forschen, um seine Prinzipien für ein gottseliges Leben zu erkennen und damit wir Weisheit zum Gebet haben und um seine Führung bitten, wenn es schwierige Entscheidungen zu treffen gilt.

Der Herr offenbart in der Schrift einerseits genug Wahrheit, so dass wir verantwortlich handeln können; andererseits gibt es so viele Geheimnisse, dass wir ihn immer wieder im Gebet suchen müssen: „Wenn aber jemand von euch Weisheit mangelt, so bitte er Gott, der allen willig gibt und keine Vorwürfe macht, und sie wird ihm gegeben werden" (Jak 1,5).

DIE RICHTIGE GRUPPE

„Wenige sind es, die ihn finden."
Matthäus 7,17

Wer von Gott gezogen wird, durch die enge Pforte zu gehen und auf dem schmalen Weg zu marschieren, befindet sich in der richtigen geistlichen Gruppe. Zur falschen Gruppe zählen alle Heiden, Namenschristen, Atheisten, oberflächlichen Religionsanhänger, Namenstheisten, säkularen Humanisten und Menschen von jedem ethnischen und wirtschaftlichen Hintergrund, die keinen rettenden Glauben an Jesus Christus besitzen. Sie gehen durch die weite Pforte und sind auf dem breiten Weg unterwegs in die ewige Verdammnis.

Jesus sagte: „Denn viele sind Berufene, wenige aber Auserwählte" (Mt 22,14). Die richtige Gruppe ist nicht so klein, weil die Pforte zu eng oder der Weg zu schmal ist. Es gibt so wenig Gläubige, weil viele nicht Buße für ihre Sünden tun wollen und Jesus Christus als Retter ablehnen. Sie ziehen es vor, in Dunkelheit zu sterben (s. Joh 3,19).

Jeder, der zu Jesus Christus kommen möchte, kann das mit der Hilfe Gottes tun: „Alles, was mir der Vater gibt, wird zu mir kommen, und wer zu mir kommt, den werde ich nicht hinausstoßen" (Joh 6,37). Wer kommt, wird auf immer und ewig in der richtigen Gruppe sein.

ACHTUNG, FALSCHE PROPHETEN!

„Es werden aber falsche Christusse und falsche Propheten aufstehen und werden Zeichen und Wunder tun, um, wenn möglich, die Auserwählten zu verführen."
Markus 13,22

Seit Beginn der Erlösungsgeschichte gab es falsche Propheten (5Mo 13,1-5), und sie haben immer irgendwo ein offenes Ohr gefunden. In seiner Rede auf dem Ölberg warnt Jesus: „Seht zu, dass euch niemand verführe! Denn viele werden unter meinem Namen kommen ... und sie werden viele verführen" (Mt 24,4-5). Jahre später schreibt der Apostel Johannes in seinem Brief: „Denn viele Verführer sind in die Welt hinausgegangen" (2Jo 7).

Falsche Propheten konnten sich immer einer gewissen Beliebtheit erfreuen, da viele Menschen die Wahrheit nicht hören wollen. Johannes ermahnt seine Leser deshalb: „Geliebte, glaubt nicht jedem Geist, sondern prüft die Geister, ob sie aus Gott sind! Denn viele falsche Propheten sind in die Welt hinausgegangen" (1Jo 4,1).

WAS IST EIN FALSCHER PROPHET?

„An ihren Früchten werdet ihr sie erkennen."
Matthäus 7,16

Die gefährlichste Eigenschaft falscher Propheten ist, dass sie behaupten, von Gott zu kommen und in seinem Namen zu reden. „Die Propheten weissagen falsch, und die Priester herrschen auf eigene Faust, und mein Volk liebt es so" (Jer 5,31).

Solche Leiter haben meistens ein angenehmes und positives Auftreten. Sie lieben die Gemeinschaft mit Christen und verstehen es nur zu gut, wie Gläubige zu reden und sich auch so zu benehmen.

Falsche Propheten strahlen nicht selten eine gewisse Aufrichtigkeit aus, was es ihnen erleichtert, andere zu verführen (s. 2Tim 3,13). Du kannst falsche Propheten jedoch anhand dessen entlarven, worüber sie nicht viel sprechen. Meistens *leugnen* sie die Grundwahrheiten biblischer Lehre wie z.B. Jesu Gottheit, sein stellvertretendes Sühneopfer, die Sündhaftigkeit des Menschen oder dass die Ungläubigen in die Hölle kommen werden, *nicht*. Sie ignorieren solche „widersprüchlichen" Wahrheiten einfach.

Wann immer ein falscher Prophet auftaucht, darfst du jedoch seine Gegenwart und den schädlichen Einfluss seiner Irrlehren nicht ignorieren.

MASSNAHMEN ANGESICHTS FALSCHER PROPHETEN

„Hütet euch vor den falschen Propheten, die in Schafskleidern zu euch kommen! Inwendig aber sind sie reißende Wölfe.“
Matthäus 7,15

In seinem kurzen Brief warnt Judas eindringlich vor falschen Propheten und klärt uns auf, wie wir mit ihnen umgehen sollen. „Erhaltet euch in der Liebe Gottes“ (Jud 21). Im Umgang mit falschen Propheten ist es vor allem wichtig, dass unsere persönliche Beziehung zu Gott in Ordnung ist, so dass wir Gemeinschaft mit ihm pflegen und seine Segnungen und Kraft empfangen können. Dann können wir uns denjenigen, „die zweifeln, erbarmen“ (Jud 22) – Gläubige, die auf Grund des Einflusses falscher Lehrer an ihrem Glauben zweifeln, brauchen Zuspruch.

Eine weitere Maßnahme könnte sein, „sie zu retten, indem wir sie aus dem Feuer reißen“ (Jud 23) – von falschen Lehrern verführte Ungläubige müssen vor der Hölle gerettet werden, bevor es zu spät ist.

Zum Abschluss finden wir im Judasbrief noch einen weiteren Rat: „Den anderen aber erbarmt euch mit Furcht, indem ihr sogar das vom Fleisch befleckte Kleid hasst“ (Jud 23). Manchmal ist es notwendig, falsche Lehrer und ihre Anhänger direkt zu konfrontieren. Dabei müssen wir aber sehr vorsichtig vorgehen und uns davor hüten, durch ihre falschen Lehren nicht selbst infiziert zu werden. Solch ein Schritt muss in absoluter Abhängigkeit vom Herrn getan werden.

FALSCHES VON ECHTEM UNTERSCHEIDEN

„So bringt jeder gute Baum gute Früchte, aber der faule Baum bringt schlechte Früchte.“
Matthäus 7,17

Die *Didache,* eine der frühesten christlichen Handschriften nach dem Neuen Testament, gibt uns mehrere Anhaltspunkte, um uns zu helfen, falsche Propheten von echten zu unterscheiden.

1) Ein wahrer Prophet wird seinen Aufenthalt nicht unnötig in die Länge ziehen, sondern zeitig weiterziehen, um seinen Dienst und Auftrag zu erfüllen.

2) Im Gegensatz zu den falschen Propheten wird ein echter auf Spendenaufrufe verzichten. Er begnügt sich damit, seinen Lebensunterhalt und seinen Dienst bestreiten zu können.

3) Das Leben eines wahren Propheten wird mit dem, was er selbst lehrt, im Einklang stehen, während falsche Propheten oft Wasser predigen und selbst Wein trinken.

Ein wahrer Diener des Evangeliums weist folgendes Erkennungsmerkmal auf: „Denn wir treiben keinen Handel mit dem Wort Gottes wie die meisten, sondern wie aus Lauterkeit, sondern wie aus Gott reden wir vor Gott in Christus“ (2Kor 2,17).

GEISTLICHE FRUCHT BEURTEILEN

„Ein guter Baum kann nicht schlechte Früchte bringen, noch kann ein fauler Baum gute Früchte bringen.“
Matthäus 7,18

Ein Obstbaum mag nett und dekorativ aussehen und im Sommer angenehm Schatten spenden, doch seine Hauptaufgabe besteht darin, Frucht zu tragen. Folglich wird er auch anhand des Ertrags und nicht anhand seiner Erscheinungsform beurteilt. Das trifft auch auf Menschen zu, die behaupten, Kinder Gottes zu sein. Sie werden anhand ihres Lebens beurteilt und nicht nur anhand ihres Auftretens oder ihrer Worte.

Manchmal schaffen es falsche Propheten sogar, echte Christen zu täuschen. Wenn du dem Wort Gottes keine Aufmerksamkeit mehr schenkst, träge wirst in deinem Gebetseifer und das Reich Gottes dir gleichgültig ist, dann ist das Risiko groß, dass du einem gewitzten, sympathischen Lehrer, der es versteht, mit Worten umzugehen, und den Anschein von Rechtgläubigkeit verbreitet, auf den Leim gehst.

Deshalb ist es von entscheidender Bedeutung, dass du wachsam und gut vorbereitet bist. Schlechte Früchte von schlechten Bäumen sind schlicht und einfach nicht akzeptabel, egal wie gut sie auch erscheinen mögen. Sie müssen einer sorgfältigen Qualitätskontrolle unterzogen werden (s. Hebr 5,14). Für den reifen Christen stellen Jesu Worte „An ihren Früchten werdet ihr sie erkennen“ (Mt 7,20) jedoch einen sicheren Anker dar. Wenn du genau hinschaust, gibt es keinen Grund, der Täuschung zu erliegen.

ECHTE FRUCHT TRAGEN

„Bringt nun der Buße würdige Früchte."
Lukas 3,8

Dein Charakter, deine innersten Beweggründe und Überzeugungen, deine Treue und deine Ambitionen werden früher oder später anhand deiner Worte und Taten offenbar. Gute Werke werden dich nicht retten, aber jeder Gläubige ist errettet, um gute Werke zu tun. „Denn wir sind sein Gebilde, in Christus Jesus geschaffen zu guten Werken, die Gott vorher bereitet hat, damit wir in ihnen wandeln sollen" (Eph 2,10, s. auch Gal 5,22-23; Kol 1,10).

Als Gläubige können wir Frucht tragen, weil Jesus uns hilft und es uns ermöglicht. Der Apostel Paulus spricht davon, dass wir „erfüllt [sind] mit der Frucht der Gerechtigkeit, die durch Jesus Christus gewirkt wird" (Phil 1,11). Andererseits werden bei den Ungläubigen (das gilt auch für die Namenschristen) die schlechten Früchte, die das unausweichliche Resultat ihres nicht wiedergeborenen Herzens sind, früher oder später offenbar werden.

Wenn du Frucht trägst, wirst du in den folgenden von Petrus erwähnten Gebieten Wachstum erfahren: Glaube, Tugendhaftigkeit, Erkenntnis, Selbstbeherrschung, Ausharren, Gottseligkeit, Bruderliebe und Liebe (2Petr 1,5-9).

FALSCHE GLAUBENSBEKENNTNISSE VERMEIDEN

„Denn es wird eine Zeit sein, da sie die gesunde Lehre nicht ertragen... du aber sei nüchtern in allem!“
2. Timotheus 4,3-5

Der Prophet Jesaja gibt uns einen hilfreichen Rat, um falsche Lehre zu enttarnen: „Hin zur Weisung und zur Offenbarung! Wenn sie nicht nach diesem Wort sprechen, dann gibt es für sie keine Morgenröte (Jes 8,20). Irrlehren und falsche Glaubensbekenntnisse können einer Prüfung im Licht der Schrift nicht standhalten.

Falsche Glaubensbekenntnisse fordern nie dazu auf, durch die enge Pforte Christus oder auf dem schmalen Weg zu gehen. Auf den ersten Blick mag ihr Inhalt den Anschein der Rechtgläubigkeit erwecken oder sogar wahren Glauben fordern. Letztendlich basiert die Rettung dann aber doch auf menschlichen Werken und Anstrengungen. Der Umfang und das Ausmaß der Sünde sowie die absolute Verdorbenheit des Menschen werden nie richtig aufgezeigt. Folglich wird auch keine echte Buße, Vergebung und Unterordnung unter die Herrschaft Christi gefordert.

Falsche Glaubensbekenntnisse sind voll von Lücken, und die größte dieser Lücken ist das Weglassen der rettenden Wahrheit des Evangeliums.

FALSCHE SICHERHEIT

„Nicht jeder, der zu mir sagt: Herr, Herr! wird in das Reich der Himmel hineinkommen, sondern wer den Willen meines Vaters tut, der in den Himmeln ist."
Matthäus 7,21

Das Neue Testament gibt einen sehr strengen Maßstab vor, anhand dessen die Echtheit unseres Christseins ermittelt werden kann. Im selben Atemzug wird auch vor der Selbsttäuschung im Hinblick auf die Errettung gewarnt.

Einer der Gründe für Selbsttäuschung ist ein falsches Verständnis der Lehre von der Heilsgewissheit. Viele Menschen werden von wohlmeinenden Christen in die Irre geführt, die ihnen erzählen, man müsse sich einfach nur für Christus entscheiden, um gerettet zu werden. Auf Grund dieses Entscheidungsgebets, so meinen sie, soll zukünftig kein Anlass mehr bestehen, die Echtheit der Errettung anzuzweifeln.

Leider versuchen solche Evangelisten, den Menschen eine Heilsgewissheit losgelöst vom Wirken des Heiligen Geistes und den geistlichen Früchten, die sich in der Zukunft einstellen sollten und das Ergebnis des Gehorsams gegenüber dem Wort Gottes sind, zu vermitteln (Joh 8,31). Allein Gott kann in uns Heilsgewissheit bewirken, indem der Geist durch das Wort an und in uns wirkt (s. Röm 8,14-16).

GEISTLICHE SELBSTPRÜFUNG

„Prüft euch!“
2. Korinther 13,5

Viele Menschen, die vorgeben, Christen zu sein, gehen durchs Leben mit einer Haltung der Gleichgültigkeit gegenüber ihren Sünden. Doch der Herr fordert uns auf, uns jedes Mal zu prüfen, wenn wir zum Tisch des Herrn kommen (1Kor 11,28). Der Apostel Paulus ermahnte die Gemeinde in Korinth: „Prüft euch, ob ihr im Glauben seid, untersucht euch“ (2Kor 13,5). Wenn du das regelmäßig und mit der richtigen inneren Einstellung tust, kannst du deine Motivation und dein Verlangen, Gott zu gefallen, immer wieder neu auf ihn ausrichten, auch wenn du seinem Maßstab oft nicht gerecht wirst (s. Röm 7,14-25).

TÄUSCHUNG VERMEIDEN

„Viele werden an jenem Tage zu mir sagen: Herr, Herr! Haben wir nicht durch deinen Namen geweissagt und durch deinen Namen Dämonen ausgetrieben und durch deinen Namen viele Wunderwerke getan?“
Matthäus 7,22

Am besten schützt man sich vor geistlichem Selbstbetrug, indem man um die religiösen Stolpersteine weiß und sie meidet. Dazu zählt ein Übermaß an religiösen Aktivitäten wie z.B. Gottesdienstbesuche, Bibelstunden, Anhören von Predigten und Singen von Liedern. Diese Dinge sind an und für sich sehr gut, doch aus der falschen Motivation heraus getan, können sie uns davon abhalten, den Gott, dem wir eigentlich dienen möchten, näher kennen zu lernen.

Dann ist da auch ein oberflächliches Vertrauen in vergangene zeremonielle Akte und Erfahrungen. Nur weil du als Kind getauft wurdest, zur Sonntagsschule gingst, vielleicht ab und zu auf ein Jugendlager fuhrst oder gar Gemeindemitglied geworden bist, bedeutet das noch lange nicht, dass du jetzt vor Gott gerecht geworden bist.

Zu guter Letzt ist da auch noch das Streben nach intellektueller Erkenntnis um seiner selbst willen. Vielleicht fühlst du dich einer bestimmten Denomination und ihren Traditionen verpflichtet oder zeigst großes akademisches Interesse für die Theologie. Das ist jedoch alles nutzloser Kram, wenn du nicht Christus ähnlicher werden und seinem Wort mehr gehorchen möchtest.

FALSCHES UND ECHTES BEKENNTNIS

„Was nützt es, meine Brüder, wenn jemand sagt, er habe Glauben, hat aber keine Werke? Kann etwa der Glaube ihn erretten?“
Jakobus 2,14

Ein guter Baum kann nicht nur, sondern *wird* auch gute Früchte tragen. Wer hingegen vorgibt, ein guter Baum (Christ) zu sein, ohne dass er gute Früchte hervorbringt, der gehört nicht zum Leib Christi. Echte Christen können gemeinsam mit Jakobus bezeugen: „So ist auch der Glaube, wenn er keine Werke hat, in sich selbst tot. Es wird aber jemand sagen: Du hast Glauben, und ich habe Werke. Zeige mir deinen Glauben ohne Werke, und ich werde dir aus meinen Werken den Glauben zeigen“ (Jak 2,17-18).

DER FESTE GRUND

„Jeder nun, der diese meine Worte hört und sie tut, den werde ich mit einem klugen Mann vergleichen, der sein Haus auf den Felsen baute."
Matthäus 7,24

Ein weiser Mann wird sein Haus auf Fels bauen. Der Fels, von dem Jesus hier spricht, ist das Wort Gottes, die Bibel. Auf Fels zu bauen, ist gleichzusetzen mit dem Hören des Wortes Gottes und Gehorsam, d.h. dass unser Leben mit der Schrift übereinstimmt.

Nachdem Petrus bezeugte: „Du bist der Christus, der Sohn des lebendigen Gottes", antwortete Jesus ihm: „Glückselig bist du, Simon, Bar Jona; denn Fleisch und Blut haben es dir nicht geoffenbart, sondern mein Vater, der in den Himmeln ist. Aber auch ich sage dir: Du bist Petrus, und auf diesem Felsen werde ich meine Gemeinde bauen" (Mt 16,16-18). Jesus benutzt hier für *Fels* denselben Begriff wie in Mt 7,24. Der Fels ist der Grundstein der Offenbarung Gottes, sein Wort. Die Führung, die Petrus von Gott empfing, war so fest und gewiss wie ein Fels in der Brandung – jedes wahre Christenleben darf und muss einzig und allein auf diesem Fels gegründet sein.

DAS AUF FELS GEBAUTE HAUS

„Und es fiel nicht, denn es war auf den Felsen gegründet.“
Matthäus 7,25

Das auf Fels gebaute Haus steht für ein Leben im Gehorsam, ein Leben, das sich selbst und die Welt von einem geistlichen Standpunkt aus betrachtet, so wie es in der Bergpredigt beschrieben wird. Es ist die Art von Leben, die sich mehr um die innere Gerechtigkeit sorgt als um die äußere Form. Es geht um Aufrichtigkeit im Gegensatz zu Heuchelei und um Gottes Gerechtigkeit im Gegensatz zu Selbstgerechtigkeit.

Das auf Fels gebaute Haus beschreibt einen Menschen, der Stolz und Werksgerechtigkeit abgelegt hat und stattdessen demütig Buße tut über seine Sünde. Ein solcher Mensch streckt sich mit Hilfe des Heiligen Geistes danach aus, durch die enge Pforte der Errettung zu gehen, um treu dem schmalen Weg Christi und seines Wortes zu folgen. Wer sein Leben auf Fels gebaut hat, vertraut dem Willen Gottes und setzt seine Hoffnung ganz auf sein Wort.

Worauf hoffst du, und worin hast du dein Vertrauen gesetzt?

DAS AUF SAND GEBAUTE HAUS

„Und jeder, der diese meine Worte hört und sie nicht tut, der wird mit einem törichten Mann zu vergleichen sein, der sein Haus auf den Sand baute.“
Matthäus 7,26

Das auf Sand gebaute Haus steht für ein geistliches Leben, das auf menschliche Meinungen und Haltungen gegründet ist und dem unsteten, ständig wechselnden Willen des Menschen unterworfen ist. Wenn du dein Leben darauf baust, dann hast du auf Eigenwilligkeit, Selbstgenügsamkeit, Selbstgerechtigkeit, Eigennutzen und Selbsterfüllung gebaut. Wer sich für den Sand entscheidet, hat sein Leben auf falsche Lehren gebaut und wird nicht errettet werden – „immer lernend und niemals zur Erkenntnis der Wahrheit kommend“ (2Tim 3,7).

Sei nicht einer von denen, die sich schnell und leichtsinnig dazu hinreißen lassen, ihr Haus auf dem Sand der trügerischen Hoffnungen dieser Welt zu bauen, sondern halte dir vielmehr die reiche geistliche Belohnung vor Augen, die auf all diejenigen wartet, die sich weise entschieden haben und ihr Haus auf dem festem Grund des Wortes Gottes gebaut haben.

DER WEISE BAUHERR

„Er ist einem Menschen gleich, der ein Haus baute, grub und vertiefte und den Grund auf den Felsen legte.“
Lukas 6,48

Geistliche Weisheit erkennt man daran, dass jemand – ein echter Christ – sein Leben und die damit verbundene Verantwortung sorgfältig wahrnimmt, weil er sich der Größe der Sache bewusst ist. Er oder sie gibt sich nicht mit einem oberflächlichen Glaubensleben, fadenscheinigen Methoden und vermeintlichen Abkürzungen zum Erfolg (wie es bei falschen Religionen oft der Fall ist) zufrieden.

Im Bewusstsein dessen, dass Gott alle Ehre, Lob und Anbetung gebührt, wird der weise Bauherr vollen Einsatz leisten und sein Äußerstes im Dienst für den Herrn geben. Er ist sich darüber im Klaren, dass echter Dienst der Liebe zum Herrn entspringt, und nichts mit Zwang oder Furcht zu tun hat. Sei also ein fröhlicher und weiser Arbeiter im Reich deines Gottes.

AUTORITATIVES LEHREN

„Da erstaunten die Volksmengen sehr über seine Lehre, denn er lehrte sie wie einer, der Vollmacht hat, und nicht wie ihre Schriftgelehrten."
Matthäus 7,28-29

Neben vielen anderen Tatsachen waren Jesu Zuhörer immer wieder darüber erstaunt, dass er ein Lehrer mit Autorität war. Das Wort, das im Neuen Testament am meisten für „Vollmacht" oder „Autorität" gebraucht wird, beschreibt Macht und Vorrangstellung, wodurch Jesu Souveränität verdeutlicht werden soll.

Im Gegensatz zu Jesus mussten die Schriftgelehrten sich auf Zitate Dritter berufen, um ihrer Rede Autorität zu verleihen. Unser Herr brauchte nur das Wort Gottes zu zitieren, und sein Reden stellte die letztgültige Autorität hinsichtlich der Wahrheit dar. Er verkündigte ewige Wahrheit auf eine einfache, direkte und kraftvolle Weise, jedoch gepaart mit Liebe und Barmherzigkeit. Das erstaunte seine Zuhörer – und auch du solltest zutiefst beeindruckt sein.

DIE LETZTENDLICHE ANTWORT

„Der Herr ... will nicht, dass irgendwelche verloren gehen, sondern dass alle zur Buße kommen."
2. Petrus 3,9

Erstaunen ist eine angemessene und unvermeidbare Reaktion auf die Worte und Lehren Jesu. Erstaunen oder tiefes Ergriffensein sollte jedoch nicht alles sein, was sie bei uns hervorrufen. Letztendlich lehrte Jesus mit dem Ziel, uns zum Glauben und Gehorsam zu führen. Er hat die Wahrheit nicht dargelegt, damit wir einfach darüber staunen oder besser informiert sind. Er lehrte, damit wir errettet würden.

Oft reagieren die Menschen, indem sie Jesu Worte und Taten in Erwägung ziehen, sie aber nicht persönlich in ihr Herz aufnehmen. Wie steht es mit deiner Reaktion?

Sicherheit

September

EWIGE HEILSSICHERHEIT

„Und ich gebe ihnen ewiges Leben, und sie gehen nicht verloren in Ewigkeit, und niemand wird sie aus meiner Hand rauben.“
Johannes 10,28

In unserem heutigen Vers finden wir die wunderbare Zusicherung unseres Herrn, dass unsere Errettung in ihm in Ewigkeit sicher ist. Auch die ersten drei Worte aus Römer 8,23 – „Wir wissen aber“ – vergewissern uns mit absoluter Sicherheit, dass wir unsere Errettung nie verlieren werden – dafür verbürgt sich auch der Heilige Geist.

Mittels der von Gott offenbarten Autorität versichert der Apostel Paulus der Gemeinde in Rom und uns, dass unsere Errettung über alle Zweifel erhaben und in Gottes Hand sicher ist. Während du ihm nachfolgst, wird er seine Herrlichkeit in deiner Errettung offenbaren und dich in der Heiligung voranbringen, so dass alles zu deinem Besten dienen wird.

2. September

GOTT IST DER BÜRGE

„Mein Vater, der sie mir gegeben hat, ist größer als alle, und niemand kann sie aus der Hand meines Vaters rauben.“
Johannes 10,29

Es ist traurig, aber wahr, dass es in der Geschichte der Gemeinde, und auch heute noch, immer wieder Menschen gab und gibt, die es ablehnen, dass ihre Heilssicherheit in Gott eine ewige Realität ist. Die Ablehnung dieser Tatsache ist auf die fälschliche Annahme zurückzuführen, dass Gott und Mensch bei der Errettung zusammenarbeiten würden. Diese Argumentation geht davon aus, dass Gott seinen Teil der Aufgabe zwar gewiss erfüllen wird, doch der Mensch könnte unter Umständen versagen, seinen eigenen Teil zu erfüllen.

Glaube doch einfach, was die Schrift zum Thema Errettung lehrt – dass sie einzig und allein in der Souveränität Gottes begründet ist – und du wirst dich der Heilssicherheit erfreuen können. Wenn die Errettung ganz und gar ein Werk Gottes ist, dann kannst du getrost sein, dass er sich dafür verbürgt. Wer ein wahres Kind Gottes ist, wird sein Bürgertum in Himmel nie verlieren. Wenn du also ein Kind Gottes bist, dann darfst du Christi Worten von ganzem Herzen vertrauen: „Niemand kann sie aus der Hand meines Vaters rauben.“

GRENZENLOSE SICHERHEIT

„Daher kann er die auch völlig erretten, die sich durch ihn Gott nahen.“
Hebräer 7,25

Das Maß deiner Sicherheit als Gläubiger ist absolut grenzenlos und gewiss. Der Ausdruck *„völlig“ erretten* bedeutet wortwörtlich „vollkommen“ oder „für immer erretten“. Die Sicherheit der Errettung ist allumfassend, grenzenlos und vorbehaltlos.

Der unfehlbare Erlass des Vaters hinsichtlich der Heilssicherheit der Christen wurde durch das gnadenvolle Werk seines Sohnes am Kreuz von Golgatha besiegelt (s. 1Jo 2,1). Sie ist so gewaltig und wirksam, dass sie dich durch dein gesamtes Erdenleben hindurchträgt, bis du in der Gegenwart des Herrn bist. Im Judasbrief finden wir diesen ermutigenden Zuspruch, der auch dir gilt: „Dem aber, der euch ohne Straucheln zu bewahren und vor seine Herrlichkeit tadellos mit Jubel hinzustellen vermag“ (Jud 24).

4. September

GOTTES VORSEHUNG

„Wir wissen aber, dass denen, die Gott lieben, alle Dinge zum Guten mitwirken.“
Römer 8,28

Gott wendet regelmäßig und beständig alle Dinge, die sich in unserem Christenleben ereignen – selbst die vermeintlich schlimmsten Umstände und Begebenheiten, die er zuließ – zu unserem Besten. Dazu sagt man: Gottes Vorsehung in Aktion.

Egal wie deine Umstände auch sein mögen – glücklich, wohlhabend und zufrieden; oder traurig, schmerzvoll, leidvoll und schwierig – letztendlich macht Gott, dass alle Dinge dir zum Guten und zum Segen mitwirken.

In seiner Vorsehung benutzt Gott „alle Dinge“, sowohl böse und unvorteilhafte als auch gute und hilfreiche Umstände, um dich so umzugestalten, wie er dich haben will. Wenn du mit dem Leben zu kämpfen hast, dann erinnere dich daran, was Gott dem Apostel Paulus versprach: „Meine Gnade genügt dir, denn meine Kraft kommt in Schwachheit zur Vollendung“ (2Kor 12,9). Dieses Versprechen gilt auch dir.

WANN KOMMT DAS GUTE?

„Alle Pfade des Herrn sind Gnade und Treue denen, die seinen Bund und seine Zeugnisse bewahren.“
Psalm 25,10

Nachdem Gott die Israeliten aus der Sklaverei Ägyptens befreit hatte, war er ihr ständiger Führer und Begleiter auf ihrer beschwerlichen Reise durch die Wüste Sinai. Mose rief ihnen ins Gedächtnis: „…der dich wandern ließ in der großen und schrecklichen Wüste, wo feurige Schlangen und Skorpione sind, in dem dürren Land, wo kein Wasser ist… um dich zu demütigen und um dich zu prüfen, damit er dir am Ende wohl tue“ (5Mo 8,15-16).

Dieses und viele weitere Beispiele veranschaulichen, dass Gott oft das Gute, das er den Seinen verheißen hat, für eine bestimmte Zeit zurückhält. Gewiss hat Gott sie nicht vierzig Jahre lang durch schwere Prüfungen gehen lassen, damit es mit ihnen ein böses Ende nehmen würde. Nein, er bewirkte das Gute, auch wenn der Weg dahin mit Zucht und Läuterung gepflastert war.

Auch als Christen müssen wir uns auf zeitlich beschränkte Bedrängnisse gefasst machen. Oft sind sie die Vorboten der Herrlichkeit, die Gott für uns bereithält. Paulus erinnert uns: „Denn das schnell vorübergehende Leichte unserer Bedrängnis bewirkt uns ein über die Maßen überreiches, ewiges Gewicht von Herrlichkeit“ (2Kor 4,17).

6. September

DIE GÜTE DER KRAFT GOTTES

„Der HERR ist langsam zum Zorn und groß an Kraft."
Nahum 1,3

Gottes Kraft, eines seiner Hauptwesensmerkmale, tritt oft zu unseren Gunsten in Aktion. Sie trägt uns in der Not und stärkt unser geistliches Leben. Gegen Ende seines Lebens wandte sich Mose an das Volk Gottes und sprach: „Eine Zuflucht ist der Gott der Urzeit, und unter dir sind ewige Arme" (5Mo 33,27).

In seiner Abschiedsrede an die Jünger kurz vor seiner Himmelfahrt versprach Jesus: „Aber ihr werdet Kraft empfangen, wenn der Heilige Geist auf euch gekommen ist; und ihr werdet meine Zeugen sein, sowohl in Jerusalem als auch in ganz Judäa und Samaria und bis an das Ende der Erde" (Apg 1,8).

Egal in welchen Umständen du dich befindest, ob in guten oder in schlechten: Du darfst dich auf diese und viele andere Versprechen Gottes berufen.

DIE GÜTE DER WEISHEIT GOTTES

„Auch vom HERRN der Heerscharen
geht dergleichen aus; sein Rat ist wunderbar,
großartig die Ausführung."
Jesaja 28,29

Gottes Güte erkennen wir am besten, wenn er uns daran Anteil haben lässt. Der Apostel Paulus betete, dass Gott den Gläubigen in Ephesus und auch sonst überall „den Geist der Weisheit und Offenbarung gebe in der Erkenntnis seiner selbst" (Eph 1,17). Ein ähnliches Anliegen brachte er in seinem Brief an die Kolosser zum Ausdruck: „Wir … hören nicht auf, für euch zu beten und zu bitten, dass ihr erfüllt werdet mit der Erkenntnis seines Willens in aller geistlichen Weisheit und Einsicht" (Kol 1,9). „Das Wort Christi wohne reichlich unter euch; lehret und ermahnet euch selbst mit Psalmen, Lobgesängen und geistlichen Liedern; singet Gott lieblich in euren Herzen" (Kol 3,16).

Wie gehst du damit um, und welchen Nutzen ziehst du aus der Güte der Weisheit Gottes?

8. September

DIE GÜTE DER TREUE GOTTES

„Gnadenbeweise des HERRN sind's, dass wir nicht gänzlich aufgerieben wurden, denn seine Barmherzigkeit ist nicht zu Ende; sie ist alle Morgen neu, und deine Treue ist groß!"
Klagelieder 3,22-23

Gottes Treue gegenüber den Gläubigen ist offensichtlich. Selbst wenn wir untreu sind, bleibt er treu. Der Prophet Micha erfreute sich der Treue Gottes und jubelte: „Wer ist, o Gott, wie du, der die Sünde vergibt und dem Rest seines Erbteils die Übertretung erlässt, der seinen Zorn nicht allzeit festhält, sondern Lust an der Gnade hat" (Mi 7,18).

Wann immer du in Not bist, kannst du dich auf die Zusagen Gottes verlassen. Zusagen wie z.B.: „Ruft er mich an, so will ich ihn erhören; ich bin bei ihm in der Not, ich will ihn herausreißen und zu Ehren bringen" (Ps 91,15); „Mein Gott aber befriedige alle eure Bedürfnisse nach seinem Reichtum in Herrlichkeit in Christus Jesus" (Phil 4,19).

DAS AUSNAHMSLOS GUTE

„...alles was wohllautet, wenn es irgendeine Tugend und wenn es irgendein Lob gibt, dieses erwäget.“
Philipper 4,8

Im geistlichen Bereich gibt es einige Dinge, die schlicht und einfach gut sind.

Gott ist gut. „Oder verachtest du den Reichtum seiner Gütigkeit und Geduld und Langmut, nicht wissend, dass die Güte Gottes dich zur Buße leitet?“ (Röm 2,4).

Gottes Wort ist gut und bewirkt das Gute für und in uns. Paulus schrieb den Ältesten in Ephesus: „Und nun befehle ich euch Gott und dem Worte seiner Gnade, welches vermag, aufzuerbauen und euch ein Erbe zu geben unter allen Geheiligten“ (Apg 20,32).

Gottes heilige Engel sind gut. Sie sind damit beschäftigt, die Gläubigen zu unterstützen und ihnen beizustehen. Der Schreiber des Hebräerbriefs bestätigt das und stellt eine rhetorische Frage: „Sind sie nicht alle dienstbare Geister, ausgesandt zum Dienst um derer willen, welche die Seligkeit ererben sollen?“ (Hebr 1,14).

Es lohnt sich, nicht nur über diese Wahrheiten nachzudenken, sondern im Bewusstsein, dass es sich um Realitäten handelt, unser Leben auch aus diesen Wahrheiten heraus zu leben.

DIENET EINANDER!

„… und lasst uns aufeinander Acht haben zur Anreizung zur Liebe und zu guten Werken.“
Hebräer 10,24

Gott will, dass seine Kinder einander dienen. Sie sollen gegenseitig Anteil haben an der Güte, die Gott ihnen zukommen ließ. Paulus beginnt seinen Brief an die Römer, indem er ihnen versichert, dass er sie gerne besuchen möchte; nicht nur, um ihnen zu dienen, sondern damit auch sie ihm dienten: „… das ist aber, mit euch getröstet zu werden in eurer Mitte, ein jeder durch den Glauben, der in dem anderen ist, sowohl euren als meinen“ (Röm 1,12). In seinem Brief an die Korinther bezeichnet er Timotheus und sich selbst als „Mitarbeiter an eurer Freude“ (2. Kor 1,24).

Wenn du wirklich ein Jünger Jesu bist, dann sollte es für dich sowohl eine Verpflichtung als auch eine Freude darstellen, andere Gläubige zur Liebe und zu guten Werken zu ermutigen. Das ist es, wozu unser heutiger Vers uns auffordert (Hebr 10,24).

IST BÖSES JEMALS GUT?

„Ihr zwar, ihr hattet Böses wider mich im Sinne; Gott aber hatte im Sinne, es gut zu machen.“
1. Mose 50,20

Manchmal mag es schwierig sein, es anzunehmen oder überhaupt zu erkennen, aber Gott lässt das Böse zuweilen gewähren, und es bewirkt letztendlich das Gute für die Gläubigen. Viele Dinge, die sich in deinem Leben ereignen, sind entweder böse oder im besten Fall wert- und nutzlos. Und trotzdem kann der Herr in seiner unendlichen Weisheit genau diese misslichen Begebenheiten zum Besten wenden, was dir in deinem Leben geschehen könnte. Und er tut es auch.

Die bekannte Geschichte von Daniel in der Löwengrube ist ein gutes Beispiel dafür, wie sich Böses zum Guten wenden kann. Als Daniel sich weigerte, Darius anstelle des wahren und lebendigen Gottes anzubeten, wurde er auf Befehl des Königs in die Löwengrube geworfen. Als die Löwen Daniel keinen Schaden zufügten, erklärte er dem König Darius: „O König, lebe ewiglich! Mein Gott hat seinen Engel gesandt und hat den Rachen der Löwen verschlossen, dass sie mich nicht verletzt haben, weil vor ihm Unschuld an mir gefunden wurde; und auch vor dir, o König, habe ich kein Verbrechen begangen“ (Dan 6,22-23). Daniels Zeugnis überzeugte den König davon, dass Gott Böses zum Guten wenden kann. Er freute sich darüber, Daniel freilassen zu können, und pries den Herrn.

12. September

KANN LEIDEN GUT SEIN?

„Gepriesen sei der Gott und Vater unseres Herrn Jesus Christus, der Vater der Erbarmungen und Gott allen Trostes, der uns tröstet in all unserer Bedrängnis.“
2. Korinther 1,3-4

Allzu oft vergessen wir, dass Gott das Böse und Leid benutzt, um uns etwas beizubringen. Er kann es zum Guten wenden, so dass es uns dient und wir geistlich wachsen. Manchmal erfahren wir Leid in Form von Verfolgung, weil wir nicht bereit sind, unseren Glauben an den Herrn zu verleugnen. Oft sind es aber auch einfach die alltäglichen Leiden, Schwierigkeiten, Krankheiten und Konflikte, die Bestandteil dieser sündigen und gefallenen Welt sind.

Manchmal züchtigt uns Gott aber auch, weil wir in einer gewissen Sünde verharren. So erging es Ananias und Saphira in den Tagen der frühen Gemeinde (Apg 5,1-11). Auch einige Gläubige der Gemeinde in Korinth ereilte dieses Schicksal (1Kor 11,29-30).

Wie immer die Umstände auch sein mögen: Du musst Leid nicht als etwas grundsätzlich Schlechtes betrachten. Du kannst dadurch vieles lernen, wie z.B. Freundlichkeit, Mitgefühl, Demut, Barmherzigkeit, Geduld und Milde. Gott kann Leid auch auf einzigartige Weise benutzen, um dich näher zu sich selbst zu ziehen – das ist das Wichtigste.

LIEBE ZU GOTT

„Und du sollst den Herrn, deinen Gott, lieben aus deinem ganzen Herzen und aus deiner ganzen Seele und aus deinem ganzen Verstand und aus deiner ganzen Kraft!“
Markus 12,30

Neben dem heutigen Vers finden wir eine Vielzahl von Versen im Neuen Testament, die betonen, dass die Gläubigen Gott lieben sollen. Paulus zitierte den Propheten Jesaja, als er an die Korinther schrieb: „Was kein Auge gesehen und kein Ohr gehört hat und in keines Menschen Herz gekommen ist, was Gott denen bereitet hat, die ihn lieben“ (1Kor 2,9). An anderer Stelle werden die Christen wie folgt beschrieben: „diejenigen, die unseren Herrn Jesus Christus lieben in Unvergänglichkeit!“

Aufrichtige Liebe ist das erste Erkennungsmerkmal eines echten und rettenden Glaubens. Das ist wahr, denn: „Die Liebe Gottes ist ausgegossen in unsere Herzen durch den Heiligen Geist, der uns gegeben worden ist“ (Röm 5,5). Angesichts dieser Tatsache ist es auch gewiss kein Zufall, dass die Liebe die von Paulus erstellte Liste über die Frucht des Geistes anführt (Gal 5,22).

14. September

MERKMALE DER LIEBE GOTTES

„Und um dieses bete ich, dass eure Liebe noch mehr und mehr überreich werde in Erkenntnis und aller Einsicht.“
Philipper 1,9

Echte Liebe zu Gott kommt auf vielerlei Weise zum Ausdruck. Hier sind einige der Hauptmerkmale:

- Sie sehnt sich nach persönlicher Gemeinschaft mit Gott (Ps 42,1-2; 73,25).
- Sie vertraut Gottes Kraft und stellt sich unter seinen Schutz (Ps 31,23).
- Sie kennt einen Frieden, den nur Gott schenken kann (Ps 119,165; Joh 14,27).
- Sie ist sensibel für den Willen und die Ehre Gottes (Ps 69,9).
- Sie liebt die Menschen, die Gott liebt (1Jo 4,7-8, 20-21).
- Sie hasst, was Gott hasst (1Jo 2,15).
- Sie sehnt sich nach der Wiederkunft Christi (2Tim 4,8).

Das mit Abstand wichtigste Erkennungsmerkmal ist jedoch der Gehorsam gegenüber Gott (Joh 14, 21; 1Jo 5,1-2).

Nur weil Gott uns zuerst geliebt hat, sind wir in der Lage, all diese Facetten der Liebe auszuleben (1Jo 4,7,10,19). Liebst du Gott?

DIE BERUFENEN GOTTES

„Wie er uns in ihm auserwählt hat vor Grundlegung der Welt, dass wir heilig und tadellos vor ihm seien in Liebe.“
Epheser 1,4

In den neutestamentlichen Briefen werden die Begriffe *berufen* und *Berufung* benutzt, um das souveräne Wirken Gottes an den Herzen der Gläubigen zu beschreiben, das zur Wiedergeburt führt und ihnen neues Leben in Christus verleiht. Alle Berufenen Gottes sind erwählt, erlöst und werden letztendlich verherrlicht. Er hat sie vorherbestimmt, seine Kinder zu sein und dem Bild seines Sohnes gleichgestaltet zu werden – das ist absolut sicher.

Obschon der Glaube des Menschen ein wichtiger Bestandteil der Berufung ist, so ist es doch viel wichtiger, dass Gott der Ursprung unserer Berufung zur Errettung ist. Gottes Wahl geht der des Menschen nicht nur voran, sondern macht diese überhaupt erst möglich und wirksam. „Darum habe ich euch gesagt, dass niemand zu mir kommen kann, es sei ihm denn von dem Vater gegeben“ (Joh 6,65).

Allem voran ist Gottes Berufung unwiderruflich. Und außerdem dauert sie auch an, bis dass die Christen verherrlicht sein werden. Diese Tatsache sollte uns ergreifen und anspornen, Paulus’ Vorsatz zu folgen: „...und jage auf das Ziel zu, hin zu dem Kampfpreis der Berufung Gottes nach oben in Christus Jesus“ (Phil 3,14).

16. September

GOTTES EWIGER VORSATZ

„... wie er uns in ihm auserwählt hat vor Grundlegung der Welt, damit wir heilig und tadellos wären vor ihm:“
Epheser 1,14

Während die Israeliten immer noch durch die Wüste Sinai zogen, sprach Mose zu ihnen: „Nicht darum, weil ihr zahlreicher wäret als alle Völker, hat der Herr Lust zu euch gehabt und euch erwählt; denn ihr seid das geringste unter allen Völkern; sondern weil der Herr euch liebte und weil er den Eid halten wollte, den er euren Vätern geschworen, darum hat der Herr euch mit mächtiger Hand ausgeführt und dich von dem Diensthause aus der Hand des Pharao, des Königs von Ägypten, erlöst“ (5Mo 7,7-8). Gott erwählte die Juden nicht auf Grund dessen, wer *sie* waren, sondern wer *er* ist.

Dasselbe trifft auch auf die Gläubigen zu. Der Grund der Erwählung liegt einzig und allein in seinem göttlichen Willen, seinem Vorsatz und seiner Liebe. Du konntest nichts dazu beitragen, um erwählt zu werden, es ist nicht dein Verdienst. Danke Gott dafür, dass er dich vor Grundlegung der Welt erwählt hat.

DAS BILD TRÜBEN

„Liebt eure Feinde, und betet für die, die euch verfolgen, damit ihr Söhne eures Vaters seid, der in den Himmeln ist! Denn er lässt seine Sonne aufgehen über Böse und Gute und lässt regnen über Gerechte und Ungerechte."
Matthäus 5,44-45

Als ich ein kleiner Junge war, haben ein Freund und ich einmal Ärger bekommen, weil wir beim Klauen erwischt wurden. Die Polizei brachte uns ins Bezirksgefängnis. Mein Vater spielte zu diesem Zeitpunkt gerade Golf mit einigen Diakonen der Gemeinde. Man informierte ihn über den Vorfall, worauf er sich mit der festen Überzeugung auf den Weg machte, dass es sich gewiss um ein Missverständnis handeln müsse. Natürlich musste er den Diakonen erklären, warum sein Sohn im Gefängnis war.

Als ich nach Hause kam, war meine Mutter in Tränen aufgelöst, weil sie so etwas nie von mir erwartet hätte. Jemand sagte mir: „Johnny MacArthur, hast du eigentlich vergessen, wer dein Vater ist?" Ich habe diese Worte nie vergessen. Ich war meinem Vater etwas schuldig. Er hat mir das Leben geschenkt, und ich war froh darüber, sein Sohn zu sein. Ich bin auch sehr froh darüber, ein Sohn meines himmlischen Vaters zu sein. Folglich ist es das Mindeste, dass ich etwas von seinem Wesen widerspiegele.

18. September

EIN VERLANGEN ZU GEHORCHEN

„Gott aber sei Dank, dass ihr Sklaven der Sünde wart, aber von Herzen gehorsam geworden seid dem Bild der Lehre, dem ihr übergeben worden seid!“
Römer 6,17

Wenn ich das Leben als Christ mit einem Wort beschreiben müsste, dann wäre dies *Gehorsam.* Gehorsam, Kraft, Segen und Freude sind die Standbeine des Christenlebens; mit diesen vieren steht oder fällt alles. Ohne Gehorsam werden wir keine Kraft empfangen, keinen Segen erfahren und keine Freude in unserem Leben haben.

Es gibt ein einfaches Unterscheidungsmerkmal zwischen echten Christen und Namenschristen: das tiefe Verlangen, Gott zu gehorchen. Christen verbinden das Wort Gehorsam mit Wohltat, Hoffnung und Ermutigung. Gehorsam sollte der natürliche Ausdruck deiner Herzenseinstellung sein. Wenn du bereit bist, Gott zu gehorchen – und zwar aus Liebe, nicht aus Furcht –, dann sind das gute Anzeichen dafür, dass du tatsächlich ein Kind Gottes bist.

DEM GEHORSAM VERPFLICHTET

„Damit die Rechtsforderung des Gesetzes erfüllt wird in uns, die wir nicht nach dem Fleisch, sondern nach dem Geist wandeln."
Römer 8,4

Einige meinen, dass die Gebote Gottes für uns keine Gültigkeit mehr hätten, da wir ja aus Glauben gerettet wurden und nicht mehr unter dem Gesetz stehen. Das stimmt in dem Sinne, dass wir die Strafe des Gesetzes nicht mehr zu fürchten haben. Seitdem wir zu Christus gekommen sind, hat das Gesetz seine verurteilende Macht über uns verloren. Gottes moralischer Maßstab ist jedoch unveränderlich, und insofern gelten die Richtlinien des Gesetzes auch für uns.

Der Apostel Paulus sagte: „Also gibt es jetzt keine Verdammnis für die, die in Christus Jesus sind. Denn das Gesetz des Geistes des Lebens in Christus Jesus hat dich freigemacht von dem Gesetz der Sünde und des Todes" (Röm 8,1).

„Denn das dem Gesetz Unmögliche, weil es durch das Fleisch kraftlos war, tat Gott, indem er seinen eigenen Sohn in Gleichgestalt des Fleisches der Sünde und für die Sünde sandte und die Sünde im Fleisch verurteilte" (Röm 8,3). Christi Sühnetod befreite uns von der Strafe des Gesetzes – er starb stellvertretend für uns. Folglich sind wir von der verurteilenden Macht des Gesetzes ausgenommen, nichtsdestotrotz stellt es für uns den verbindlichen Maßstab Gottes dar, an den wir uns halten sollen.

20. September

HOFFNUNG IN DER SCHLACHT

„Also diene ich nun selbst mit dem Sinn dem Gesetz Gottes, mit dem Fleisch aber dem Gesetz der Sünde.“
Römer 7,25

Als Christen sind wir zum Gehorsam berufen, und unsere neue Natur verlangt auch danach, zu gehorchen. Doch was machst du nun, wenn du in der Versuchung stehst, ungehorsam zu sein? Einerseits steht dir die Kraft des Heiligen Geistes zur Verfügung (Röm 8,2), der dich befähigt, den Willen Gottes zu tun. Paulus beschreibt in Römer 7 jedoch auch die Tatsache des ständigen Kampfes mit dem Fleisch. Er sagt: „Aber ich sehe ein anderes Gesetz in meinen Gliedern, das dem Gesetz meines Sinnes widerstreitet“ (Röm 7,23).

Das Gesetz der Sünde, das unserem Menschsein anhaftet, streitet gegen das Verlangen zu gehorchen. Jeder Christ steckt in diesem Kampf. Dein Menschsein kämpft gegen die neue Schöpfung an, die sich des Gesetzes Gottes erfreut. Unsere Hoffnung besteht darin, dass, je länger wir kämpfen, wir umso siegreicher sein werden. Danke dem Herrn dafür, dass er dich Tag für Tag stärkt und dir Sieg über die Sünde schenkt.

DIE TIEFE DER LIEBE

„Seid niemand irgendetwas schuldig,
als nur einander zu lieben!“
Römer 13,8

Als Christ schuldest du jedem Menschen Liebe. Jesus sagte: „Daran werden alle erkennen, dass ihr meine Jünger seid, wenn ihr Liebe untereinander habt“ (Joh 13,35). In erster Linie gilt unsere Liebe den Geschwistern in Christus.

Einander zu lieben umfasst jedoch auch die Ungläubigen – alle Ungläubigen, nicht nur die angenehmen und freundlichen. Jesus lehrte: „Ich aber sage euch: Liebet eure Feinde, segnet, die euch fluchen, tut wohl denen, die euch hassen, und betet für die, die euch beleidigen und verfolgen“ (Mt 5,44). Der Apostel Paulus sagte: „Lasst uns also nun, wie wir Gelegenheit haben, allen gegenüber das Gute wirken, am meisten aber gegenüber den Hausgenossen des Glaubens“ (Gal 6,10).

Liebe sollte zu den Hauptmerkmalen deines Lebens zählen. Du schuldest jedermann Liebe, also bemühe dich darum, alle zu lieben, so dass du bekannt wirst für deine Liebe. „Da ihr eure Seelen durch den Gehorsam gegen die Wahrheit zur ungeheuchelten Bruderliebe gereinigt habt, so liebt einander anhaltend, aus reinem Herzen“ (1Petr 1,22).

22. September

LIEBE ZEIGEN

„Wandelt in der Liebe."
Epheser 5,2

Was ist Liebe? Wie kannst du sie zeigen? Um lieben zu können, musst du zuerst verstehen, was die Bibel darunter versteht. In der Schrift wird Liebe als eine Handlung dargestellt.

In erster Linie unterweist die Liebe andere in der Wahrheit (Eph 4,15) und dient ihnen, so dass ihre Nöte gedeckt werden (Hebr 6,10). Sie geht als Vorbild voran, indem sie anderen dient und sie ermutigt, im Glauben zu wachsen (Gal 5,13). Sie deckt Fehler zu (1Petr 4,8) und vergibt (Eph 4,32). Die Liebe erträgt auch schwierige Situationen und die Eigenart anderer (1Kor 13,7) und opfert sich für sie auf (Joh 15, 13-14).

Selbstaufopfernde Liebe lehrt geistliche Wahrheit, bietet Hilfe und kümmert sich um diejenigen, die in Not sind. Das ist das Einzige, was wir jedermann schuldig sind. Liebe ist das Herzstück des Christenlebens und wirkt anziehend auf die Welt.

ORDNE DICH DEM GEIST UNTER

„Die Liebe Gottes ist ausgegossen in unsere Herzen durch den Heiligen Geist, der uns gegeben worden ist.“
Römer 5,5

Du musst die Herrschaft über dein Leben völlig an den Heiligen Geist abtreten. Entweder hältst du an Bitterkeit, Angst und Hass fest, oder du vertraust dich in diesen Dingen ganz dem Geist und seinem Wirken an. Wenn du dich dem Heiligen Geist unterordnest, wird er dein Leben bestimmen und Bitterkeit wird durch Liebe, Rache durch Barmherzigkeit ersetzt. Paulus sagte: „Was aber die Bruderliebe betrifft, so habt ihr nicht nötig, dass man euch schreibt, denn ihr seid selbst von Gott gelehrt, einander zu lieben“ (1Thes 4,9).

Die Fähigkeit zu lieben wurde in dich hineingelegt; du musst nur begreifen, wo bzw. wer ihre Quelle ist. Wenn du dich dem Heiligen Geist unterordnest, wird er dich in der Liebe unterweisen.

24. September

EINE BEWUSSTE ENTSCHEIDUNG

„Zu diesem allen aber zieht die Liebe an, die das Band der Vollkommenheit ist!“
Kolosser 3,14

Jeder Gläubige muss sich bewusst dazu entscheiden zu lieben. Vor einiger Zeit kam ein Ehepaar zu mir in die Seelsorge, das schon seit ein paar Jahren mit Eheproblemen zu kämpfen hatte. Ich erklärte ihnen, dass sie eine bewusste Entscheidung treffen müssten, einander zu lieben. Sie mussten lernen, einander zu lieben, auch wenn sie zornig waren oder sich benachteiligt fühlten. Harsche und unfreundliche Worte mussten durch liebevolle ersetzt werden.

Zwei Tage nach unserem Gespräch rief der Ehemann mich an: „Ich wollte sie nur wissen lassen, dass, wann immer jetzt ein Problem auftaucht, wir alles daransetzen, mit der Hilfe des Heiligen Geistes eine bewusste Entscheidung zu treffen, einander in Liebe zu begegnen. Wir möchten Frieden halten und freundlich zueinander sein, ohne Rücksicht auf die Höhe des Preises oder unser Ego.“ Die Entscheidung, anderen gegenüber freundlich zu sein und ihnen zu vergeben, spielt eine ausschlaggebende Rolle im Prozess des Liebenlernens. Der Heilige Geist befähigt dich dazu, wenn du deine Gesinnung schulst und dich bewusst dafür entscheidest, dem Herrn zu gehorchen.

EINE UNERSCHÖPFLICHE QUELLE

„Da ihr eure Seelen durch den Gehorsam gegen die Wahrheit zur ungeheuchelten Bruderliebe gereinigt habt, so liebt einander anhaltend, aus reinem Herzen!"
1. Petrus 1,22

Als Christen tragen wir die gewaltige Verantwortung, einander zu lieben, doch wie werden wir ihr gerecht? Indem wir uns der Quelle bewusst werden!

Die Quelle der Liebe steht uns allen zu Verfügung, und wir sind selbst schuld, wenn wir sie nicht in Anspruch nehmen. Wir müssen uns dem Geist unterordnen und lernen zu lieben. Wir müssen unsere Herzen reinigen, indem wir unsere Sünden bekennen und uns der wichtigen Tatsache bewusst werden, dass andere durch unsere Liebe zu Christus gezogen werden. Eine bewusste Entscheidung, andere zu lieben, ist unumgänglich. Wir sollen Gemeinschaft pflegen mit den Gläubigen und uns mehr um andere kümmern als um uns selbst. Auch die Auswirkungen der Liebe sollten wir uns klar vor Augen halten, denn Liebe wird zwangsläufig erwidert.

Als Gott dich errettet hat, wurdest du völlig neu gemacht und besitzt jetzt die Fähigkeit, wirklich zu lieben. Die Quelle der Liebe wird auch nie versiegen. Du hast das große Vorrecht, in dieser Welt ein Bote Gottes zu sein, indem du deine Mitmenschen liebst, wie er sie geliebt hat, und im Gegenzug wiederum Liebe empfängst.

26. September

EIN AUFTRAG ZU LIEBEN

„Und zu erkennen die die Erkenntnis übersteigende Liebe des Christus."
Epheser 3,19

Es gibt verschiedene Möglichkeiten, um der Verpflichtung zur Nächstenliebe nachzukommen. Hier sind einige Vorschläge:

- Schlichte einen Streit.
- Ruf einen Freund an, den du lange nicht mehr gesehen hast.
- Ersetze Misstrauen durch Vertrauen.
- Beseitige Bitterkeit aus deinem Leben.
- Überrasche jemanden, den du liebst, mit einem Brief.
- Lass jemanden wissen, wie sehr du ihn wertschätzt.
- Halte deine Versprechen ein.
- Bitte Gott, jemandem zu vergeben, der dich schlecht behandelt hat, und vergiss das Ganze.
- Erwarte nicht zu viel von deiner Familie.
- Vergiss nicht, dich immer wieder zu bedanken.
- Erzähl jemandem, den du liebst, dass du dich um ihn sorgst.
- Bete für einen deiner Feinde.
- Schicke jemandem, der in Not ist, Geld.
- Bitte Gott um Hilfe, um so lieben zu können, wie Jesus es tat.

DAS GESETZ ERFÜLLEN

„Und welches andere Gebot noch sei –, es wird zusammengefasst in diesem Wort: ‚Du sollst deinen Nächsten lieben wie dich selbst!'"
Römer 13,9

Der Schlüssel zum Gehorsam gegenüber dem Gesetz Gottes ist die Liebe. Wenn wir unseren Nächsten lieben, haben wir automatisch auch das Gesetz erfüllt.

Du wirst keinen Ehebruch begehen, wenn du jemanden liebst. Denn die Liebe beschmutzt niemanden und raubt auch niemandem seine Reinheit. Nur Lust und Eigennutz tun das.

Wenn du jemanden liebst, ist das Gebot „Du sollst nicht töten" überflüssig. Ich muss nicht daran erinnert werden, nicht zu töten, wenn ich meine Mitmenschen liebe.

Du wirst auch niemanden bestehlen, den du liebst. Darum muss dir auch niemand erzählen, dass du nicht stehlen sollst.

Auch Neid wird in deinem Leben keinen Platz haben, wenn du liebst.

Die Liebe ersetzt das Gesetz nicht, sondern sie ist dessen Erfüllung. Wer liebt, erfüllt das Gesetz Gottes.

28. September

GEHORSAM AUS LIEBE

„Das Endziel der Weisung aber ist Liebe aus reinem Herzen und gutem Gewissen und ungeheucheltem Glauben."
1.Timotheus 1,5

Das Halten der Gebote sollte der Ausdruck eines Herzens voller Liebe sein. Man kann die Gebote auch aus Angst vor Strafe einhalten. Doch wer das tut, der hält die Gebote nicht im wahren Sinne ein, denn Angst ist gemäß der Bibel nicht der richtige Beweggrund zum Einhalten der Gebote. Angst mag dich davon abhalten, gewisse böse Dinge zu tun, vielleicht sogar mit Erfolg, doch das Ergebnis wird immer unvollkommen sein.

Einige befolgen die Gebote aus Eigeninteresse und meinen, von Gott für ihr moralisch hoch stehendes Leben belohnt zu werden. Das ist jedoch kein reines Motiv zum Einhalten der Gebote – es ist selbstsüchtig. Selbst wenn du das Böse meidest und nach außen hin gute Dinge tust, so ist das doch kein Gehorsam, der einer aufrichtigen Herzenshaltung entspringt. Die wahre Absicht des Gesetzes ist es, Liebe aus reinem Herzen zu bewirken – das ist die Erfüllung des Gesetzes.

LIEBE GOTT, LIEBE DEN NÄCHSTEN!

„An diesen zwei Geboten hängt das ganze Gesetz und die Propheten.“
Matthäus 22,40

Jesus erklärte, dass man die Zehn Gebote in zwei Geboten zusammenfassen könne: Liebt mich, und liebt die Menschen. Vielleicht fragst du dich, wie das möglich sein soll, dass du alle Gebote der Bibel erfüllst. Die Antwort ist ziemlich einfach: Liebe Gott, liebe die Menschen, und dann mach, was du willst.

Wenn du Gott von ganzem Herzen, ganzer Seele, ganzem Verstand und ganzer Kraft liebst, und deinen Nächsten wie dich selbst, dann kannst du tun und lassen, was du willst, weil du genauso lebst, wie Gott es sich wünscht. Auf Grund deiner Liebe wirst du niemanden töten, missbrauchen, bestehlen oder beneiden. Der Heilige Geist wird in deinem Herzen eine Liebe bewirken, die vor jeglicher Art von Unrecht zurückschrecken wird.

30. September

WER IST DEIN NÄCHSTER?

„Du sollst deinen Nächsten lieben wie dich selbst.“
Römer 13,9

Wenn Paulus uns auffordert, unseren Nächsten zu lieben wie uns selbst, dann meint er damit, dass wir uns in dem Maße um ihn kümmern und sorgen sollen, wie wir das auch für uns selbst tun. Er drückt es auch wie folgt aus: „Ein jeder sehe nicht auf das Seine, sondern ein jeder auch auf das der anderen“ (Phil 2,4). Du solltest genauso besorgt um das Wohlergehen, den Frieden, das Glück und die Freude anderer sein, wie du dies auch in deinem Fall bist.

Wessen Gesicht wäschst du morgens? Wessen Haare kämmst du? Wessen Kleider kaufst du? Um wessen Wohl kümmerst du dich? Du umsorgst dich selbst und bist auf dein Wohl bedacht – tu dies in demselben Maße auch für deinen Nächsten. Schenk ihm so viel Aufmerksamkeit wie dir selbst. Dann liebst du deinen Nächsten wie dich selbst.

Wer ist dein Nächster? Jeder, der dir begegnet. Auch wenn es schwer fällt, jeden zu lieben – du bist im Besitz dieser neuen Fähigkeit (Röm 5,5).

Ausdauer

Oktober

HIOBS BEKENNTNIS

„So habe ich denn meine Meinung mitgeteilt und verstand doch nichts, Dinge, die zu wunderbar für mich sind und die ich nicht kannte.“
Hiob 42,3

Wenn wir durch schwere Zeiten gehen, kann es manchmal den Anschein erwecken, als ob Gott weit weg wäre oder an unserer Not kein Interesse hätte. Das kommt daher, weil unsere menschlichen Empfindungen bisweilen stärker sind als unser Vertrauen in Gott. Wir meinen dann, es gäbe überhaupt keine vernünftige Lösung mehr für unsere Probleme, und sehen nur noch schwarz.

Hiob ist da jedoch ein gewaltiges Vorbild und lehrt uns, dass wir mit der nötigen Geduld und Ausdauer trotzdem den von Gott erstrebten Nutzen aus Notsituationen ziehen können. Dieses Gottvertrauen veranlasste ihn, am Ende seiner großen Bedrängnis den Herrn zu verherrlichen: „Vom Hörensagen hatte ich von dir gehört, jetzt aber hat mein Auge dich gesehen. Darum verwerfe ich mein Geschwätz und bereue in Staub und Asche“ (Hi 42,5-6).

Auf Grund seiner Geduld und seines unerschütterlichen Vertrauens während seiner langen Leidenszeit gewann Hiob eine völlig neue Sicht von seinem souveränen Gott, wodurch seine Freude zunahm und seine Zuversicht gestärkt wurde, weil er wusste, dass Gott ihn wie eines seiner geliebten Kinder behandelte.

ABRAHAMS GLAUBE

„Durch Glauben hat Abraham, als er geprüft wurde, den Isaak dargebracht, und er, der die Verheißungen empfangen hatte, brachte den einzigen Sohn dar, über den gesagt worden war: ‚In Isaak soll deine Nachkommenschaft genannt werden', indem er dachte, dass Gott auch aus den Toten erwecken könne, von woher er ihn auch im Gleichnis empfing."
Hebräer 11,17-19

Abrahams Gehorsam erforderte einen gewaltigen Glauben. Er war bereit, Gott zu gehorchen, weil er glaubte, dass Gott Tote auferwecken könne, obschon er selbst noch nie Zeuge einer solchen Auferweckung aus den Toten geworden war. Er glaubte, dass Gott zu seinem Wort stehen würde, und er kannte sein Wesen, so dass er der festen Überzeugung war, dass Gott sein Versprechen einhalten würde, selbst wenn er dazu Tote auferwecken müsste. Erstaunt es angesichts dieser Tatsachen, dass er das Vorbild schlechthin ist, wenn es um den Glauben geht?

Der Apostel Paulus schrieb über Abrahams Glauben: „Die aus Glauben sind, diese sind Abrahams Söhne! Folglich werden die, die aus Glauben sind, mit dem gläubigen Abraham gesegnet" (Gal 3,7-9). Jeder, der im Glauben an Gott lebt, ist im geistlichen Sinne ein Sohn Abrahams. Er ist der Vater der Glaubenden. Abrahams Erfahrung lehrt uns, dass ein Mensch die schwersten Lebensprüfungen bestehen kann, wenn er Gott vertraut und daran festhält, dass er seine Absichten verwirklicht, ohne dabei irgendeinen Fehler zu machen.

KEIN PARADIES FÜR NARREN

„Auch wenn ich wandere im Tal des Todesschattens, fürchte ich kein Unheil, denn du bist bei mir; dein Stecken und dein Stab, sie trösten mich."
Psalm 23,4

Wir müssen uns darüber im Klaren sein, dass Gott in unserem Leben Prüfungen zulassen wird und letztendlich alle Dinge seinen heiligen Plänen und Absichten dienen (Röm 8,28). Ich weiß, dass wir uns alle perfekte Umstände wünschen, in denen alles in geordneten Bahnen verläuft und Zufriedenheit herrscht. Zwischenzeitliche Ruhe von Anfechtungen mag uns sogar zu dem Gedanken verleiten, dass es wohl auch möglich sei, ohne sie durchs Leben zu kommen, doch dem ist nicht so. Prüfungen und Anfechtungen werden hier auf Erden unsere ständigen Begleiter sein. Wir können in einem Narrenparadies leben und uns selbst vormachen, dass es nie Probleme geben wird, und die Zukunft rosa malen – das ist ein Traum. Jesus warnte seine Jünger ausdrücklich – und mit ihnen alle, die ihm nachfolgen wollen –, dass sie mit Bedrängnis rechnen müssen (Joh 15,18-16,6).

Der Puritaner Thomas Manton stellte einmal fest, dass Gott zwar einen Sohn ohne Sünde hatte, jedoch keinen Sohn ohne Kreuz. Eins ist gewiss: Als Christ musst du dich auf Prüfungen gefasst machen. Unsere Zuversicht ist aber, dass wir siegen werden, weil Gott mit uns ist. Die Bedrängnisse werden kommen, doch Gottes Gnade wird da sein in Zeiten der Not.

4. Oktober

WAS IST IN DEINEM HERZEN?

„Da ließ Gott ihn [König Hiskia] allein,
um ihn zu prüfen, damit er alles erkannte,
was in seinem Herzen war."
2. Chronik 32,31

Gott musste Hiskia nicht prüfen, um herauszufinden, was in seinem Herzen war, denn er wusste es bereits – er ist allwissend. Prüfungen sind zu unserem Nutzen da. Durch die von ihm herbeigeführten Prüfungen hilft er uns dabei, eine Bestandsaufnahme unseres Lebens zu machen, so dass die Schwächen und Stärken unseres Glaubens offenbar werden. Wenn du momentan gerade in einer solchen Prüfung steckst, deine Faust gegen Gott erhoben hast und dich wunderst, warum das alles geschieht, dann sind das Anzeichen dafür, dass dein Glaube schwach ist. Wenn du andererseits ruhig bist, dich im Herrn freust und die ganze Sache ihm überlässt, zeugt das von deinem gereiften und starken Glauben.

VON DER WELT ENTWÖHNT

„..indem er [Mose] die Schmach des Christus für größeren Reichtum hielt als die Schätze Ägyptens; denn er schaute auf die Belohnung.“
Hebräer 11,26

Je länger wir leben, desto mehr sammelt sich an. Doch all diese Dinge verlieren für Christen in der Regel an Bedeutung. Wenn die Prüfungen des Lebens auf dich zukommen und du dich an diese weltlichen Dinge klammern willst, wirst du ihren geringen Langzeitwert schnell erkennen. Bedrängnisse können dich schnell von den Dingen dieser Welt entwöhnen, weil sehr bald offenbar wird, dass diese Dinge nicht in der Lage sind, Probleme zu lösen. In Stresszeiten bieten sie keinerlei Hilfe.

Mose lernte den Wert von Prüfungen zu schätzen – und das, obwohl er am Hof des Pharao als Prinz Ägyptens groß geworden war. Als Mitglied der königlichen Familie genoss er die beste Ausbildung und erreichte schon bald den gesellschaftlichen Höhepunkt, was Reichtum, Ehre und Lebensgenuss betraf. Doch indem er sich mit den Absichten Gottes identifizierte, achtete er „die Schmach des Christus für größeren Reichtum als die Schätze Ägyptens“. Er richtete seinen Blick weg von all den weltlichen Dingen, die ihm zur Verfügung standen, und begann, sich um die Bedrängnisse seines Volkes zu kümmern, die Gott dazu benutzte, um ihn von den materiellen Freuden zu entwöhnen.

6. Oktober

DER WASSERTEST

„Nicht allein aber das, sondern wir rühmen uns auch in den Bedrängnissen, da wir wissen, dass die Bedrängnis Ausharren bewirkt, das Ausharren aber Bewährung, die Bewährung aber Hoffnung."
Römer 5,3

Juweliere benutzen den „Wassertest" als eine sichere Prüfmethode, wenn es darum geht, die Echtheit eines Diamanten zu ermitteln. Eine Imitation ist nie so brillant wie ein echter Diamant, doch manchmal ist der Unterschied mit bloßem Auge nicht zu erkennen. Juweliere wissen, dass ein echter Diamant in Wasser wunderbar glänzt und funkelt, während der Glanz einer Imitation quasi erlischt. Anhand dieser Methode lässt sich die Echtheit relativ einfach feststellen.

Dementsprechend erweist sich der Glaube mancher Leute im Wasser des Leides und der Bedrängnis als Fälschung. Ein echtes Kind Gottes wird in Zeiten der Prüfung jedoch genauso hell und klar strahlen wie eh und je.

DIE BEVORSTEHENDE FREUDE

„Haltet es für lauter Freude, meine Brüder, wenn ihr in mancherlei Versuchungen geratet.“
Jakobus 1,2

Die Freude, die wir in Zeiten der Anfechtung erfahren, kann zu den größten Freuden gezählt werden, die wir je erfahren. Gott prüft uns ja nur, um die Echtheit unseres Glaubens herauszustellen. Was könnte da wohl mehr Anlass zur Freude sein als die Tatsache, dass wir nach den Erfahrungen des Leidens und der Schwierigkeiten feststellen dürfen, dass unsere Errettung sich als echt erwiesen hat? Ein gestärktes Vertrauen in unsere Errettung und die Tatsache, dass Gott um uns besorgt ist, sind wirklich Grund für überströmende Freude, denn Leid und Schmerz konnten weder unseren Glauben auslöschen noch uns von Gott trennen.

Echte Freude ist nichts Billiges und hat nichts mit seichten oder oberflächlichen Emotionen zu tun. Da sind viel tiefschürfendere Faktoren mit im Spiel, als das bei äußerlicher und flüchtiger Freude der Fall ist. Wenn du dich in den schwierigen Situationen des Lebens aufreibst und Zweifel und Bestürzung dich umtreiben, dann hast du vergessen, dass der wahre Grund zur Freude darin liegt, dass unser Leben mit Christus in Gott verborgen ist. Durch die Vorsehung Gottes können Freude und Zuversicht gerade in Zeiten der Anfechtung sich als deine treuesten Freunde erweisen.

FREUDE INMITTEN VON PRÜFUNGEN

„Siehe, wir preisen die glückselig, die ausgeharrt haben."
Jakobus 5,11

Jakobus beendet seine Ausführungen zum Thema Versuchung und Anfechtung mit den Worten: „Glückselig der Mann, der die Versuchung [Prüfungen] erduldet" (Jak 1,12). Menschen, die Versuchungen erfolgreich überwinden und in Zeiten der Anfechtung standhaft bleiben, sind wirklich voller Freude. Jakobus behauptet nicht, dass Freude das Resultat einer Zeit ohne Prüfung sei, sondern Freude kommt, wenn wir siegreich aus der Versuchung hervorgehen. Das ist ein gewaltiger Unterschied. Es handelt sich hier nicht um die flüchtige Freude eines Außenstehenden, der nie Leid und Kampf erfahren hat; wir reden hier von der überschwänglichen Freude eines Wettkämpfers, der den Sieg davongetragen hat. Welche dieser beiden Erfahrungen trifft in deinem Fall zu?

AUSHARREN BIS ZUM ENDE

„Glückselig der Mann, der die Versuchung [Prüfungen] erduldet!“
Jakobus 1,12

Das Wort „erdulden“ in unserem heutigen Vers meint ein geduldiges und siegreiches Erdulden. Es suggeriert passives oder schmerzvolles Überleben, konzentriert sich aber eigentlich auf den siegreichen Ausgang einer Sache. Wer Versuchungen als Sieger hinter sich lässt, wird weder den Glauben noch Gott verlassen. Er hat sich als echt erwiesen.

Einige Menschen kommen zur Gemeinde, tun so, als wären sie Christen, und lassen sich unter Umständen sogar taufen. Sobald dann aber die ersten Schwierigkeiten auftauchen, sieht man sie nicht mehr – einige sogar überhaupt nie wieder. Vielleicht ging eine Beziehung in die Brüche, eine nahe stehende Person ist gestorben oder sonst etwas Schlimmes hat sich ereignet. Fakt ist, dass sie sich von den Umständen derart überwältigen ließen, dass sie Gott die Schuld dafür in die Schuhe geschoben haben und dem Christentum den Rücken zukehrten, da es scheinbar ja sowieso nicht funktioniert.

Auch als Gläubige gehen wie durch schwere Zeiten und Zweifel, doch unser Glaube wird nie ausgelöscht. Wir klammern uns an unseren Herrn trotz der schweren Prüfungen, denn wir lieben ihn. Diese Art von liebevollem Ausharren wird echten Segen bewirken.

HOFFT VÖLLIG AUF DIE GNADE

„Deshalb umgürtet die Lenden eurer Gesinnung, seid nüchtern und hofft völlig auf die Gnade, die euch gebracht wird in der Offenbarung Jesu Christi!"
1. Petrus 1,13

Du hast bestimmt viele Predigten zu den Themen Glauben und Liebe gehört und viele Bücher gesehen, die sich diesen Themen widmen, aber hast du je eine Predigt über die Hoffnung gehört oder ein Buch darüber gelesen? Aus irgendeinem Grund tendieren wir dazu, die Hoffnung zu ignorieren. Wenn wir die christlichen Erfahrungen in unserem Kulturkreis betrachten, stellen wir fest, dass Hoffnung wirklich ein vernachlässigtes Stiefkind ist. Einer der Hauptgründe, warum wir nicht in der Hoffnung leben, ist die Tatsache, dass wir uns zu sehr auf die gegenwärtigen Umstände konzentrieren.

Was ist Hoffnung? Es ist die Einstellung, die ein Christ gegenüber der Zukunft einnimmt. Ihrem Wesen nach entspricht Hoffnung dem Glauben. Bei beiden geht es hauptsächlich um Vertrauen und Glauben an Gott, und trotzdem unterscheiden sie sich voneinander. Der Glaube verlässt sich auf Gott hinsichtlich der gegenwärtigen Dinge, die Hoffnung ist zukunftsorientiert. Der Glaube vertraut Gott wegen all der Dinge, die er bereits getan hat, die Hoffnung glaubt Gott im Hinblick auf das, was er noch tun wird.

Setze deine Hoffnung völlig auf ihn und lebe in der Erwartung der wunderbaren Erfüllungen seiner zukünftigen Verheißungen.

UNSERE ZUKÜNFTIGE KRONE

„...denn nachdem er bewährt ist, wird er die Krone des Lebens empfangen..."
Jakobus 1,12

Die Krone des ewigen Lebens hat Gott all denen verheißen, die ihn lieben. Sie ist die größte Belohnung für den Gläubigen. Obwohl wir bereits jetzt einige Vorzüge des ewigen Lebens erfahren, so besitzen wir es doch auf Verheißung hin; eines Tages aber werden wir es in seiner ganzen Fülle in Besitz nehmen. Wir warten immer noch darauf, unsere zukünftige Belohnung in Empfang zu nehmen. Bei der Wiederkunft des Herrn werden wir dieses Ziel endgültig erreicht haben.

Der Apostel Paulus brachte einen ähnlichen Gedanken zum Ausdruck: „Fortan liegt mir bereit die Krone der Gerechtigkeit, welche der Herr, der gerechte Richter, mir zur Vergeltung geben wird an jenem Tage; nicht allein aber mir, sondern auch allen, die seine Erscheinung lieben" (2Tim 4,8). Wenn Jesus wiederkommt, um seine Gemeinde zu sich zu holen, wird er allen Gläubigen Leben in immer währender Gerechtigkeit gewähren. Dann werden wir eine Krone empfangen: die Krone des ewigen Lebens, der Gerechtigkeit und Herrlichkeit.

Das ewige Leben können wir uns zwar nicht durch Ausharren verdienen, nichtsdestotrotz ist das Ausharren aber der Echtheitsbeweis unseres Glaubens und unserer Liebe und wird eines Tages mit der Fülle des ewigen Lebens belohnt werden.

EIN WILLKOMMENER FREUND

„Alle Züchtigung scheint uns zwar für die Gegenwart nicht Freude, sondern Traurigkeit zu sein; nachher aber gibt sie denen, die durch sie geübt sind, die friedvolle Frucht der Gerechtigkeit.“
Hebräer 12,11

Züchtigung als Freude zu betrachten, ist etwas, was jeder Christ lernen muss. Man muss sich jedoch dazu disziplinieren, denn von Natur aus empfinden wir Züchtigung nicht als eine erfreuliche Angelegenheit. Eine bewusste Entscheidung ist erforderlich, und man muss sich selbst in die Pflicht nehmen, jeder Versuchung mit einer freudigen Haltung zu begegnen. Paulus war ein Gefangener in Rom, als er den Philippern schrieb: „Freut euch im Herrn allezeit! Wiederum will ich sagen: Freut euch … denn ich habe gelernt, mich darin zu begnügen, worin ich bin“ (Phil 4,4.11). Er hatte es gelernt, inmitten von schweren Prüfungen zufrieden zu sein und sich zu freuen. Das ist nichts, was einfach so durch Zufall passiert.

Wenn du Versuchungen oder Prüfungen auf dich zukommen siehst, dann strebe danach, eine frohe Haltung einzunehmen, indem du dir klarmachst, dass der Herr diese Situationen benutzt, um dich vollkommener zu machen. Wir müssen eine starke innere Überzeugung besitzen, so dass wir Versuchungen mit einer freudigen Einstellung entgegentreten. Die Freude, von der wir hier reden, ist die Freude, die ein Christ empfindet, der es als ein Vorrecht betrachtet, wenn sein Glaube geprüft wird. Er freut sich, weil er weiß, dass er dadurch seinem Herrn und Retter näher kommt. So werden schwere Prüfungen zu einem willkommenen Freund.

EINE UNFREIWILLIGE ZUHÖRERSCHAFT

„Es grüßen euch alle Heiligen, besonders aber die aus des Kaisers Haus.“
Philipper 4,22

Leid muss nicht immer körperlicher Natur sein. Manchmal erleben wir auch emotionalen oder mentalen Schmerz. Paulus war ein Gefangener in Rom, als er den Philippern seinen Brief schrieb. Er wurde in seinem Dienst sehr beschnitten; nichtsdestotrotz erklärt er den Philippern, dass seine Gefangenschaft dennoch zur Ausbreitung des Evangeliums beiträgt. Da er an die römischen Soldaten gekettet war, hatte er die Möglichkeit, sie für den Herrn zu gewinnen (V. 13).

Offensichtlich führte das zu einer gewissen Erweckung im Hause des Kaisers, und es wurden einige gerettet, wie unser heutiger Vers beweist. Die Soldaten hatten keine Ahnung, mit wem sie es da zu tun hatten; sie meinten, es handle sich nur um einen Gefangenen, doch tatsächlich zählten sie zur unfreiwilligen Zuhörerschaft eines gewaltigen Evangelisten. Das ist wirklich ein Paradebeispiel dafür, wie man sich inmitten einer denkbar frustrierenden und entmutigenden Situation trotzdem freuen kann.

WACHSEN AN VERSTAND UND ERKENNTNIS

„Indem ihr erkennt, dass die Bewährung eures Glaubens Ausharren bewirkt.“
Jakobus 1,3

Zweifle nie daran, dass schwere Prüfungen letztendlich etwas Positives bewirken werden. Sie sind dazu da, „Geduld“ oder – besser ausgedrückt – „Ausharren“ oder „Ausdauer“ zu fördern. Mit jeder Anfechtung wächst unsere Widerstandskraft, die wir benötigen, um unter Druck bestehen zu können. So können wir geduldig auf Gott harren, bis er die Prüfung zu der von ihm bestimmten Zeit wegnimmt, um uns dann zu belohnen. Das Ausharren bewirkt, dass wir gestärkt werden.

Gott trainiert uns quasi wie einen Langstreckenläufer, der langsam an die geforderte Distanz herangeführt wird. Er fängt klein an und arbeitet sich dann bis an seine Leistungsgrenze hoch. Gott lässt in unserem Leben ebenfalls immer schwerere Prüfungen zu, so dass unsere Ausdauer im Dienst und unsere Freude beständig zunehmen. So können wir härtere Schlachten gewinnen und süßere Siege erringen. Wenn du aus einer Versuchung siegreich hervorgehst, kannst du dich über die von Gott geschenkte Befreiung freuen. So erweist er sich als vertrauenswürdig, und dein Glaube wird gestärkt.

DEN HIMMEL ERWARTEN

„Auch wir selbst seufzen in uns selbst und erwarten die Sohnschaft: die Erlösung unseres Leibes. Denn auf Hoffnung hin sind wir errettet worden."
Römer 8,23-24

Prüfungen und Anfechtungen steigern unsere Sehnsucht nach dem Himmel. Einerseits bewirken schwere Prüfungen, dass die vergänglichen Dinge dieser Welt ihren Anreiz verlieren, andererseits wächst unser Verlangen, z.B. mit einem geliebten Menschen, der bereits beim Herrn ist, wieder vereint zu sein. Wenn die Menschen, die dir am meisten am Herzen lagen, bereits in der Gegenwart unseres geliebten Erlösers sind und du deine Zeit und dein Geld in ewige Dinge investiert hast, dann bleibt nichts mehr übrig, was dich hier auf Erden hält.

Dieses Leben mag voll von Leid und Schmerz sein, doch auf den Gläubigen wartet eine herrliche Zukunft. Deshalb sehnen wir uns umso mehr, die Erfüllung unserer Errettung zu erlangen. In diesem Sinne verstärken schwere Prüfungen unser Verlangen nach den ewigen Dingen – sie fördern unsere Sehnsucht nach der ewigen, himmlischen Stadt.

DEN GLAUBEN AUSLEBEN

„Denn wir wandeln durch Glauben,
nicht durch Schauen."
2. Korinther 5,7

Thomas Manton sagte, dass wir in Zeiten der Ruhe und des Wohlstands eher aus dem Gefühl heraus leben als aus Glauben. Die Tauglichkeit eines Soldaten offenbart sich jedoch nicht in Friedenszeiten. Es ist immer schwierig, das Ziel nicht aus den Augen zu verlieren, wenn wir mitten in der Versuchung stecken. Selbst die Zusage der bevorstehenden Belohnung und die Gewissheit, dass jede Prüfung ihren Sinn hat, können manchmal eher theoretisch als wirklich erscheinen. Wir können jedoch unser Vertrauen in all diese Dinge stärken, indem wir uns einfach den heutigen Vers in Erinnerung rufen.

Neben anderen Dingen beabsichtigt Gott, uns durch Prüfungen zu stärken. Während du von Prüfung zu Prüfung fortschreitest, werden deine geistlichen Muskeln (dein Glaube) trainiert, so dass du immer schwierigere Aufgaben in Angriff nehmen kannst. Du kannst also gefährlicheren Feinden gegenübertreten und schwierigere Hindernisse überwinden, wodurch du für den Herrn immer brauchbarer wirst; und je brauchbarer du bist, umso mehr wirst du auch seinen Willen durch die Kraft seines Geistes erfüllen, um ihn zu verherrlichen.

WEISHEIT VON GOTT

„Wenn aber jemand von euch Weisheit mangelt, so bitte er Gott."
Jakobus 1,5

Wenn du geprüft wirst, dann musst du dir bewusst sein, dass du Hilfe nötig hast, und dich um die entsprechende Unterstützung kümmern. Du brauchst mehr Kraft, als du selbst besitzt – du brauchst Gott selbst. Die Suche nach Weisheit zählt zu den wichtigsten Dingen für die Menschen. Wer den Herrn kennt und ihn liebt, dem wird er auch Weisheit geben.

Diese Art von Weisheit hat nichts mit philosophischen Spekulationen zu tun, sondern sie stimmt 100%ig mit Gottes Willen überein – Weisheit von oben ist rein und friedvoll (Jak 3,17). Weisheit von Gott bewirkt richtiges Verhalten in allen Bereichen des Lebens. Oft rennen wir Christen zuerst zu einem Freund, wenn wir Probleme haben. Gewiss kann Gott auch durch Freunde wirken, doch unsere erste Reaktion sollte eigentlich sein, dass wir zuallererst Gottes Gegenwart und Weisheit suchen, um seinen Willen zu erkennen und ihm dann mit Freude zu gehorchen.

Unser heutiger Vers ist eine Aufforderung zum Gebet und genauso verbindlich wie Paulus' Anweisung: „Betet ohne Unterlass" (1Thes 5,17). Prüfungen sind dazu da, uns in die Abhängigkeit Gottes zu treiben, weil wir realisieren, dass unsere menschlichen Ressourcen nicht ausreichen.

BITTE UM WEISHEIT

„Denn der HERR gibt Weisheit."
Sprüche 2,6

Ich glaube, dass Gott uns mit der nötigen Weisheit versorgen wird, damit wir in jeder Anfechtung bestehen können, wenn wir ihn darum bitten. Bitten wir ihn jedoch nicht, dann kann es sein, dass der Herr die Prüfung so lange andauern lässt, bis wir dadurch gelernt haben, dass wir von ihm abhängig sind.

Falls es dir an Weisheit mangelt, bist du angehalten, Gott darum zu bitten. Weisheit wird einem Heiligen, der darum bittet, so dass er in den Prüfungen des Lebens bestehen kann, nie verwehrt werden. Ist das nicht eine wunderbare Verheißung? Manchmal bitten wir einfach nicht darum – wir versuchen alles, außer Hilfe bei Gott zu suchen. Dabei sollten wir auf unseren Knien liegen und von Herzen zu Gott um Leitung und Führung schreien.

IM GLAUBEN BITTEN

„Er bitte aber im Glauben,
ohne irgend zu zweifeln."
Jakobus 1,6

Ein Gläubiger sollte voller Vertrauen und Zuversicht Weisheit von Gott erbitten. Wenn dir Weisheit mangelt, so ist das nicht Gottes Schuld. Wenn du den Grund deines Geprüftwerdens nicht verstehst – den Tod deines Ehepartners, gesundheitliche Probleme, finanzielles Chaos, Probleme mit deinem Auto, deiner Arbeit oder deinen Kindern – dann liegt das vielleicht daran, dass du Gott nicht im Glauben um Weisheit gebeten hast.

Vielleicht waren deine Gebete unaufrichtig und deine Motive schlecht. Jakobus verurteilt es, wenn jemand bittet, um es dann in seinen Lüsten zu vergeuden (Jak 4,3). Vielleicht sind deine Gebete auch nicht im Einklang mit Paulus' Worten aus 1Tim 2,8: „Ich will nun, dass die Männer an jedem Ort beten, indem sie heilige Hände aufheben, ohne Zorn und zweifelnde Überlegung." Zweifelst du an Gottes Fähigkeit und Bereitschaft zu helfen?

Fester Glaube ist völlig davon überzeugt, dass Gott, der souverän und voller Liebe ist, dafür sorgen wird, dass wir sowohl den Anlass der Bedrängnis verstehen als auch standhaft bleiben können. Egal worin du erprobt wirst: Du kannst gewiss sein, dass alles Gottes Absichten entspricht und deinem Reiferwerden dient.

20. Oktober

OHNE ZWEIFEL

„Der Zweifler gleicht einer Meereswoge, die vom Wind bewegt und hin und her getrieben wird. Denn jener Mensch denke nicht, dass er etwas von dem Herrn empfangen werde.“
Jakobus 1,6-7

Ein zweifelnder Mensch, der nicht glaubt, dass Gott Weisheit schenken kann, gleicht der ständig wechselnden See, wo Wellen kommen und gehen und die nie zur Ruhe kommt. Ein solcher Mensch glaubt nicht im Geringsten daran, irgendetwas von Gott zu empfangen.

Ein Ungläubiger, der vorgibt, Christus zu kennen, wird in Zeiten der Erprobung auf Gott zornig werden und sich von der Gemeinde distanzieren. Ein echter Christ, der jedoch noch unreif ist, kann unter Umständen ähnlich reagieren. Seine Reaktion wird von seinen Gefühlen bestimmt, und er vertraut Gott nicht 100%ig. Er wird die Erfahrung nicht kennen, dass man inmitten von schweren Prüfungen eine freudige Haltung einnimmt, einsichtig ist, Unterordnung praktiziert und ein Herz voller Glauben hat. Es erscheint ihm unmöglich, Gott um Weisheit zu bitten und auf seine Ressourcen zurückzugreifen. Er wird nie um die Lösungen, die Gott für ihn bereithält, wissen, weil er nicht ausharrt und treu zu Gott betet.

DIE HOHEIT DER NIEDRIGEN

„Der niedrige Bruder aber rühme sich seiner Hoheit.“
Jakobus 1,9

Unser heutiger Vers richtet sich an die Niedrigen und fordert sie auf, sich zu freuen. Ein Christ, der finanziell gesehen arm ist, kann sich nicht des materiellen Reichtums erfreuen, aber die Tatsache, dass er vor Gott einen hohen Stand einnimmt, ist für ihn Anlass zu großer Freude. Er mag hungrig sein, doch er hat das Brot des Lebens. Er mag durstig sein, aber er besitzt das Wasser des Lebens. Er mag arm sein, aber er besitzt ewige Reichtümer. Er mag hier in einer armseligen Hütte wohnen, aber im Himmel erwartet ihn ein herrliches Zuhause. Er mag durch viele schwere Prüfungen gehen, aber Gott benutzt sie, um ihn zu geistlicher Reife zu führen.

Ein Christ, der benachteiligt wird, kann diese Tatsache annehmen, weil er weiß, dass für ihn ein unvergängliches, unbeflecktes und unverwelkliches Erbteil im Himmel aufbewahrt ist (1Petr 1,4). Wir besitzen wahre Reichtümer. Deshalb können wir auch Armut und Prüfungen ertragen, weil wir unseren Blick auf die Zukunft gerichtet haben, wo uns ein herrliches Erbe erwartet.

22. Oktober

DIE NIEDRIGKEIT DER REICHEN

„Der Reiche aber rühme sich seiner Niedrigkeit.“
Jakobus 1,10

Christen, die nicht geprüft werden, indem sie mit Armut zu kämpfen haben, sollen sich ihrer „Niedrigkeit“ rühmen, wie unser heutiger Vers lehrt. Wenn die Prüfungen, die sie durchleben, ihnen dabei helfen zu realisieren, dass all ihr Besitz ihnen weder Glück noch Zufriedenheit erwerben kann, dann werden sie erkennen, dass sie voll und ganz vom Reichtum der Gnade Gottes abhängig sind. Reiche Christen können sich freuen, wenn sie begriffen haben, dass materielle Segnungen zeitlich begrenzt sind, während die geistlichen Reichtümer ewigen Bestand haben.

Prüfungen demütigen und erniedrigen jeden Christen, so dass jeder vor Gott denselben Stand einnimmt. Geld kann die wahren Probleme des Lebens nicht lösen – höchstens die finanziellen. Wenn du deinen Ehepartner, deinen Sohn oder deine Tochter verlierst, wird Geld bedeutungslos. Mit keinem Geld der Welt kannst du dir einen Ausweg aus dieser Prüfung kaufen.

Ob arm oder reich: Prüfungen helfen uns, in Demut anzuerkennen, dass wir von Gott abhängig sind.

VERBRANNT

„Denn die Sonne ist aufgegangen mit ihrer Glut und hat das Gras verdorren lassen, und seine Blume ist abgefallen, und die Zierde seines Ansehens ist verdorben; so wird auch der Reiche in seinen Wegen dahinschwinden."
Jakobus 1,11

Oft realisieren die Reichen dieser Welt nicht, dass sie ihren Reichtum nicht werden mitnehmen können. Nur wer von Gott gedemütigt wurde, ist sich bewusst, dass das Leben wie ein „Dampf ist, der eine kleine Zeit sichtbar ist und dann verschwindet" (Jak 4,14).

In unserem heutigen Vers hat Jakobus die herrliche Blütenpracht Palästinas vor Augen, die im Februar beginnt und im Mai bereits wieder verdorrt ist. Seine Beschreibung lehnt sich auch an Jesaja 40,6-8 an. Die Glut, von der hier gesprochen wird, könnte sich auf den heißen Wüstenwind, den Schirokko, beziehen, der jegliche Vegetation zunichte macht. Es ist ein Bild für den bitteren Tod und das göttliche Gericht, die den Schlusspunkt des irdischen Lebens und all seiner Reichtümer markieren.

Sobald die Besitztümer des Reichen verbrannt sind, bleiben nur noch die wahren Schätze übrig, genau wie bei dem Armen. Wenn du reich sein solltest, dann achte darauf, dass du eine demütige Einstellung bewahrst und dein Vertrauen nicht in deinen Reichtum setzt.

24. Oktober

PRÜFUNG ODER VERSUCHUNG?

„Und führe uns nicht in Versuchung."
Matthäus 6,13

Jeder Mensch, ob Christ oder nicht, wird versucht. Paulus spricht in 1. Korinther 10,13 von „menschlicher Versuchung." Die Art und Weise, wie wir damit umgehen, offenbart entweder die Echtheit unseres Glaubens oder dessen Nichtvorhandensein.

Die Prüfungen, die Gott in unserem Leben zulässt, um uns zu stärken, können auch zu Versuchungen werden. Sie können uns zum Bösen verführen, anstatt dass sie ein Mittel zu geistlichem Wachstum werden. Jede schwierige Situation in meinem Leben führt entweder dazu, dass ich gestärkt werde, weil ich Gott gehorche und seiner Fürsorge und Macht vertraue, oder dass ich an Gott zweifle und seinem Wort ungehorsam bin.

Jede Prüfung birgt die Möglichkeit einer potenziellen Versuchung in sich. Der Unterschied liegt einzig und allein darin, wie du reagierst.

GOTT TRIFFT KEINE SCHULD

„Niemand sage, wenn er versucht wird: Ich werde von Gott versucht. Denn Gott kann nicht versucht werden vom Bösen, er selbst aber versucht niemand."
Jakobus 1,13

Obwohl es einige gibt, die meinen, Gott sei verantwortlich für die Versuchung und die Sünde, widerlegt Jakobus diesen Gedanken in unserem heutigen Vers eindeutig.

Er warnt davor, unsere Sünde herunterzuspielen und Gott die Schuld zuzuschieben, wenn wir versucht werden. Wenn du mit der Versuchung kämpfst und drauf und dran bist, ihr nachzugeben, dann versuche nicht, dich rauszureden, indem du sagst, du würdest von Gott versucht.

Gehen wir einmal davon aus, dass niemand Gott direkt beschuldigt, ihn zur Sünde zu verführen. Jakobus geht aber noch einen Schritt weiter und unterstreicht, dass wir nicht einmal im Entferntesten daran denken dürfen, Gott als den Verursacher unseres Sündigens zu sehen. Die meisten Menschen werden nicht so weit gehen, Gott für ihre Sünde verantwortlich zu machen, doch irgendwie beschuldigen sie ihn indirekt, indem sie meinen, Gott habe die Situation und die damit verbundene Möglichkeit des Versagens zugelassen. Doch Gott ist weder der unmittelbare Verursacher der Versuchung noch im entferntesten Sinne ihr Ursprung. Betrachte dich nie als ein Opfer der Vorsehung Gottes.

26. Oktober

DIE FALLE ERKENNEN

„Ein jeder aber wird versucht, wenn er von seiner eigenen Begierde fortgezogen und gelockt wird.“
Jakobus 1,14

Die Versuchung kommt nicht von Gott, sondern aus uns selbst. Das Wort *fortgezogen* stammt aus der Jägersprache und beschreibt, wie Tiere in Fallen gelockt werden, und das Wort *gelockt* erinnert an einen Fisch, den man mit einem Köder fängt. Jeder Mensch wird versucht, wenn die Sünde ihren Köder auswirft und somit unsere Lust angesprochen wird. Wenn unsere Begierde auf den verlockenden Köder reagiert, werden wir fortgezogen, bis wir letztendlich in der Falle sitzen.

Was ist es, was den Köder so anziehend erscheinen lässt? Gewiss nicht Gott. Es sind auch nicht Satan und seine Dämonen oder der böse Lauf dieser Welt, die uns zur Sünde verführen, obwohl sie es sind, die den Köder an den Haken stecken. Es ist unsere gierige und ausschweifende Natur, die uns drängt, den Köder zu schlucken. Unser Fleisch, unsere gefallene Natur hat ein Verlangen nach dem Bösen.

Von einem geistlichen Standpunkt aus betrachtet, sieht es wie folgt aus: Obwohl wir erlöst sind und die neue Natur empfangen haben, steckt immer noch ein alter Feind in uns. Es ist die in uns wohnende Begierde, die uns zur Sünde verführt – nicht Gott.

DIE GEBURT DER SÜNDE

„Danach, wenn die Begierde empfangen hat, bringt sie Sünde hervor; die Sünde aber, wenn sie vollendet ist, gebiert den Tod.“
Jakobus 1,15

Die meisten Menschen stellen sich die Sünde als einen isolierten einmaligen Akt vor. Unser heutiger Vers lehrt uns jedoch, dass sie das Ergebnis eines Prozesses ist.

Die Sünde beginnt mit einem Verlangen, sie hat etwas mit unseren Gefühlen zu tun. D.h. dein Gefühl veranlasst dich dazu, etwas zu begehren, was du siehst, und du möchtest dieses Verlangen stillen, indem du dieses Etwas bekommst. Die Versuchung befällt dann auch deine Gedanken und beginnt, dich zu verführen. Plötzlich willst du deinen Anspruch auf Befriedigung rechtfertigen und erklären. Du wirst in deinem Verstand verführt zu denken, dass du glücklich wirst, indem du deine Lust und deine Bedürfnisse befriedigst.

Als Nächstes heckst du einen Plan aus, wie du das gesteckte Ziel erreichen kannst, und wenn die Lust dann quasi durch den Köder „verführt“ wurde, wird sie im Willen der Person „schwanger“. Letztendlich folgt dann noch der tatsächliche Akt der Sünde.

Da du nun weißt, wie die Sünde geboren wird, solltest du dich besser gegen die Versuchung schützen und sie meiden können.

DEM SÜNDIGEN VERLANGEN DEN TODESSTOSS VERSETZEN

„Irret euch nicht, meine geliebten Brüder!“
Jakobus 1,16

Ab welchem Moment unternimmst du etwas gegen die Sünde? Nicht erst im Moment der Tat – dann ist es bereits zu spät; du musst beim Verlangen und bei den Begierden ansetzen. Wer Herr über seine Gefühle ist, ist in der Lage, die Sünde wirksam zu bekämpfen. Wenn jemand von negativen Gefühlen förmlich überschwemmt wird, kann er, sofern seine Gesinnung geheiligt ist, die Begierden im Keim ersticken, bevor sie den Willen befallen. Sobald aber der Wille mit ins Spiel kommt, wird eine „Geburt“ unvermeidbar.

Du musst deine Lust und deine Gefühle unter Kontrolle halten, wenn du wirksam gegen die Sünde vorgehen willst. Sobald du dich und deine Gefühle dem Köder aussetzt, besteht die Gefahr, gefangen genommen zu werden, es sei denn, du unternimmst sofort etwas dagegen.

DEN BEGIERDEN VORBEUGEN

„Denn die Waffen unseres Kampfes sind nicht fleischlich, sondern mächtig für Gott zur Zerstörung von Festungen; so zerstören wir Vernünfteleien und jede Höhe, die sich gegen die Erkenntnis Gottes erhebt, und nehmen jeden Gedanken gefangen unter den Gehorsam Christi."
1. Korinther 10,4-5

So viele böse Dinge in unserer Gesellschaft verlangen unsere Aufmerksamkeit: Filme, Fernsehen, Bücher, Musik, Kleider, Werbung und – ganz aktuell – das Internet. All diese Dinge richten sich an die Gefühle. Werbefachleute wissen zum Beispiel, dass das Kaufverhalten letztendlich eine Gefühlssache ist. Die meisten interessieren sich auch herzlich wenig für die technischen Daten eines Autos; was sie anspricht ist, wenn das Auto wie ein Sportwagen aussieht, eine hübsche Frau am Steuer sitzt oder sonstige emotionale Köder ausgeworfen werden.

Wir müssen gut über unseren Verstand, unsere Gefühle und unseren Willen wachen. Wir müssen Gottes Willen suchen, indem wir über sein Wort nachsinnen und seinen Willen zu unserem machen. Ein ungeschützter, unkontrollierter und hemmungsloser Verstand wird von bösen Lüsten gefüllt, was zwangsläufig auch zu bösen Taten führen wird. Wir müssen unsere Gefühle und Gedanken im Zaum halten, wenn wir den Verlockungen dieser Welt begegnen.

30. Oktober

GOTTES GÜTE

„Jede gute Gabe und jedes vollkommene Geschenk kommt von oben herab, von dem Vater der Lichter, bei dem keine Veränderung ist noch eines Wechsels Schatten.“
Jakobus 1,17

Was von Gott kommt, ist gut und vollkommen. Gott könnte nie etwas Böses tun, weil sein Wesen gut ist. Er ist vielmehr der Ursprung alles Guten und schafft unendlich viel Gutes. Wir hingegen besitzen die Fähigkeit zu sündigen – Gott kann nicht sündigen.

Warum nur versuchen wir uns mit bösen Dingen, die zum Tod führen, zu befriedigen, wenn Gott doch alles Gute, was wir uns überhaupt nur wünschen könnten, im Übermaß für uns bereithält? Nur ein Narr würde sich da in eine Falle locken lassen, steht uns doch die ganze Güte Gottes durch seine Gnade offen. Im Gegensatz dazu ist unser Fleisch ein stinkender Tümpel mit verseuchtem Wasser. Es ist geradezu grotesk, wenn wir meinen, dass dieses Wasser unseren Durst stillen könnte. Wir haben Zugang zum Brunnen, der überfließt mit lebendigem Wasser, woher wir jede gute Gabe und jedes vollkommene Geschenk empfangen.

GOTTES BESTÄNDIGKEIT

„… von dem Vater der Lichter, bei dem keine Veränderung ist noch eines Wechsels Schatten.“
Jakobus 1,17

Jakobus nannte Gott „den Vater der Lichter“ – was ein alter jüdischer Ausdruck ist, der Gott als den Schöpfer beschreibt –, weil diese Bezeichnung gut zu seiner Illustration passte.

Zu den Lichtern zählen die Sonne, der Mond und die Sterne – die von Gott geschaffenen Himmelskörper. Von unserem Standort aus betrachtet, bewegen sich die Gestirne, sie kommen und gehen, ändern ihre Form und ihren Lichtglanz – ihr Nutzen für uns ist mal so, mal so. Doch bei Gott gibt es keine Veränderung und keinen Wechsel. Gott verändert sich nicht von einem Zustand in einen anderen, und er gleicht auch nicht dem ständig wandernden Schatten, den die Sonne wirft. Das strahlende Licht seiner Herrlichkeit und gnädigen Güte wird nie schwächer. Seine Gnade ist beständig und wird nie dunkel. „Gott ist Licht, und gar keine Finsternis ist in ihm“ (1Jo 1,5). „Nein, ich, der Herr, ich habe mich nicht geändert“ (Mal 3,6).

Gottes Barmherzigkeit hat kein Ende. Nichts kann seine Güte und seine Gutmütigkeit auslöschen. In Anbetracht dieser Tatsache gilt: Verschlucke nicht den Köder des Teufels, der nur Sünde und Tod gebiert, sondern empfange all das Gute, das Gott dir schenken möchte.

Beständigkeit

November

ANGRIFF AUF DIE GEMEINDE

„In der Welt habt ihr Bedrängnis."
Johannes 16,33

Wir sollten uns nicht darüber wundern, wenn die Gemeinde unter Beschuss gerät, denn Christus hat es vorhergesagt. Weil die Welt, das Fleisch und der Teufel hinter diesen Angriffen stecken, hat Jesus uns aufgefordert: „Wacht und betet, damit ihr nicht in Versuchung kommt" (Mt 26,41). Petrus warnt: „Seid nüchtern, wacht! Euer Widersacher, der Teufel, geht umher wie ein brüllender Löwe und sucht, wen er verschlingen kann" (1Petr 5,8). Paulus erinnert uns daran, vorbereitet zu sein: „Wir aber, die dem Tag gehören, wollen nüchtern sein, bekleidet mit dem Brustpanzer des Glaubens und der Liebe und als Helm mit der Hoffnung des Heils" (1Thes 5,8).

Es kann schwierig sein, dein christliches Zeugnis aufrechtzuerhalten, wenn die Versuchungen eher unterschwellig als offensichtlich sind. Ich erinnere mich daran, einen Pastor in Russland gefragt zu haben: „Ist es schwierig, in diesem Land eine Gemeinde zu leiten?" Er antwortete: „Nein, denn ich weiß, wo jeder steht. Aber wie kann jemand eine Gemeinde in Amerika leiten, wo Kompromisse und „political correctness" zur Tagesordnung gehören?" Manch so genannter Christ sucht die Anerkennung der Welt und ist nicht bereit, für Christus seinen Mann zu stehen.

2. November

STANDHAFT SEIN

„Steht in dieser Weise fest im Herrn, Geliebte!"
Philipper 4,1

Unser heutiger Vers erinnert uns an einen Soldaten, der mitten in der Schlacht auf seinem Posten bleibt und ihn verteidigt. Paulus benutzt dieselbe Metapher in Epheser 6,11: „Zieht die ganze Waffenrüstung Gottes an, damit ihr gegen die Listen des Teufels bestehen könnt!" Im geistlichen Sinne standhaft zu bleiben, bedeutet, dass du dein Zeugnis als Christ nicht opferst, wenn du in Anfechtung und Versuchung gerätst.

Es stimmt mich wirklich traurig, dass viele Gläubige Gott und seine Gebote auf die leichte Schulter nehmen. Viele ziehen es vor, unterhalten zu werden, anstatt Gott zu suchen. Diese Art von Gleichgültigkeit betrachtet seine Gebote lediglich als Vorschläge. Doch unser souveräner Herr gebietet uns, standhaft zu sein. Die Fähigkeit, Gott zu gehorchen, ist gleichzeitig untrennbar mit diesem Gebot verknüpft.

PAULUS' LAST FÜR DIE GEMEINDE

„Denn Gott ist mein Zeuge, wie ich mich nach euch allen sehne mit der herzlichen Liebe Christi Jesu."
Philipper 1,8

Der Apostel Paulus begegnete den Gläubigen in einem Geist der Gnade und Milde – oft waren seine Anweisungen an die Geschwister in Liebe und Anteilnahme eingepackt. Die Philipper nahmen in seinem Herzen einen ganz besonderen Platz ein. Er nannte sie: „Meine geliebten und ersehnten Brüder" (Phil 4,1).

Seine Liebe für sie äußerte sich darin, dass er sich wünschte, „bei ihnen bleiben zu können für ihre Förderung und Freude im Glauben" (Phil 1,25). Er war sogar bereit, sich selbst zu opfern: „Wenn ich aber auch als Trankopfer über das Opfer und den Dienst eures Glaubens gesprengt werde..." (Phil 2,17). Und nur den Philippern erlaubte er, „sich am gegenseitigen Geben und Empfangen zu beteiligen" (Phil 4,15), was wiederum die besonderen Bande zwischen den beiden unterstreicht.

Paulus war ein Logiker und ein Theologe, der seinesgleichen suchte – sein Intellekt war überwältigend. Gleichzeitig liebte er die Menschen aber auch von ganzem Herzen. Dein Dienst wird nur dann Frucht tragen, wenn du die Menschen wirklich liebst.

4. November

PAULUS' FREUDE

„Meine geliebten und ersehnten Brüder,
meine Freude und mein Siegeskranz."
Philipper 4,1

Paulus freute sich ganz besonders über seine Geschwister im Herrn. Gemäß unserem heutigen Vers waren die Philipper seine Freude und sein Siegeskranz. Den Gläubigen in Thessalonich schrieb er: „Denn wer ist unsere Hoffnung oder Freude oder Ruhmeskranz – nicht auch ihr? – vor unserem Herrn Jesus bei seiner Ankunft? Denn ihr seid unsere Herrlichkeit und Freude" (1Thes 2,19-20).

Paulus freute sich über die Errettung und das geistliche Wachstum der Gemeinde, was durch den Begriff „Siegeskranz" ausgedrückt wird; damit ist ein Lorbeerkranz gemeint, der einem Athleten der damaligen Zeit bei der Siegerehrung überreicht wurde (1Kor 9,25). Es waren jedoch nicht nur Athleten, die auf diese Weise geehrt wurden. Auch speziellen Gästen wurde bei Banketten und anderen festlichen Anlässen diese Ehre zuteil. Der Kranz wurde zu einem Symbol für Erfolg und Ansehen. Die Philipper waren Paulus' Belohnung – der Beweis, dass seine Bemühungen Frucht getragen haben. Mögest du in deinem Dienst dieselbe Freude erfahren wie Paulus.

EIN GUTER SOLDAT

„Nimm teil an den Leiden als ein guter Streiter Christi Jesu!"
2. Timotheus 2,3

Mut, Überzeugung und Unbescholtenheit werden in der Welt respektiert – im Leben eines Christen sind sie jedoch ein absolutes Muss. Denn die Bezeichnung „Christ" identifiziert uns mit Christus, der keine Kompromisse einging und keinen Millimeter von der Wahrheit abwich. Er ist das perfekte Vorbild für Mut und Integrität.

Es besteht kein Zweifel, dass auch wir dazu berufen sind, standhaft – wie unser Vorbild Christus – und nicht wankelmütig zu sein (Jak 1,6). Die Anweisungen, standhaft (Eph 6,11-14) und stark zu sein (1Kor 16,13; 2Tim 2,1), bestätigen, dass wir in der Nachfolge Christi kühn und kompromisslos sein sollen.

Die meisten von uns sind ernsthaft bestrebt, in ihrem Christenleben fest zu stehen und nicht zu fallen. Keiner möchte den Versuchungen des Lebens erliegen und den Verführungen der Welt, des Fleisches und des Teufels zum Opfer fallen. Nichtsdestotrotz müssen wir uns darüber im Klaren sein, dass es nicht einfach ist, standhaft und stark zu sein, denn wir befinden uns in einem geistlichen Kampf (2Tim 2,3-4). Als „gute Streiter" des Glaubens müssen wir uns auf „Schmerz und Leiden" gefasst machen.

6. November

MIT UNEINIGKEIT UMGEHEN

„Steht fest in einem Geist und mit einer Seele zusammen für den Glauben des Evangeliums kämpfend."
Philipper 1,27

Geistliche Stabilität erfordert gegenseitige Liebe. Unter den Gläubigen muss eine Atmosphäre der Harmonie und des Friedens herrschen. Unser Leben muss quasi mit dem Leben der anderen Gläubigen verwoben sein, so dass wir uns gegenseitig ermutigen und tragen können.

Unser heutiger Vers zeigt uns, dass Paulus sich diese Harmonie für die Gemeinde in Philippi wünschte; stattdessen gab es dort aber nicht zu unterschätzende Unstimmigkeiten zwischen zwei Frauen, die das gesamte Gemeindeleben bedrohten. Paulus versuchte zu verhindern, dass sich Sünde in Gestalt von Parteilichkeit, Kritik, Bitterkeit, Unwillen, mangelnder Vergebungsbereitschaft und Stolz in der Gemeinde ausbreiten konnte.

Um solche Probleme zu vermeiden, ist es zwingend notwendig, dass wir als Gläubige füreinander beten und uns umeinander kümmern. Gegenseitige Liebe bewirkt Harmonie, was wiederum zu geistlicher Stabilität führt und das wahre Wesen der Gemeinde widerspiegelt: den Schwachen helfen, die Gestrauchelten aufrichten und die Niedergeschlagenen trösten.

EIN AUFRUF ZUR EINIGKEIT

„So erfüllt meine Freude, dass ihr dieselbe Gesinnung und dieselbe Liebe habt, einmütig, eines Sinnes seid."
Philipper 2,2

Der Apostel Paulus war ein großartiger Theologe, was erklärt, warum er oft wichtige Lehrthemen ansprach. Er widersprach der Gesetzlichkeit der Judaisten (Phil 3,2) und den liberalen Ansichten falscher Lehrer gleichermaßen (Phil 3,18-19). Er wusste, dass derartige Dogmen die Lehre von der Errettung und das Leben der Gemeinde gefährdeten. Ebenso erkannte er aber auch die Gefahr, die sich hinter der Uneinigkeit verbarg. Denn solche Konflikte sind kräfteraubend und zerstören das Zeugnis der Gemeinde. Es gibt genug Feinde Christi, die nur darauf lauern, die Gemeinde in Verruf zu bringen.

Es scheint, als ob das gute Zeugnis der Gemeinde in Philippi drauf und dran war, ein Opfer von Parteiungen und Uneinigkeit zu werden. Darum wies Paulus sie an: „Wandelt nur würdig des Evangeliums des Christus, damit ich, sei es, dass ich komme und euch sehe oder abwesend bin, von euch höre, dass ihr fest steht in einem Geist und mit einer Seele zusammen für den Glauben des Evangeliums kämpft" (Phil 1,27). Wir haben alle denselben Geist, der in uns wohnt, also gibt es keinen Anlass zu Uneinigkeit.

8. November

VERMEIDE PERSÖNLICHE KONFLIKTE

„Die Evodia ermahne ich, und die Syntyche ermahne ich, dieselbe Gesinnung zu haben im Herrn!“
Philipper 4,2

Paulus begegnete mancherlei Konflikten innerhalb der Gemeinde. Doch einige waren von so zentraler Bedeutung, dass er sie in seinen Briefen ansprechen musste; folglich gibt es da auch für uns etwas zu lernen. Offensichtlich waren diese beiden Frauen, Evodia und Syntyche, die Anführerinnen zweier Parteien innerhalb der Gemeinde. Wir wissen nicht, worum es im Detail ging, doch können wir annehmen, dass es sich um Probleme persönlicher Natur handelte.

Wir wissen, dass es sich bei den beiden Frauen um bekannte Glieder innerhalb der Gemeinde handeln musste, denn beide haben mit Paulus für die Sache des Evangeliums gekämpft (Phil 4,3). Zweifelsohne richteten sie in der Gemeinde verheerenden Schaden an, denn es bestand Uneinigkeit (Phil 2,2). Die Ursache lag in der mangelnden Liebe untereinander – was auf die Gegenwart von Stolz und die Abwesenheit von Demut hinweist; deshalb rief Paulus die Frauen auf, „dieselbe Gesinnung zu haben im Herrn“ (Phil 4,2). Beide sahen nur ihre eigene Sache und verloren dabei den Blick für das Ganze und den Nächsten. Doch Paulus ermutigte sie und uns, die Beziehung zu Gott in Ordnung zu bringen, was das Ende jedes Streits bedeutet.

FREUE DICH IM HERRN

„Freut euch im Herrn allezeit!
Wiederum will ich sagen: Freut euch!“
Philipper 4,4

Viele Gläubige lassen zu, dass sie Opfer der Umstände werden, was dazu führt, dass sie geistlich dauernd zwischen „himmelhoch jauchzend“ und „zu Tode betrübt“ hin und her schwanken. Das Gebot, sich zu freuen, erscheint ihnen unzumutbar zu sein. Doch das ist es, was das Gebot besagt: „Freut euch im Herrn“ (Phil 4,4).

Nun, die Umstände und Menschen geben nicht immer Anlass zur Freude; denn beide können schlimm sein. Doch in unserem Herrn können wir uns immer freuen, denn er ist immer gut und verändert sich nie. Folglich besteht ein direkter Zusammenhang zwischen unserer geistlichen Stabilität und unserer Erkenntnis Gottes. Wer Gott kennt, vermag über den Umständen zu stehen und kann sich geistlicher Stabilität erfreuen. Deshalb wurden die Psalmen auch in Gedichtform verfasst mit einem Versmaß, das sich vertonen lässt – so konnten die Israeliten sich die Schrift einprägen und mittels Gesang ihre Gotteserkenntnis vertiefen. Wenn wir Gott kennen, erscheint plötzlich alles in einem anderen Licht.

GRÜNDE ZUR FREUDE

„An den ihr glaubt, obwohl ihr ihn jetzt nicht seht, über den ihr mit unaussprechlicher und verherrlichter Freude jubelt."
1. Petrus 1,8

Christen haben viele Gründe, sich zu freuen. Doch der Hauptgrund ist Gott selbst – er ist souverän. Das ist DIE gewaltigste Wahrheit schlechthin bezüglich des Wesens Gottes. Nichts ist außerhalb seiner Kontrolle, und letztendlich wirken alle Dinge zu unserem Besten mit (Röm 8,28). Sein Verstand ist unendlich, und er durchschaut jeden Aspekt unseres Lebens – wo wir sind und was wir sagen (Ps 139,2-4). Dazu kommt, dass alles, was er tut, seiner ewigen und vollkommenen Weisheit entspringt. Wer Gott so kennt, sollte mit unaussprechlicher Freude jubeln.

Wir sollten uns ebenfalls darüber freuen, dass Gott uns errettet, uns angenommen und uns versprochen hat, in Jesus ein Erbe zu erhalten (Eph 1,1-11). Nach der Wiederkunft Christi werden wir uns seiner Gegenwart und der himmlischen Wohnung, die uns erwartet, erfreuen (Joh 14,2-3). Bis zu diesem Zeitpunkt erfreuen wir uns der Gewissheit, dass Gott für uns sorgt (Phil 4,19). Des Weiteren besitzen wir das Vorrecht, dem dienen zu dürfen, den wir über alles lieben. Das beinhaltet, dass wir das Evangelium den Verlorenen verkünden und die Gläubigen ermutigen, in ihrer Liebe zu ihm und ihrem Dienst für ihn zuzunehmen. Auch die Tatsache, dass wir immer und überall zu Gott beten dürfen (Hebr 4,15-16), gibt uns Grund zur Freude.

WIE EIN BAUM, GEPFLANZT...

„Er ist wie ein Baum, gepflanzt an Wasserbächen, der seine Frucht bringt zu seiner Zeit, und dessen Laub nicht verwelkt; alles was er tut, gelingt ihm.“
Psalm 1,3

Viele Menschen in unserer Gesellschaft wünschen sich ein ausgeglichenes und beständiges Leben. Die Angstgeplagten sind nicht in der Lage, ihr Leben in den Griff zu bekommen, und die vielfältigen Lösungsansätze der Welt taugen allesamt nichts.

Unglücklicherweise sind auch viele Gemeinden der Idee verfallen, der Mensch könne seine Probleme nur mit Hilfe der Psychologie lösen – ein „Produkt“, das sein Versprechen jedoch nicht erfüllt.

Wo finden wir festen Halt? Die Antwort aus Psalm 1,1 lautet: „Glücklich der Mann, der nicht folgt dem Rat der Gottlosen, den Weg der Sünder nicht betritt und nicht im Kreis der Spötter sitzt.“ Und die Verse 5-6 lehren: „Darum bestehen Gottlose nicht im Gericht, noch Sünder in der Gemeinde der Gerechten. Denn der Herr kennt den Weg der Gerechten; aber der Gottlosen Weg vergeht.“

Wer Gott kennt, der hat einen festen Halt gefunden. Wer ihn jedoch ablehnt, treibt im Meer der Sinn- und Belanglosigkeit umher. Was ist dir lieber?

DEMUT UND GNADE

„Eure Milde soll allen Menschen bekannt werden; der Herr ist nahe."
Philipper 4,5

Es ist schwierig, ein Wort zu finden, das die volle Bedeutung des mit „Milde" übersetzten Begriffs im Deutschen wiedergibt. Einige meinen, es umfasse v.a. Zufriedenheit, Sanftheit, Großherzigkeit und Güte im Umgang mit Mitmenschen. Andere erkennen darin eher den gnädigen und großzügigen Umgang mit den Fehlern und Übertretungen anderer. Wieder andere denken, es beschreibe eine Person, die, wenn sie mit Ungerechtigkeit und Misshandlung konfrontiert wird, es geduldig hinnimmt, ohne sich dabei zu verteidigen, Vergeltung zu suchen oder hasserfüllt und bitter zu reagieren. Ich glaube, dass es am besten mit „voll von Gnade/Barmherzigkeit" übersetzt werden sollte, denn im christlichen Sinn sind alle anderen Bedeutungen hierin mit eingeschlossen.

Milde beinhaltet auch eine weitere wichtige Bedeutung: Demut. Ein demütiger Christ ist nicht nachtragend, sondern vertraut Gott, wann immer er schlecht behandelt, falsch beurteilt oder schlecht dargestellt wurde. Er besteht nicht auf seinen Rechten. Auch Gott erweist uns seine Gnade auf dieselbe Art und Weise – die Menschen haben seinen Sohn misshandelt und verspottet, obwohl er nichts von beidem verdient hätte, doch Gott in seiner Liebe hat den Menschen trotzdem gesucht (Röm 5,10). Demut und Milde werden uns helfen, fest zu stehen, egal wie die Umstände sein mögen.

DIE QUELLE DER ZUFRIEDENHEIT

„Ich habe gelernt, mich darin zu begnügen, worin ich bin.“
Philipper 4,11

Der Existenzialismus bildet heute die Grundlage der aktuellen Psychologie, und leider sind auch viele Gemeinden bereits davon unterwandert. Er lehrt, dass jeder Mensch das Recht habe, zu tun, was ihn glücklich macht. Dieses verdrehte Denken wurzelt in der Selbstsucht und im Stolz des Menschen. Selbstsüchtige sagen: „Wenn es dich glücklich macht, mich aber verletzt, dann darfst du es nicht tun. Macht es aber mich glücklich, und du wirst dabei verletzt – dann hast du eben Pech gehabt.“ Einige betrügen sich selbst und meinen, ihr sündiges Verhalten würde niemandem schaden, doch letztendlich bewirkt die Sünde immer Schaden.

Im Gegensatz zur Selbstliebe propagiert die Schrift Demut und Opferbereitschaft (Mt 5,44) sowie weit reichende Gnade für die, die wiederholt in Sünde fallen (1Petr 4,8). Diese Tugenden ermöglichen es Paulus, unabhängig von den Umständen zufrieden zu sein. Im Gegensatz dazu gibt es Gläubige, die immer gleich alles auf die Goldwaage legen, um festzustellen, ob da vielleicht ein Grund wäre, verletzt zu sein, was sie dann auch unmittelbar aus dem Gleichgewicht wirft und mit Angst und Sorge erfüllt.

Wenn andere dich schlecht behandeln, wird Demut dir helfen, das Gleichgewicht zu halten.

14. November

DER HERR IST NAHE

„Der Herr ist nahe. Seid um nichts besorgt."
Philipper 4,5-6

Der Herr Jesus Christus umgibt alle Gläubigen mit seiner Gegenwart (Ps 119,151). Wenn du einen Gedanken hast, ist der Herr da und sieht ihn; wenn du betest, ist der Herr da und hört; wenn du seine Kraft und seinen Beistand brauchst, ist er da und hilft dir. Tatsache ist: Er lebt in dir und ist die Quelle deines geistlichen Lebens. Das Bewusstsein seiner Gegenwart hilft dir, das Gleichgewicht zu bewahren und nicht von Angst und Sorgen überwältigt zu werden.

Weil wir wissen, dass der Herr nahe ist, müssen wir „um nichts besorgt sein", denn er ist jeder Situation, die uns begegnet, gewachsen. Angst und Sorgen sind Anzeichen mangelnden Glaubens. Entweder hast du dir deinen eigenen kraftlosen Gott gesucht, oder du glaubst, dass Gott zwar helfen könnte, es jedoch nicht tut, was darauf hinweist, dass du an seiner Rechtschaffenheit und seinem Wort zweifelst. Also freue dich am Herrn und studiere sein Wort (Ps 1,2). Erkenne sein Wesen und wie er handelt. Dann wirst auch du sagen können: „Der Herr ist nahe. Ich bin um nichts besorgt."

EIN ANKER DES VERTRAUENS

„Bei dir, Herr, habe ich mich geborgen;
lass mich niemals zuschanden werden;
errette mich in deiner Gerechtigkeit!“
Psalm 31,2

Wie unser heutiger Vers zeigt, setzte David sein Vertrauen auf Gott inmitten von härtester Not. Er sagte auch: „Denn mein Fels und meine Festung bist du; und um deines Namens willen führe mich und leite mich! Ziehe mich aus dem Netz, das sie mir heimlich gelegt haben; denn du bist mein Schutz“ (Ps 31,4-5).

Er ruhte im Wesen Gottes. Die richtige Erkenntnis Gottes spielt eine entscheidende Rolle für deine geistliche Stabilität. Der einzige Weg, Gott kennen zu lernen, führt über die Schrift, in der er sich selbst offenbart.

SOUVERÄNE KONTROLLE

„Auserwählt nach Vorkenntnis Gottes."
1. Petrus 1,2

Seit Jahren bilden Arminianer und Kalvinisten zwei gegensätzliche Pole. Die traditionelle reformierte Theologie, als Kalvinismus bekannt, betont die Souveränität Gottes; der Arminianismus hingegen stellt die Souveränität des Menschen ins Zentrum. Er lehrt, dass Gott zwar geistliche Hilfestellung leistet, es jedoch letztendlich am Menschen selbst liegt, zu Christus zu kommen, im Glauben auszuharren, geistliche Ziele zu erreichen und Siege zu erringen.

Wohin führt diese Theologie? Ein Mensch kann vorgeben, Christus zu vertrauen, doch in Tat und Wahrheit hat er sein Vertrauen in sich selbst gesetzt. Das spiegelt sich in der Tatsache wider, dass man die Errettung aus eigener Kraft wählt – oder aufgrund geistlichen Versagens verlieren kann. Stell dir vor, dem wäre so und du würdest vor dem Tod stehen und müsstest dich fragen, ob du wohl in den Himmel kommst oder ob du zu viel gesündigt hast. Diese Art von Ungewissheit bewirkt Angst und Sorgen, nicht Sicherheit.

Um Gott voll vertrauen zu können, musst du seine souveräne Gnade verstehen: Der Ursprung deiner Erwählung, Erlösung, Bewahrung und Verherrlichung liegt einzig und allein in Gott.

PROBLEME MIT DANKBAREM GEBET BEANTWORTEN

„Seid um nichts besorgt, sondern in allem sollen durch Gebet und Flehen mit Danksagung eure Anliegen vor Gott kundwerden.“
Philipper 4,6

Anstatt mit Zweifeln und Unzufriedenheit zu Gott zu beten, sollte der Gläubige sich Gott in einem Geist der Dankbarkeit nahen. Gott hat ja versprochen, dass er in unserem Leben nichts zulässt, das wir nicht tragen könnten (1Kor 10,13). Er wird alles zu unserem Guten mitwirken lassen (Röm 8,28); „... er selbst wird euch, die ihr eine kurze Zeit gelitten habt, vollkommen machen, stärken, kräftigen, gründen“ (1Petr 5,10).

Alle Schwierigkeiten stehen im Rahmen der Absichten Gottes, und wir können ihm dafür danken, dass er für uns die nötige Kraft und seine Zusagen bereithält. Petrus fordert uns auf, „all unsere Sorgen auf ihn zu werfen“ (1Petr 5,7). Indem wir das tun, sollen wir ihm für seine Vorsehung, sein Versprechen, uns zur Vollkommenheit zu führen, die daraus resultierende Verherrlichung seines Namens und die vergangenen Gnadenerweise danken. Das wiederum bringt die Verheißung zukünftiger Segnungen mit sich.

18. November

HIMMLISCHER FRIEDEN

„...und der Friede Gottes, der allen Verstand übersteigt..."
Philipper 4,7

Unser heutiger Vers verspricht dem Gläubigen, der mit einer dankbaren Einstellung betet, inneren Frieden und Ruhe. Beachte bitte, dass dort nicht steht, wie die Antwort auf unsere Gebete aussehen wird.

Der Friede „übersteigt allen Verstand", was auf seinen göttlichen Ursprung hinweist. Er übersteigt den menschlichen Intellekt, seine Auffassungsgabe und seine Einsicht. Kein menschlicher Seelsorger kann ihn dir geben, denn er kommt direkt von Gott.

Die wahre Herausforderung, die sich uns als Christen stellt, ist nicht, dass jede unangenehme Situation aus unserem Leben ausgemerzt werden soll, sondern dass wir dem ewigen, heiligen, souveränen und mächtigen Gott in allen Situationen vertrauen.

Jesus sagte: „Dies habe ich zu euch geredet, damit ihr in mir Frieden habt. In der Welt habt ihr Bedrängnis; aber seid guten Mutes, ich habe die Welt überwunden" (Joh 16,33). Beginne damit, auf dieser übernatürlichen Ebene zu leben, akzeptiere die Tatsache, dass du in einer gefallenen Welt lebst, und erlaube Gott, in dir sein vollkommenes Werk zu vollbringen. Gott wird dir seinen Frieden geben, wenn du dich ihm anvertraust.

DIE BEWAHRUNG DES FRIEDENS

„...und der Friede Gottes, der allen Verstand übersteigt, wird eure Herzen und eure Gedanken bewahren in Christus Jesus.“
Philipper 4,7

Gottes Friede bewahrt unsere Herzen und Gedanken. Der Begriff „bewahren“ stammt aus dem militärischen Bereich und bedeutet „etwas bewachen“. Die Philipper lebten in einer von römischen Soldaten besetzten Stadt, die dort die Interessen des römischen Reiches wahren sollten. Genauso bewacht und schützt uns der Friede Gottes vor Sorgen, Zweifeln, Ängsten und Nöten.

Der Gläubige, der nicht im Vertrauen auf die Souveränität Gottes lebt, wird dessen Frieden nicht erfahren und bleibt dem Chaos seines sorgengeplagten Herzens überlassen. Wer dem Herrn Glauben schenkt, kann ihm jedoch inmitten von Anfechtung danken, denn er weiß, dass Gottes Friede sein Herz und seine Gedanken bewahrt.

Wenn Paulus vom Herzen und vom Verstand spricht, dann macht er zwischen diesen beiden keinen Unterschied – es ist eine umfassende Beschreibung des gesamten inneren Menschen. Weil wir mit Christus vereint sind, bewahrt er unser ganzes Wesen in seinem Frieden. Das bewirkt echte geistliche Standhaftigkeit.

JONAS DANKSAGUNG

„Ich aber will dir Opfer bringen mit der Stimme des Lobes; was ich gelobt habe, werde ich erfüllen. Bei dem Herrn ist Rettung.“
Jona 2,10

Erstaunlicherweise dankte Jona Gott, als er im Bauch des Fisches saß (Jon 2,2). Wie hättest du an Jonas Stelle reagiert? Vielleicht hättest du geschrien: „Was machst du da, Gott? Wo bist du? Warum geschieht das?“ Aber Jona reagierte ganz anders: „Ich rief aus meiner Bedrängnis zum Herrn, und er antwortete mir. Aus dem Schoß des Scheol schrie ich um Hilfe – du hörtest meine Stimme“ (Jon 2,3). In den darauf folgenden Versen wird dann sein Dilemma beschrieben und wie er in den Tiefen des Meeres verschwindet.

Nichtsdestotrotz betet Jona inmitten dieses traumatischen Erlebnisses: „Da führtest du mein Leben aus der Grube herauf, Herr, mein Gott. Als meine Seele in mir verschmachtete, dachte ich an den Herrn. Und mein Gebet kam zu dir, in deinen heiligen Tempel“ (Jon 2,7-8). Obwohl Jona auch Schwächen aufwies, beweist sein Gebet doch geistliche Standhaftigkeit. Er glaubte Gott und wusste, dass er ihn befreien konnte, wenn er wollte. Auch du kannst Gottes Frieden erleben, wenn du dich in allen Umständen mit dankbarem Gebet an ihn wendest.

RICHTIGES DENKEN

„Diese aber waren edler als die in Thessalonich; sie nahmen mit aller Bereitwilligkeit das Wort auf und untersuchten täglich die Schriften, ob dies sich so verhielte.“
Apostelgeschichte 17,11

Es ist erschreckend, feststellen zu müssen, dass unsere Gesellschaft sich mehr für Emotionen und Pragmatismus interessiert als für das korrekte Verständnis. Erkennbar wird das, wenn die Leute eher fragen: „Wie fühle ich mich dabei?“ als zu fragen: „Ist es die Wahrheit?“ Die falsch gesteckten Ziele in der heutigen Theologie sind offensichtlich; die vorherrschende Fragestellung lautet: „Wirkt es trennend?“ und „Fühlt sich jemand auf den Schlips getreten?“ Stattdessen sollte man sich fragen: „Ist es richtig?“ Heutzutage sind „Beröer“, die in der Bibel als „Edle“ beschrieben werden, weil sie mehr an der Wahrheitsfindung interessiert waren als an netten Gefühlen und angenehmen Umständen, leider selten geworden.

Zu viele Gemeindebesucher wollen nicht die Wahrheit erforschen und erkennen, sondern sind lediglich auf warme Gefühle aus. Wer sein Leben auf Emotionen baut anstatt auf das richtige Verständnis, muss mit geistlicher Instabilität rechnen. In seinem Buch *Your Mind Matters* („Dein Verstand spielt eine Rolle“) erklärt John Stott: „Unsere Gefühle sind durch die Sünde weit mehr bedroht als unser Verstand, denn unsere Meinungen können anhand offenbarter Wahrheit leichter wieder ins Lot gebracht werden, als das bei unseren Gefühlen der Fall ist.“

22. November

ZU WENIG ÜBERLEGT

„Denn «wer hat den Sinn des Herrn erkannt, dass er ihn unterweisen könnte?» Wir aber haben Christi Sinn.“
1. Korinther 2,16

Einige meinen, dass Sorgen das Ergebnis von zu vielem Nachdenken seien. Tatsächlich sind sie aber das Resultat von zu wenigem Nachdenken über die richtigen Dinge. Als wir errettet wurden, empfingen wir eine neue Gesinnung, eine neue Sichtweise. Unser menschliches Denkmuster wurde um eine göttliche oder übernatürliche Komponente erweitert.

Der Apostel Paulus sagte: „Denn die, die nach dem Fleisch sind, sinnen auf das, was des Fleisches ist; die aber, die nach dem Geist sind, auf das, was des Geistes ist. Denn die Gesinnung des Fleisches ist Tod, die Gesinnung des Geistes aber Leben und Frieden“ (Röm 8,5-6). Weil wir den Geist Gottes empfangen haben, denken wir auf einer geistlichen – und nicht auf einer fleischlichen – Ebene.

Paulus erklärte auch: „Aus ihm aber kommt es, dass ihr in Christus Jesus seid, der uns geworden ist Weisheit von Gott und Gerechtigkeit und Heiligkeit und Erlösung“ (1Kor 1,30). Da Gott uns seine Weisheit gegeben hat, sind wir in der Lage, tief schürfende Gedanken über den ewigen Gott zu erfassen.

EINE ERNEUERTE ERKENNTNIS

„Und den neuen Menschen angezogen habt, der erneuert wird zur Erkenntnis nach dem Bild dessen, der ihn erschaffen hat!“
Kolosser 3,10

Wir leben in einer gefallenen Welt, deshalb muss unsere erneuerte Gesinnung immer wieder gereinigt und aufgefrischt werden. Gott benutzt dazu hauptsächlich ein Instrument – das Wort Gottes (Joh 15,3; Eph 5,26).

Das Neue Testament fordert uns auf, uns in der geistigen Disziplin des „richtigen Denkens“ zu üben. „Sinnt auf das, was droben ist, nicht auf das, was auf der Erde ist“ (Kol 3,2). „Deshalb umgürtet die Lenden eurer Gesinnung, seid nüchtern und hofft völlig auf die Gnade, die euch gebracht wird in der Offenbarung Jesu Christi“ (1Petr 1,13). Und Paulus erinnerte seine Zuhörer wiederholte Male, Erkenntnis zu suchen und nicht unwissend zu sein.

Auch im Alten Testament werden wir dazu angehalten, Verständnis zu suchen. König Salomo sagte: „Indem du der Weisheit dein Ohr leihst, dein Herz dem Verständnis zuwendest, ja, wenn du den Verstand anrufst, zum Verständnis erhebst deine Stimme, ... dann wirst du verstehen die Furcht des Herrn und die Erkenntnis Gottes gewinnen“ (Spr 2,2-5).

Sich mit den richtigen Dingen auseinander zu setzen erfordert Entschlossenheit und Einsatz. Doch wenn du bereit bist, vollen Einsatz zu leisten, dann wird Gott dich auch mit Erkenntnis belohnen (Ps 119,34).

24. November

DIESE DINGE ERWÄGT

„Übrigens, Brüder, alles, was wahr, alles, was ehrbar, alles, was gerecht, alles, was rein, alles, was liebenswert, alles, was wohllautend ist, wenn es irgendeine Tugend und wenn es irgendein Lob gibt, das erwägt!“
Philipper 4,8

Unser heutiger Vers liefert uns eine umfangreiche Auflistung von Dingen, über die es sich lohnt nachzusinnen.

Wahre Dinge. Wahrheit findest du in Gottes Wort.

Ehrbare Dinge. Wir sollen über Dinge nachdenken, die lobens- und bewundernswert sind – heilige Dinge im Gegensatz zu profanen Dingen.

Gerechte Dinge. Richtiges Denken steht immer im Einklang mit Gottes absoluter Heiligkeit.

Reine Dinge. Das bezieht sich auf moralisch reine und sittsame Dinge.

Liebenswerte Dinge. „Gefällige“ oder „angenehme“ Dinge.

Wohllautende Dinge. Angesehene Dinge, die Respekt verdienen.

Tugendhafte und lobenswerte Dinge. Das bezieht sich auf Dinge, die im Allgemeinen auch in der Welt einen guten Ruf genießen wie Freundlichkeit, zuvorkommend sein und andere wertschätzen.

ZUFRIEDEN UND VOLLER VERTRAUEN

„Meine Schritte hielten sich in deinen Spuren, meine Tritte haben nicht gewankt.“
Psalm 17,5

Geistlich stabile Christen haben ein Zeugnis, das Christus ehrt. Das war beim Apostel Paulus der Fall. In Ketten gelegt, als Gefangener des Römischen Reiches, blieb er dennoch zufrieden und verlor sein Vertrauen in Gott nicht (Phil 4,11.13). Doch es gibt so viele unzufriedene Gläubige. Tatsache ist, dass die Ungläubigen nicht begreifen können, wie Gläubige, die behaupten, an einen allgenugsamen Gott zu glauben, so leben, als wäre Gott völlig kraft- und machtlos.

Vielleicht hast du auch Zeiten erlebt, wo du bedrückt warst, dich schwach gefühlt hast und nicht wusstest, wie es weitergehen soll. Du weißt, was es bedeutet, aus dem geistlichen Gleichgewicht zu fallen. Wir alle haben mit Versuchung und schweren Anfechtungen zu kämpfen. Nichtsdestotrotz ist es äußerst wichtig, dass wir standhaft bleiben, nicht nur um unseres eigenen Wohlergehens willen, sondern auch, um das Zeugnis der Christen vor der verlorenen Welt aufrechtzuerhalten. Achte darauf, dass du dich auf Gott und nicht auf dich selbst verlässt, wenn es darum geht, standhaft zu bleiben.

26. November

DAS FLEISCH GEFANGEN NEHMEN

„Wodurch hält ein Jüngling seinen Pfad rein? Indem er sich bewahrt nach deinem Wort.“
Psalm 119,9

Der fromme Wandel, der zu geistlicher Standhaftigkeit führt, hängt von deinem Gehorsam gegenüber dem Wort Gottes ab. Das Wort bewirkt eine Gott wohlgefällige Einstellung und ebensolche Gedanken und Taten und bewahrt dich in Zeiten der Versuchung und Anfechtung.

Folgende Analogie soll dir dabei helfen, das Zusammenspiel zwischen Einstellung, Denken und Tun zu verstehen. Wenn ein Polizist jemanden sieht, der im Begriff steht, das Gesetz zu übertreten, wird er ihn verhaften. In ähnlicher Weise wird eine gottesfürchtige Haltung – ein Ergebnis des Wortes Gottes in deinem Leben – das Fleisch verhaften, bevor es eine Straftat gegenüber dem Maßstab des Wortes Gottes begehen kann. Ist sie aber gerade nicht im Dienst, dann kann das Fleisch nicht dingfest gemacht werden und ist frei, die Gesetze Gottes zu brechen.

Wir stellen also fest, dass die richtige Einstellung und die richtigen Gedanken die Grundlage für richtiges Handeln sind. Paulus war sich bewusst, dass der Kampf gegen das Fleisch nur mit geistlichen Waffen gewonnen werden kann (2Kor 10,4). Wenn du die richtigen Waffen einsetzt, kannst du „jeden Gedanken gefangen nehmen unter den Gehorsam Christi“ (2Kor 10,5).

SCHLECHTE GEWOHNHEITEN ABLEGEN

„Und das Werk der Gerechtigkeit wird Friede sein und der Ertrag der Gerechtigkeit Ruhe und Sicherheit für ewig."
Jesaja 32,17

Korrektes Verhalten bewirkt Frieden und Stabilität, während sündiges Verhalten zu Instabilität führt. Diese Wahrheit bezieht sich nicht nur auf das Tausendjährige Reich, wo Christus in Gerechtigkeit herrschen wird (Jes 32,17), sondern auch auf uns Christen heute. Jesu Bruder Jakobus schrieb: „Die Weisheit von oben aber ist erstens rein, sodann friedvoll... Die Frucht der Gerechtigkeit aber wird in Frieden denen gesät, die Frieden stiften" (Jak 3,17-18).

Zufriedenheit, Trost, Ruhe und Frieden sind das Ergebnis einer gottesfürchtigen Einstellung, die sich auf das Wort Gottes gründet. Gutestun ist nicht nur ein Mittel, um das Böse zu überwinden (Röm 12,21), sondern es wird grundsätzlich von jedem Gläubigen erwartet. Indem du durch die Kraft Gottes Gott wohlgefällige Gewohnheiten kultivierst, werden die schlechten Gewohnheiten weniger, und dein Leben wird stabiler.

28. November

DAS PROPHETISCHE WORT

„Und so besitzen wir das prophetische Wort umso fester, und ihr tut gut, darauf zu achten als auf eine Lampe, die an einem dunklen Ort leuchtet, bis der Tag anbricht und der Morgenstern in euren Herzen aufgeht.“

2. Petrus 1,19

Die Philipper hatten die alttestamentlichen Bücher, als Paulus ihnen seinen Brief schrieb. Das Neue Testament war zu dem Zeitpunkt erst im Begriff, verfasst zu werden. Wahrscheinlich stand ihnen nur ein sehr begrenzter Teil des neutestamentlichen Materials zur Verfügung, und so wandten sich die Gläubigen bis zur Vollendung des Neuen Testaments an die Apostel, um die Wahrheit zu erfahren. Somit stellten die Lehren und das Leben der Apostel den Maßstab für den Glauben und das Leben als Christ dar.

Deshalb war es zu Pfingsten so, dass 3000 Gläubige „in der Lehre der Apostel verharrten“ (Apg 2,42). Paulus schrieb auch an die Gläubigen in Korinth: „Seid meine Nachahmer, wie auch ich Christi Nachahmer bin“ (1Kor 11,1). Du hast jedoch einen Vorteil, den sie nicht hatten – du besitzt die vollständige Offenbarung Gottes. Verpasse nicht, sie auch anzuwenden.

ÜBUNG MACHT DEN MEISTER

„Was ihr auch gelernt und empfangen und gehört und an mir gesehen habt, das tut!"
Philipper 4,9

Paulus erinnert die Gläubigen in Philippi daran, dass sie die Dinge, die sie bei ihm gelernt, gehört, gesehen und von ihm erhalten haben, auch umsetzen müssen.

Durch seine Unterweisung – Predigt, Lehre und Jüngerschaft – haben sie vieles *gelernt* (Apg 20,20). Er erklärte alttestamentliche Wahrheiten und die Bedeutung der neutestamentlichen Offenbarung und wie sich das Ganze auf ihr Leben anwenden ließ.

Dann *erhielten* sie durch Paulus auch direkte Offenbarungen Gottes. Die Schrift lässt keine Zweifel offen, dass Paulus direkte Offenbarungen von Gott empfing, um sie den Gläubigen weiterzugeben (1Kor 11,2; 15,1-3; 1Thes 4,1).

Verschiedene Quellen berichteten auch über Paulus' Charakter, seine Lebensführung und sein Predigen. Sie *hörten* vieles über ihn, und sein guter Ruf war allen wohl bekannt.

Und das, was die gläubigen Philipper in Paulus' Leben *sahen*, war für sie die beste Information, denn sie stammte direkt aus erster Hand.

Dein Leben sollte auch der Nachahmung wert sein, so wie das bei Paulus der Fall war. „Seid aber Täter des Wortes und nicht allein Hörer, die sich selbst betrügen" (Jak 1,22).

30. November

DER GOTT DES FRIEDENS

„Und der Gott des Friedens wird mit euch sein."
Philipper 4,9

Der Apostel Paulus beschrieb Gott oft als den Gott des Friedens. Im Römerbrief sagt er: „Der Gott des Friedens aber sei mit euch allen! Amen" (Röm 15,33). Im 2. Korintherbrief schreibt er: „Und der Gott der Liebe und des Friedens wird mit euch sein" (2Kor 13,11). An die Thessalonicher wandte er sich mit folgenden Worten: „Er selbst aber, der Herr des Friedens, gebe euch den Frieden allezeit auf alle Weise! Der Herr sei mit euch allen" (2Thes 3,16).

Unser heutiger Vers betont die Tatsache, dass Frieden ein Wesensmerkmal Gottes ist. Er ist die Quelle und der Geber des Friedens. Wenn unsere Einstellungen, Gedanken und Taten von Gottesfurcht geprägt sind, dann werden der Friede Gottes und der Gott des Friedens uns bewahren. Sein Friede bewirkt Trost, Ruhe, Zuversicht und Hoffnung inmitten von Anfechtung.

Christus

Dezember

1. Dezember

DER MASSSTAB GEISTLICHER REIFE

„Darüber freue ich mich.
Ja, ich werde mich auch freuen."
Philipper 1,18

Unsere geistliche Reife kann an dem gemessen werden, was nötig ist, um unsere Freude zu verlieren. Freude ist die Frucht eines geisterfüllten Lebens (Gal 5,22). Egal wie die Umstände auch sein mögen: Die Frucht des Heiligen Geistes ist Freude. Folglich sollte es nie vorkommen, dass wir uns nicht in irgendeiner Art und Weise freuen.

Veränderungen, Durcheinander, Anfechtung, Angriffe, unbefriedigte Wünsche, Auseinandersetzungen und angespannte Beziehungen können uns aus dem Gleichgewicht werfen und uns die Freude rauben, wenn wir nicht aufpassen. In solchen Momenten sollten wir zum Herrn schreien, wie das auch der Psalmist tat: „Lass mir wiederkehren die Freude deines Heils" (Ps 51,14).

Jesus sagte: „In der Welt werdet ihr Bedrängnis leiden" (Joh 16,33), und der Apostel Jakobus schrieb: „Haltet es für lauter Freude, meine Brüder, wenn ihr in mancherlei Versuchungen geratet" (Jak 1,2). Gott weiß, warum er uns durch Leid und Schmerz gehen lässt, aber er wird uns nie unsere Freude rauben. Um die Freude aufrechtzuerhalten, müssen wir unsere Anfechtungen vom Standpunkt Gottes aus betrachten. Wenn wir uns willig dem Wirken seines Geistes unterordnen, werden Schwierigkeiten uns nicht überwältigen können.

2. Dezember

EIN FREUDIGER APOSTEL

„Übrigens, meine Brüder,
freut euch im Herrn!“
Philipper 3,1

Paulus’ Freude war nicht von den Umständen abhängig. Hätte er seine Freude von irdischen Freuden, von Besitz, Freiheit, Ansehen, äußerlichem Erfolg oder seinem guten Ruf abhängig gemacht, dann hätte er überhaupt keinen Grund zur Freude gefunden.

Seine Freude konzentrierte sich auf seinen Dienst und war von allen sonstigen Einflüssen völlig unabhängig. Darum konnte er den Philippern auch schreiben: „Ich danke meinem Gott bei jeder Erinnerung an euch allezeit in jedem meiner Gebete und bete für euch alle mit Freuden“ (Phil 1,3-4). Er freute sich trotz der widrigen Umstände; wichtig war für ihn, dass die Sache Christi Fortschritte machte. Er freute sich trotz all der Kritiker, denn der Name Christi wurde verkündet. Er freute sich trotz der ständigen Bedrohung durch den Tod, denn Christus wurde gepriesen. Er freute sich auch, obwohl er noch immer im Fleisch war, solange es nur der Gemeinde Christi diente.

WAS IST DEIN ANTRIEB?

„Ihr Diener bin ich geworden nach der Verwaltung Gottes, die mir im Blick auf euch gegeben ist, um das Wort Gottes zu vollenden.“
Kolosser 1,25

Was motiviert dich? Worin investierst du deine Energie und deine Zeit? Was treibt dich an? Für den Apostel Paulus war es die Ausbreitung des Evangeliums. Welche Konsequenzen das für seinen eigenen Leib oder seine „Karriere“ haben konnte, war für ihn völlig uninteressant. „Aber ich achte mein Leben nicht der Rede wert, damit ich meinen Lauf vollende und den Dienst, den ich von dem Herrn Jesus empfangen habe“ (Apg 20,24). Alles, was er besaß – seine Kleider, seine Anerkennung, sein Ruf, ja sein Leben – opferte er dem einen Ziel: „das Evangelium der Gnade Gottes zu bezeugen“ (Apg 20,24).

An die Gemeinde in Rom schrieb er: „Dementsprechend bin ich, soviel an mir ist, willig, auch euch, die ihr in Rom seid, das Evangelium zu verkündigen“ (Röm 1,15). In 1Kor 9,16 bezeugt er, wozu er sich verpflichtet fühlte: „...ein Zwang liegt auf mir. Denn wehe mir, wenn ich das Evangelium nicht verkündigte.“

Paulus verfolgte nur ein Ziel: Er wollte sehen, wie das Evangelium sich ausbreitete – er ist ein großes Vorbild für jeden Christen. Gleicht dein Leben dem von Paulus?

EIN GEFANGENER CHRISTI

„So dass meine Fesseln in Christus im ganzen Prätorium und bei allen anderen offenbar geworden sind."
Philipper 1,13

Paulus erkannte den Grund seiner Gefangenschaft klar und deutlich: Christus – nicht ein Verbrechen. Er war in Fesseln, weil er an Christus glaubte, ihn predigte und ihn repräsentierte.

Aus Sicht der Römer war Paulus ein Gefangener Roms, der an einem römischen Soldaten angekettet war. Aus seiner Sicht waren jedoch die Soldaten seine Gefangenen! Das Ergebnis dieses Gefangenseins auf engstem Raum war, dass „seine Fesseln in Christus im ganzen Prätorium und bei allen anderen offenbar geworden sind". Es waren für Paulus in keinerlei Weise belastende Umstände, denn er hatte die Möglichkeit, jedem Soldaten, der ihn bewachen musste, während jeweils sechs Stunden Zeugnis zu geben.

Was konnten diese Soldaten sehen? Sie sahen Paulus' gottesfürchtige Natur, seine Barmherzigkeit, Geduld, Liebe, Weisheit und Überzeugung. Mit der Bekehrung der ersten Prätorianer breitete sich das Evangelium noch weiter aus: „Es grüßen euch alle Heiligen, besonders aber die aus des Kaisers Haus" (Phil 4,22). Egal wie schwierig es auf den ersten Blick erscheinen mag, jemanden mit dem Evangelium zu erreichen: Es gibt keine unmöglichen Fälle.

DIE REALITÄT EINES UMGESTALTETEN LEBENS ERKENNEN

„Er aber blieb zwei ganze Jahre in seiner eigenen Mietwohnung und nahm alle auf, die zu ihm kamen; er predigte das Reich Gottes und lehrte die Dinge, die den Herrn Jesus Christus betreffen, mit aller Freimütigkeit ungehindert."
Apostelgeschichte 28,30-31

Während Paulus in „seiner Mietwohnung" inhaftiert war, fuhr er fort, seinen Dienst zu tun. Widrige Umstände konnten Paulus nicht davon abhalten, das zu tun, wozu er berufen war.

Vielleicht denkst du manchmal: „Ich kann nicht predigen, kein Evangelist oder Bibellehrer sein. Ich sitze hier fest wegen meiner Arbeitsstelle." Es spielt aber keine Rolle, ob du an deinen Schreibtisch, deine Werkstatt, dein Klassenzimmer, dein Auto oder was auch immer gefesselt bist – überall bieten sich Gelegenheiten, ein Diener des Evangeliums zu sein. Je einschränkender die Umstände, desto größer ist die Möglichkeit, dass dein heiliges Leben hell leuchtet.

Oft erzählen mir Menschen, dass es besonders schwierig sei, am Arbeitsplatz ein Zeugnis zu sein. Meine Antwort darauf lautet, dass es in der Regel schwieriger ist, unter optimalen Voraussetzungen ein Zeugnis zu sein als unter beschwerlichen. Das ist so, weil die Tatsache eines veränderten Lebens in dunklen Situationen umso heller leuchtet, was anziehend wirken sollte auf diejenigen, die dieses Leben nicht kennen.

6. Dezember

MUT GEWINNEN

„Und dass die meisten der Brüder im Herrn Vertrauen gewonnen haben durch meine Fesseln und viel mehr wagen, das Wort Gottes ohne Furcht zu reden."
Philipper 1,14

Es scheint, als ob die Gemeinde in Rom vor der Inhaftierung Paulus' eher mutlos war. Als die Gläubigen dann jedoch bemerkten, wie Gott für Paulus sorgte und ihm unglaubliche Möglichkeiten zum Evangelisieren schenkte, fassten sie Mut und verkündigten die gute Botschaft ebenfalls. Sie begriffen mit einem Mal, dass, wenn Gott Paulus' missliche Umstände zum Dienst nutzen konnte, auch sie gewiss in der Lage waren zu dienen. Paulus' Stärke schwappte quasi auf die Gläubigen in Rom über, und sie begannen, „das Wort Gottes ohne Furcht zu reden" (V.14).

Ist das Maß deiner Freude abhängig von den irdischen Vorteilen, die dir zuteil werden? Steigern Annehmlichkeiten, Besitz, Prominenz, Ansehen, Ruf, Komfort und die Erfüllung deiner Ambitionen deine Freude? Wenn dem so ist, dann wird deine Freude kommen und gehen wie Ebbe und Flut. Doch wenn deine Freude an die Sache des Evangeliums gefesselt ist, wird sie nie abflachen. Setze dein Herz für die Sache des Evangeliums ein und du wirst beständige Freude erfahren.

LEID UND KUMMER DES DIENSTES

„Einige zwar predigen Christus auch aus Neid und Streit... weil sie mir in meinen Fesseln Bedrängnis zu erwecken gedenken.“
Philipper 1,15-17

Oft werde ich gefragt: „Was war die entmutigendste Situation während deines Dienstes?“ Soweit ich mich erinnern kann, habe ich immer dieselbe Antwort gegeben:

Es gibt zwei Dinge, die mir wirklich Kummer bereiten. Wenn ich sehe, dass diejenigen, die eigentlich reif im Glauben sein sollten – sie kennen das Wort Gottes sehr gut, haben Segnungen und geistliche Gemeinschaft genossen und waren oft Zeugen des mächtigen Wirkens Gottes –, sich plötzlich vom Glauben ab- und der Sünde zuwenden. Das ist weit schmerzhafter, als wenn ein Neubekehrter in seiner Unerfahrenheit und Unwissenheit in Sünde fällt.

Dann sind da noch die fälschlichen Anschuldigungen durch andere Prediger des Wortes Gottes. Einige scheinen wirklich nichts Besseres zu tun zu haben, als den Dienst anderer in Verruf zu bringen. Sie verbreiten falsche Anschuldigungen, ohne auch nur die Spur eines Beweises in Händen zu halten, und scheinen darin Befriedigung zu finden, dass sie andere in Verruf bringen.

Wenn du ein gottesfürchtiges Leben führst, musst du darauf gefasst sein, ebenfalls mit solchen Anschuldigungen bombardiert zu werden. Lass dir dadurch aber nicht deine Freude rauben.

8. Dezember

GESEGNETE MITSTREITER

„Einige zwar predigen Christus auch aus Neid und Streit, einige aber auch aus gutem Willen.“
Philipper 1,15

Es ist wirklich schmerzhaft mitzuerleben, dass ein treuer Heiliger wie Paulus berichten musste: „Bei meiner ersten Verteidigung [in Rom] stand mir niemand bei, sondern alle verließen mich“ (2Tim 4,16). Als Paulus den Philippern schrieb, fehlten ihm jegliche Freunde, so dass er über Timotheus sagte: „Ich habe keinen ihm Gleichgesinnten“ (Phil 2,20).

Paulus bemerkte aber auch, dass einige Christus „aus gutem Willen“ predigten, was ihn beruhigte und Anlass zur Zufriedenheit gab. Paulus’ Mitstreiter waren froh darüber, was Gott in ihrem und Paulus’ Leben gewirkt hatte. Sie waren ihm freundlich gesinnt und schätzten seinen Dienst.

Solche Menschen findet man auch heute noch – sie sind ein wahrer Segen, eine Ermutigung und geben einem Grund zur Freude! Ich bin Gott dankbar dafür, dass er mir solche Menschen zur Seite gestellt hat.

WAS WIRKLICH ZÄHLT

„Was macht es denn? Wird doch auf jede Weise, sei es aus Vorwand oder in Wahrheit, Christus verkündigt, und darüber freue ich mich. Ja, ich werde mich auch freuen.“
Philipper 1,18

Das Wort „verkündigen“ bedeutet „etwas mit Autorität vermitteln“. Egal was es ihn persönlich kosten würde: Paulus war entschlossen, Christus mit Autorität zu predigen.

Selbst als Paulus’ Kritiker das Evangelium predigten, blieb die Wirkung nicht aus. Gott kann sogar einen selbstsüchtigen Prediger noch benutzen, denn die Wahrheit ist immer noch mächtiger als derjenige, der sie weitergibt.

Paulus’ Herzensanliegen war es, dass das Evangelium verkündigt wurde – wer dafür die Lorbeeren erntete, interessierte ihn nicht. Diese Haltung sollte jeder Hirte, Lehrer, Älteste, Diakon, Leiter und letztendlich jeder Gläubige einnehmen. Trotz all des Leides, das Paulus ertragen musste, gab er nicht auf, zog sich nicht zurück, brach nicht zusammen und verlor seine Freude nicht. Alles nur, weil die Sache Christi vorangetrieben und sein Name verkündigt wurde. Das war alles, worum es Paulus ging. Diese Herzenseinstellung wird durch die Gnade Christi in jedem bewirkt, der ein Gott wohlgefälliges Leben führen möchte.

10. Dezember

DIE HALTUNG EINES DIENERS

*„So kann nun keiner von euch,
der nicht allem entsagt, was er hat,
mein Jünger sein.“
Lukas 14,33*

Es gibt unter den heutigen Christen nur wenige, die Christus mit der Hingabe eines Paulus nachfolgen. Er veranschaulicht, was Christus meinte, als er sagte: „Wenn jemand mir nachkommen will, verleugne er sich selbst und nehme sein Kreuz auf täglich und folge mir nach“ (Lk 9,23). Paulus brannte so sehr für die Sache des Herrn, dass es für ihn keine Rolle spielte, ob er leben oder sterben würde. So eine Einstellung hat in unserer materialistischen, ich-zentrierten und selbstsüchtigen Zeit Seltenheitswert. Das Leben der meisten Menschen dreht sich heutzutage um alles andere als um das, worauf Paulus sich konzentrierte.

Paulus freute sich, solange sein Herr verherrlicht wurde, selbst wenn es für ihn mit Todesgefahr verbunden war. Er hatte nur ein Ziel: die Verbreitung des Evangeliums und dass Christus gepredigt und verherrlicht würde. Seine Freude war in jeder Beziehung voll und ganz untrennbar mit der Sache des Reiches Gottes verbunden.

LEID UND SCHMERZ HABEN EIN ENDE

„Denn ich weiß, dass dies mir zum Heil ausschlagen wird durch euer Gebet und durch den Beistand des Geistes Jesu Christi."
Philipper 1,19

Unser heutiger Vers veranschaulicht den Wert unseres Vertrauens in Gott. Paulus wusste, dass Leid und Schmerz zeitlich begrenzt waren und er bald davon erlöst sein würde.

Warum war Paulus sich dessen völlig gewiss? Seine Aussage „Denn ich weiß, dass dies mir zum Heil ausschlagen wird" ist die griechische Version von Hiob 13,16. Hiob war ein gerechter Mann, dem gewaltiges Leid widerfuhr, doch Gott befreite ihn davon, weil Gott seine Gerechten immer befreien wird. Hiob sagte: „Und nachdem man meine Haut so zerschunden hat, werde ich doch aus meinem Fleisch Gott schauen" (Hi 19,26). Er wusste, dass Gott ihn entweder im Jetzt oder in der Ewigkeit erlösen würde.

Paulus wusste, dass er hinsichtlich seiner Erlösung genauso auf Gott vertrauen konnte, wie Hiob es tat. Er vertraute darauf, dass seine Umstände das Gute für ihn bewirken würden; sei es nun, dass er aus dem Gefängnis entlassen würde, einen Freispruch erhalten würde und die Exekution hinfällig wäre, oder dass er als Märtyrer in die Ewigkeit ginge. Du befindest dich wahrscheinlich nicht in denselben Prüfungen wie Paulus, doch unabhängig von deinen Umständen steht dir dasselbe Vertrauen zu Verfügung.

12. Dezember

WIRKSAMES GEBET

„Ich ermahne euch aber, Brüder,
durch unseren Herrn Jesus Christus
und durch die Liebe des Geistes,
mit mir zu kämpfen in den Gebeten
für mich zu Gott."
Römer 15,30

Paulus vertraute darauf, dass er durch die Gebete der Heiligen befreit würde, egal welche Art von Prüfung er gerade zu erdulden hatte. Er glaubte an den souveränen Willen und die guten Absichten Gottes und war sich bewusst, dass Gott seine Pläne im Einklang mit den Gebeten seiner Kinder verwirklicht. Auch die Worte aus Jakobus 5,16 – „Viel vermag eines Gerechten Gebet in seiner Wirkung" – waren ihm wohl bekannt. Paulus wurde durch die Liebe und Gebete der Heiligen des ersten Jahrhunderts sehr ermutigt, und die geistlichen Leiter unserer Zeit sind genauso auf diese Art von Unterstützung angewiesen und freuen sich darüber.

NAHRUNG FÜR DEN GERECHTEN

„Nicht durch Macht und nicht durch Kraft,
sondern durch meinen Geist."
Sacharja 4,6

Gottes Wort, das Gebet und der Heilige Geist wirken zusammen zum Guten für die Knechte Gottes. Die spezielle Aufgabe des Geistes besteht darin, den Gerechten mit all dem zu versorgen, was er braucht.

Er wird auch „Geist Christi" und „Geist Gottes" genannt (Röm 8,9). Beide Namen sind absolut gleichwertig, denn er ist ein Bestandteil der Trinität und kommt vom Vater im Namen Christi (Joh 14,26).

Der Apostel Paulus kannte den Heiligen Geist als innewohnenden Lehrer, Fürsprecher, Führer, Kraftquelle und allgenugsamen Versorger. Diese Aufgaben nimmt der Heilige Geist bei allen Gläubigen wahr. Paulus' Zuversicht, dass alle Dinge ihm zum Guten mitwirken würden (Röm 8,28), gründete sich auf den umfassenden Beistand des Geistes, der „sich unserer Schwachheit annimmt; denn wir wissen nicht, was wir bitten sollen, wie es sich gebührt, aber der Geist selbst verwendet sich für uns in unaussprechlichen Seufzern" (Röm 8,26).

Im Bewusstsein dessen, dass der Heilige Geist uns umfassend versorgt und sich um uns kümmert, können wir den Dingen, die da auf uns zukommen, getrost ins Auge blicken.

14. Dezember

NICHT BESCHÄMT SEIN

„Nach meiner sehnlichen Erwartung und Hoffnung, dass ich in nichts werde zuschanden werden, sondern mit aller Freimütigkeit, wie allezeit, so auch jetzt Christus an meinem Leib groß gemacht werden wird, sei es durch Leben oder durch Tod."
Philipper 1,20

Unser heutiger Vers erinnert uns an Christi Verheißung aus Matthäus 10,32: „Jeder nun, der sich vor den Menschen zu mir bekennen wird, zu dem werde auch ich mich bekennen vor meinem Vater, der in den Himmeln ist." Wer den Herrn bekennt im Leben, oder wenn nötig im Tod, den wird der Herr auch vor seinem Vater als sein Eigen bekennen.

Der Apostel Paulus freute sich über diese Wahrheit. Er musste nie befürchten, vor der Welt, dem kaiserlichen Gericht oder Gott selbst beschämt zu werden, weil er wusste, dass Gott in seinem Leben verherrlicht wurde. Schon das Alte Testament bestätigt, dass der Gerechte nicht zuschanden wird, der Ungerechte hingegen sehr wohl.

Beschämt oder zuschanden zu werden, bedeutet, enttäuscht, desillusioniert oder blamiert zu werden. Paulus wusste, dass ihm das nie widerfahren würde, weil Gott den Gerechten eine Verheißung gegeben hat. Vielleicht rief er sich Jesaja 49,23 ins Gedächtnis: „Die auf mich hoffen, werden nicht beschämt werden." Sei nicht beschämt!

GOTT MIT UNS

„Und glückselig, die geglaubt hat,
denn es wird zur Erfüllung kommen,
was von dem Herrn zu ihr geredet ist!“
Lukas 1,45

„Darum wird der Herr selbst euch ein Zeichen geben: Siehe, die Jungfrau wird schwanger werden und einen Sohn gebären und wird seinen Namen Immanuel nennen“ (Jes 7,14). Der Name der Jungfrau war Maria.

Das Schlüsselwort in diesem Vers ist *Immanuel* – das Herzstück der Weihnachtsgeschichte. Es ist ein hebräischer Name und bedeutet wörtlich „Gott mit uns.“ Es ist die Verheißung des Fleisch gewordenen Gottes, d.h. dass Gott selbst in Gestalt eines Babys zur Welt kommen würde: Immanuel – „Gott mit uns.“ Dieses Baby, das geboren werden sollte, würde Gott selbst in Menschengestalt sein.

Wenn wir die gesamte Wahrheit in Bezug auf Weihnachten auf drei Worte reduzieren müssten, würden sie „Gott mit uns“ lauten. Wir neigen dazu, uns im Zusammenhang mit Weihnachten zu sehr auf das Kindlein Jesus Christus zu konzentrieren. Die weit gewaltigere Wahrheit ist jedoch seine Gottheit. Die Tatsache, dass der allmächtige Schöpfer des Himmels und der Erde auf die Welt gekommen ist, ist viel erstaunlicher, als dass da ein Baby in der Krippe liegt.

FRIEDE AUF ERDEN?

„Herrlichkeit Gott in der Höhe,
und Friede auf Erden in den
Menschen des Wohlgefallens!“
Lukas 2,14

Zu Weihnachten wird oft darauf hingewiesen, dass die Engel den Beginn des [irdischen] Lebens Jesu mit den Worten *Friede auf Erden* ausgerufen haben (Lk 2,14).

Die Erde hat aber noch nie Frieden erlebt in dem Sinne, wie wir uns das vorstellen. Die letzten zweitausend Jahre waren voll von Kriegen und Kriegsgerüchten, und die Jahrtausende vor Weihnachten standen dem in nichts nach.

Die Ankündigung „Friede auf Erden“ umfasst zwei Aspekte.

Erstens: Es wurde die Ankunft dessen angekündigt, der letztendlich der Einzige ist, der dieser Welt echten anhaltenden Frieden bescheren kann (das wird geschehen bei seiner Wiederkunft, wo er auch sein irdisches Reich endgültig aufrichten wird).

Was jedoch noch viel wichtiger ist, ist die Tatsache, dass Gottes Frieden für die Menschen nahe gekommen und erreichbar geworden ist. Lies Lukas 2,14 noch einmal sorgfältig: „Herrlichkeit Gott in der Höhe, und Friede auf Erden *in den Menschen des Wohlgefallens.*“

Wer sind die Menschen des Wohlgefallens? Diejenigen, die ihr Leben unter die Herrschaft seiner Regierung gestellt haben.

CHRISTEN UND WEIHNACHTEN

„Wer den Tag beachtet,
beachtet ihn dem Herrn.“
Römer 14,6

Die Puritaner lehnten die Weihnachtsfeierlichkeiten in den frühen Jahren Amerikas ganz und gar ab. Sie verliehen ihrer Verachtung Ausdruck, indem sie am 25. Dezember allen zum Trotz bewusst arbeiteten. Unter dem Einfluss der Puritaner wurde in England im Jahre 1644 auch ein Gesetz verabschiedet, das den 25. Dezember zu einem offiziellen Arbeitstag erklärte. Für eine gewisse Zeit war es in England sogar verboten, bestimmte Weihnachtsspeisen in dieser bestimmten Zeit zuzubereiten.

Unter den heutigen Christen findet man im Allgemeinen keine Ablehnung gegenüber Weihnachten. Die Feiertage sind nichts Besonderes an und für sich, und ihre Einhaltung ist keine Frage von „richtig“ oder „falsch“. Wie Paulus schon sagte: „Der eine hält einen Tag vor dem anderen, der andere aber hält jeden Tag gleich. Jeder aber sei in seinem eigenen Sinn völlig überzeugt! Wer den Tag beachtet, beachtet ihn dem Herrn. Und wer isst, isst dem Herrn, denn er sagt Gott Dank; und wer nicht isst, isst dem Herrn nicht und sagt Gott Dank“ (Röm 14,5-6). Jeder Tag – einschließlich Weihnachten – ist für uns, die wir Gott kennen und lieben, ein Feiertag.

18. Dezember

CHRISTI GNADE GEGENÜBER SÜNDERN

„Denn ich bin nicht gekommen, Gerechte zu rufen, sondern Sünder.“
Matthäus 9,13

Jesu Vorfahren rufen bei dir vielleicht Erstaunen hervor, denn in seinem Geschlechtsregister finden sich einige Namen, die man beim König der Könige nicht erwarten würde und einen schockieren könnten. Vier Frauen stechen besonders hervor. Nicht nur, dass es ungewöhnlich ist, Frauen in einem hebräischen Geschlechtsregister zu finden, diese Frauen erwecken auch besondere Aufmerksamkeit, weil sie einen so krassen Gegensatz zur vollkommen Reinheit und Gerechtigkeit des Gesalbten Gottes darstellen. Jede von ihnen zählte zu einer Randgruppe und zu den aus der Gesellschaft Ausgestoßenen. Und trotzdem erhielten sie einen Platz in Jesu Familienalbum. Sie unterstreichen die Tatsache, dass Gottes Gnade uns Sündern gilt.

EINE BOTSCHAFT DER GNADE

„Und sie wird einen Sohn gebären, und du sollst seinen Namen Jesus nennen; denn er wird sein Volk erretten von seinen Sünden."
Matthäus 1,21

Vielleicht überspringst du das Geschlechtsregister, wenn du die Weihnachtsgeschichte laut vorliest, aber achte darauf, dass du die darin enthaltene Botschaft der Gnade nicht verpasst, die das Herzstück der Weihnachtsgeschichte bildet: Gott hat in seiner Barmherzigkeit das getan, was wir Menschen nie hätten tun können: Zerbrochene Herzen werden geheilt, und verlorene Hoffnungen leben wieder neu auf. Darum ist er gekommen – um sein Volk zu erretten von seinen Sünden (Mt 1,21).

Und jetzt kommt das Beste: Dieselbe Gnade, die in seinem Geschlechtsregister bereits hervorleuchtet, ist auch heute noch wirksam; und derselbe Jesus ist es, der sein Volk von seinen Sünden errettet. Keine Sünde, egal wie verabscheuungswürdig sie auch sein mag, liegt außerhalb seines Wirkungskreises – bei Jesus gibt es keine „unmöglichen Fälle". „Daher kann er die auch völlig erretten, die sich durch ihn Gott nahen, weil er immer lebt, um sich für sie zu verwenden" (Hebr 7,25).

20. Dezember

DER WEIHNACHTSBAUM

„Die Herrlichkeit des Libanon wird zu dir kommen."
Jesaja 60,13

Es scheint, als ob die Weihnachtsbäume ihren Ursprung in den Saturnalien, dem römischen Fest des Saturn, haben. Die Römer schmückten ihre Tempel mit grünen Zweigen und Kerzen. Römische Soldaten, die die britischen Inseln eroberten, fanden dort Druiden, die Mistelzweige anbeteten, und Angelsachsen, die Stechpalmen und Efeu in ihren religiösen Zeremonien einsetzten. All diese Dinge nisteten sich irgendwie auch in den christlichen Bräuchen ein.

Interessant ist jedoch, dass Martin Luther, der Vater der Reformation, wahrscheinlich der Erste war, der einen Weihnachtsbaum angezündet hat. Er führte den Brauch ein, Kerzen auf einen Baum zu setzen, um Weihnachten zu feiern, und berief sich dabei auf Jesaja 60,13. Anhand dieser Stelle begründete er seine Handlung von der Bibel her: „Die Herrlichkeit des Libanon wird zu dir kommen, Wacholder, Platane und Zypresse miteinander, um die Stätte meines Heiligtums zu schmücken. Und ich werde die Stätte meiner Füße herrlich machen."

DIE JUNGFRAUENGEBURT CHRISTI

„Als nämlich Maria, seine Mutter, dem Josef verlobt war, wurde sie, ehe sie zusammengekommen waren, schwanger befunden von dem Heiligen Geist.“
Matthäus 1,18

Die Jungfrauengeburt ist eine der grundlegenden Voraussetzungen in Bezug auf alles, was die Bibel über die Person Jesu berichtet. Die Jungfrauengeburt Christi zu leugnen, bedeutet, seine Gottheit sowie die Genauigkeit und Autorität der Schrift zu leugnen – und damit auch alle anderen wichtigen Lehren der Schrift, die das Herzstück des Glaubens bilden. Es gibt keine bedeutungsvollere Tatsache als die Jungfrauengeburt Jesu, wenn es darum geht, zu verstehen, wer er ist. Wenn wir bestreiten, dass Christus Gott ist, dann haben wir dem Christentum das Leben geraubt. Jede Lehre der Bibel steht im direkten Zusammenhang mit dem Ereignis, das wir an Weihnachten feiern – Jesus Christus ist Gott, im Fleisch gekommen. Wenn die Darstellung seiner Geburt lediglich eine Ausgeburt der Fantasie ist, dann trifft das auch auf den Rest der Schrift und alles, was sie über ihn berichtet, zu. Die Jungfrauengeburt ist von genauso entscheidender Bedeutung wie die Auferstehung, wenn es um den Beweis seiner Gottheit geht. Es handelt sich nicht um eine optionale Wahrheit, denn wer die Gottheit Christi ablehnt, lehnt Christus ab – auch wenn er behauptet, dem sei nicht so (1Jo 4,1-3).

22. Dezember

KEIN ANDERER NAME

„Und es ist in keinem anderen das Heil; denn auch kein anderer Name unter dem Himmel ist den Menschen gegeben, in dem wir gerettet werden müssen."
Apostelgeschichte 4,12

Der Engel, der Josef erschien, betonte die Bedeutung des Namens Jesu: „Und sie wird einen Sohn gebären, und du sollst seinen Namen Jesus nennen; denn er wird sein Volk erretten von seinen Sünden" (Mt 1,21). *Jesus* stammt von dem hebräischen *Joshua,* oder *Jehoshua,* und bedeutet „Jehova wird retten." Der Name selbst zeugt von der Errettung Gottes. Aber der Engel erklärte Josef, dass Marias Sohn die Rettung des Herrn in Person sein würde. Er selbst würde das Volk aus seinen Sünden retten.

Nach der Auferstehung Jesu bezeugte Petrus die Wichtigkeit der Bedeutung des Namens Jesu auch vor dem Hohen Rat: „Und es ist in keinem anderen das Heil; denn auch kein anderer Name unter dem Himmel ist den Menschen gegeben, in dem wir gerettet werden müssen" (Apg 4,12).

KEIN PLATZ FÜR JESUS

„Und sie gebar ihren erstgeborenen Sohn und wickelte ihn in Windeln und legte ihn in eine Krippe, weil in der Herberge kein Raum für sie war."
Lukas 2,7

Ich bin davon überzeugt, dass die meisten Menschen die wahre Bedeutung von Weihnachten verpassen. Sie halten die Feiertage ein, weil es in ihrer Kultur so üblich ist, aber die breite Masse hat keinen Schimmer, was sie da überhaupt feiert. Die Geburt Jesu ist so mythen- und sagenumwoben, dass die Menschen taub und blind geworden sind für die wahre Bedeutung von Weihnachten. Rührseligkeit und unaufrichtige Gefühlsduselei haben Sinn und echte Emotionen verdrängt. Vor kurzem las ich in einer Zeitung einige Interviews, wo Menschen auf der Straße hinsichtlich der wahren Bedeutung des Weihnachtsfestes befragt wurden. Einige waren sehr sentimental und meinten, es sei eine Zeit der Familie, der Kinder und so weiter. Andere vertraten eher eine humanistische Sicht: Die Liebe gegenüber dem Nächsten, der Geist des Schenkens und so weiter – das sei es, worum es wirklich geht. Wieder andere waren überzeugte Hedonisten, für die Weihnachten nur ein weiterer Vorwand für eine Party war. Kein Einziger erwähnte das überwältigende Wunder, dass Gott in Gestalt eines Babys zur Welt kam, auch nur mit einem einzigen Wort.

24. Dezember

DAS PERFEKTE TIMING CHRISTI

„Als aber die Fülle der Zeit kam,
sandte Gott seinen Sohn."
Galater 4,4

Das erste Weihnachten war genau zum richtigen Zeitpunkt. Galater 4,4-5 berichtet: „Als aber die Fülle der Zeit kam, sandte Gott seinen Sohn, geboren von einer Frau, geboren unter Gesetz, damit er die loskaufte, die unter Gesetz waren, damit wir die Sohnschaft empfingen." Was bedeutet „die Fülle der Zeit"? Gottes souveräne Wahl des richtigen Zeitpunkts. Er arrangierte die Ereignisse dieser Welt so, dass alles für das Kommen des Christus und den darauf folgenden Dienst der Apostel vorbereitet war.

Wenn wir die frühe Gemeinde betrachten, so stellen wir mit Erstaunen fest, wie schnell sich das Evangelium im ersten Jahrhundert ausbreitete. Die souveräne Hand Gottes ist darin klar erkennbar. Es hätte keinen günstigeren Zeitpunkt für das Kommen Christi geben können.

WARUM WURDE JESUS GEBOREN?

„Denn auch der Sohn des Menschen ist nicht gekommen, um bedient zu werden, sondern um zu dienen und sein Leben zu geben als Lösegeld für viele.“
Markus 10,45

Hier sehen wir einen Aspekt der Weihnachtsgeschichte, der nicht oft erwähnt wird: Diese zarten, kleinen Kinderhände, die der Heilige Geist in Marias Leib geschaffen hatte, waren dazu bestimmt, mit Nägeln durchbohrt zu werden. Diese rosa Babyfüße würden eines Tages den staubigen Weg Richtung Golgatha gehen, um dort an ein Kreuz genagelt zu werden. Das fröhliche Kindergesicht mit den funkelnden Augen und dem anmutigen Kindermund sollte zu einer bestimmten Zeit mit einer Dornenkrone gekrönt werden. Der weiche und warme Körper, eingewickelt in flauschige Tücher, würde schon bald von einem Speer durchbohrt werden.

Jesus wurde geboren, um zu sterben.

Meine nun aber ja nicht, ich wolle deiner Weihnachtsfreude einen Dämpfer verpassen. Das liegt mir wirklich fern – denn Jesu Tod, obwohl von Menschen mit bösen Absichten ausgedacht und ausgeführt, war in keinerlei Weise eine Tragödie. Tatsächlich handelt es sich um den gewaltigsten und überragendsten Sieg, den jemals jemand über das Böse errang.

LEBEN ODER TOD

„Sei es durch Leben oder durch Tod."
Philipper 1,20

Paulus wusste nicht, was Gott alles mit seinem Leben vorhatte, aber er vertraute ihm voll und ganz, egal ob es für ihn nun Leben oder Tod bedeutete. Er sagte auch: „Ich werde aber von beidem bedrängt: Ich habe Lust, abzuscheiden und bei Christus zu sein, denn es ist weit besser; das Bleiben im Fleisch aber ist nötiger um euretwillen" (Phil 1,23-24). Paulus hätte es vorgezogen, im Himmel in der Gegenwart des Herrn zu verweilen, aber offensichtlich erkannte er, dass der Herr ihn weiterleben ließ, weil die Philipper auf seinen Dienst angewiesen waren.

Paulus freute sich, weil er sich bewusst war, dass Jesus sowohl durch sein Leben als auch durch seinen Tod gepriesen wurde. Wenn er leben würde, so könnte er predigen und die Gemeinde bauen. Wenn er sterben würde, so würde er um Christi willen hingerichtet und die Standhaftigkeit seines Glaubens würde zur Verherrlichung der Gnade Christi gereichen. Paulus ging es nicht um seine Schwierigkeiten, seine Kritiker oder den möglicherweise bevorstehenden Tod, sein Herz schlug für die Ausbreitung des Evangeliums und die Verherrlichung seines Herrn.

Es geht dir nicht besser als Paulus, denn auch du weißt nicht, was Gott mit deinem Leben vorhat. Eines ist jedoch gewiss: Sei es durch Leben oder durch Tod, du kannst Christus verherrlichen.

DAS BESTE AUS SEINEM LEBEN MACHEN

„Denn das Leben ist für mich Christus
und das Sterben Gewinn.“
Philipper 1,21

Wende diesen Vers auf dich persönlich an und fülle die Lücken aus: „Denn das Leben ist für mich ________ und das Sterben ________. Wenn du in der ersten Lücke *Reichtum* schreibst, wird Sterben für dich kein Gewinn sein. Dasselbe trifft zu, wenn du dort *Ansehen, Ruhm, Macht* oder *Besitztümer* hineinschreibst, denn all diese Dinge sind nach deinem Tod dahin: Das Ansehen geht verloren, der Ruhm wird vergessen, Macht ist nutzlos und Besitztümer erben andere. Unser heutiger Vers macht nur dann Sinn, wenn dort *Christus* steht. Sonst führt der Tod unweigerlich zu Verlust.

Einige, die diese Zeilen lesen, werden sagen, dass sie Christus geschrieben hätten. Bei genauerer Betrachtung werden sie sich jedoch eingestehen müssen, dass sie Christus plus Ansehen, Christus plus Ruhm, Christus plus Macht oder Christus plus Besitztümer meinten. Doch Christus teilt seinen Anspruch mit nichts und niemandem. Wer wirklich für Christus lebt, kennt keine Angst vor dem Tod und macht das Beste aus seinem Leben – in beiden wird Christus verherrlicht.

28. Dezember

ARBEIT, DIE FRUCHT TRÄGT

„Wenn aber das Leben im Fleisch mein Los ist,
dann bedeutet das für mich Frucht der Arbeit.“
Philipper 1,22

Paulus setzt Leben in der physischen Welt mit fruchtbarer Arbeit für Christus gleich. Wenn er von „Arbeit“ spricht, meint er damit geistliches Wirken für den Herrn, was zu geistlicher Frucht führt. Diese Frucht wird erkennbar in Menschen anhand von Taten und Worten – alles, was von ewigem Wert ist, zählt dazu. Frucht ist das Ergebnis guter und harter Arbeit; Fleiß ist eines der natürlichen Wesensmerkmale des gottesfürchtigen Menschen.

Paulus spürte ein starkes Verlangen danach, Frucht zu bringen. Er wollte das Vertrauen der Philipper in Christus stärken und sie zur Evangelisation ermutigen (Phil 1,26-27). Er erinnert uns an den Psalmisten, der schrieb: „Gott! Du hast mich unterwiesen von meiner Jugend an, und bis hierher verkündige ich deine Wundertaten. Und auch bis zum Alter und bis zum Greisentum verlass mich nicht, o Gott, bis ich verkündige deinen Arm dem künftigen Geschlecht, allen, die da kommen werden, deine Macht“ (Ps 71,17-18). Dieser ältere Mann wollte lange genug leben, um der nächsten Generation von Gottes Macht und Stärken berichten zu können. Möge Gott dir dasselbe Vorrecht zugestehen.

WÄHLEN ZWISCHEN HIMMEL UND ERDE

„Ich weiß nicht, was ich wählen soll.
Ich werde aber von beidem bedrängt."
Philipper 1,22-23

Jeder Christ sollte einerseits das Verlangen spüren, beim Herrn sein zu wollen, und andererseits hier auf Erden seine Gemeinde bauen wollen. Wenn der Herr mir sagen würde: „Du hast fünf Minuten Zeit, um dich zu entscheiden, ob du im Himmel oder auf der Erde sein möchtest", wäre ich vor eine schwierige Entscheidung gestellt und möchte sicherstellen, dass ich mich aus der richtigen Motivation heraus entscheide. Ich müsste mir die Frage stellen: „Wo kann ich Christus mehr verherrlichen, im Himmel oder auf der Erde?"

Paulus war es unmöglich, sich zu entscheiden, während die meisten Menschen es wahrscheinlich vorziehen würden, auf der Erde zu bleiben. Ihre selbstsüchtigen Begründungen könnten ungefähr so lauten: „Wir kaufen gerade ein neues Haus" oder „Ich möchte meine Kinder nicht zurücklassen." Paulus hatte nur ein Ziel: Christus zu verherrlichen. Angesichts der grundlegendsten Entscheidungen im Hinblick auf das Leben – ob es besser sei zu leben oder zu sterben – antwortete er: „Ich bin davon begeistert, Christus sowohl im Himmel als auch auf der Erde zu verherrlichen, doch ich kann mich für das eine oder das andere entscheiden." Bei Paulus stand die Tatsache, dass er Christus verherrlichen wollte, im Vordergrund, das *Wo* war Nebensache. Das sollte auch auf dich zutreffen.

AUSHEIMISCH VOM LEIB UND EINHEIMISCH BEIM HERRN

„Wir sind aber guten Mutes und möchten lieber ausheimisch vom Leib und einheimisch beim Herrn sein.“
2. Korinther 5,8

In dem Moment, wo ein Gläubiger diese Welt verlässt, tritt er unmittelbar in die Gegenwart Christi. Da gibt es keinen „Seelenschlaf“ oder zwischenzeitlichen Warteort, und die Bibel lehrt auch nirgends, dass es ein Fegefeuer gibt. Beachte, dass Paulus sich danach sehnte, „abzuscheiden und *beim Herrn zu sein*“ (Phil 1,23).

Unser heutiger Vers lehrt, dass, während wir ausheimisch vom Leib sind, der bis zur Auferstehung „schläft“, unser Geist in der Gegenwart des Herrn sein wird. Paulus erklärte auch den Thessalonichern, dass Christus „für uns gestorben ist, damit wir, ob wir wachen oder schlafen, zusammen mit ihm leben“ (1Thes 5,10). Paulus wollte klarstellen, dass – ob wir nun physisch wach (am Leben) oder physisch schlafend (tot) sind – wir als Gläubige immer in und mit Christus sind. Im geistlichen Sinne sind wir bereits jetzt in seiner Gegenwart, und im wörtlichen Sinne werden wir nach unserem leiblichen Sterben bei ihm sein.

Als Gläubiger hast du wirklich Grund zur Freude, denn es gibt keinen Moment, in dem du nicht in der Gegenwart Jesu Christi bist.

DIE AUSGLEICHENDE WIRKUNG VON WÜNSCHEN UND NÖTEN

„Das Bleiben im Fleisch aber ist nötiger um euretwillen. Und im Vertrauen hierauf weiß ich, dass ich bleiben und bei euch allen bleiben werde zu eurer Förderung und Freude im Glauben."
Philipper 1,24-25

Ein Kennzeichen eines geistlichen Menschen ist, dass seine Wünsche durch die Nöte anderer bestimmt und ausgeglichen werden. Ein solcher Mensch kann sagen: „Tut nichts aus Eigennutz oder eitler Ruhmsucht, sondern in der Demut achte einer den anderen höher als sich selbst; ein jeder sehe nicht auf das Seine, sondern ein jeder auch auf das der anderen" (Phil 2,3-4).

Die Gemeinde in Philippi war auf Paulus angewiesen, das galt auch für viele andere Gemeinden. Paulus wusste, dass sie ihn so sehr brauchten, dass ihre Not – wie unser heutiger Vers zeigt – für ihn zukunftsweisend sein würde.

Obwohl Paulus gerne beim Herrn im Himmel gewesen wäre, wollte er dennoch auf der Erde bleiben, so dass er die Gemeinde stärken konnte. Er war sich bewusst, dass sein Bleiben dazu beitragen würde, dass Christus mehr verherrlicht würde – und Christi Verherrlichung war sein Leben.

Während du jetzt Pläne fürs neue Jahr schmiedest, stellt sich dir folgende Frage: „Was möchte Christus von dir und deinem Leben?" Ich hoffe, dass du den Nöten deines Nächsten mit einer demütigen Herzenshaltung begegnest.

DANKSAGUNG

Mein besonderer Dank gilt:

6. Januar: Ralph Waldo Emerson. *The Collected Works of Ralph Waldo Emerson,* Band 1. Cambridge, Mass.: Harvard, 1971, S. 80.

16. Januar: Donald Grey Barnhouse. *Expositions of Bible Doctrines Taking the Epistle of the Romans as a Point of Departure,* Band 1. Grand Rapids: Eerdmans, 1952, S. 72.

8. März: S. D. Gordon. *Quiet Talks with World Winners.* N.Y.: Eaton & Mains, 1908.

2. Juli: Richard Shelly Taylor. *The Disciplined Life.* Kansas City, Mo.: Beacon Hill, 1962, S. 22.

13. September: Thomas Watson. *A Divine Cordial.* Grand Rapids: Backer, 1981, S. 20.

21. November: John Stott. *Your Mind Matters.* Downers Grove, Ill.: InterVarsity, 1973, S. 16.

15. - 25. Dezember: aus: *The Miracle of Christmas* von John F. MacArthur Jr. Copyright © 1989 by John F. MacArthur Jr. Genehmigung durch Zondervan.

Grace to You entstand durch den Predigtdienst von John MacArthur, der seit 30 Jahren als Ältester und Pastor in der „Grace Community Church" im San Fernando Valley in Südkalifornien dient. Grace to You ist ein Mediendienst, der die Medien von heute benutzt, um den Menschen die Wahrheit des Wortes Gottes näher zu bringen und sie verständlich zu machen. Ziel ist es, dass Menschen für das Werk des Dienstes zugerüstet werden „ … um die Heiligen zuzurüsten für das Werk des Dienstes, zur Erbauung des Leibes Christi, bis dass wir alle zur Einheit des Glaubens und der Erkenntnis des Sohnes Gottes gelangen und zum vollkommenen Manne werden, zum Maße der vollen Größe Christi" (Eph 4,12-13).

Wenn sie gerne mehr über den Dienst von Grace to You oder das zur Verfügung stehende Material erfahren möchten, dann besuchen sie doch unsere Homepage oder nehmen sie direkt mit uns Kontakt auf.

www.gty.de / kontakt@gty.de

Grace to You Deutschland
Berlin

Fon: +49 30 443 51 91-0
Fax: +49 30 443 51 91-9

NOTIZEN

NOTIZEN

NOTIZEN

NOTIZEN

NOTIZEN